T0365078

HACIA EL INFINITO

JORGE MENDEZ ZAYAS

Número de Control de la Biblioteca del Congreso de EE. UU.:   2012909960
ISBN: Tapa Dura   978-1-4633-6742-8
                  Tapa Blanda   978-1-4633-6741-1
                  Libro Electrónico   978-1-4633-6740-4

Información de la imprenta disponible en la última página.

Fecha de revisión: 27/11/2013

Para realizar pedidos de este libro, contacte con:
Palibrio
1663 Liberty Drive
Suite 200
Bloomington, IN 47403
Gratis desde EE. UU. al 877.407.5847
Gratis desde México al 01.800.288.2243
Gratis desde España al 900.866.949
Desde otro país al +1.812.671.9757
Fax: 01.812.355.1576
ventas@palibrio.com
496067

ÍNDICE

Capítulo I
El Micromundo

Capítulo II
El Hombre

Capítulo III
Los Siete Principios del Hombre

Capítulo IV
El Absoluto

Capitol V
El Macromundo

Dedicatoria:

Dedico este libro a mi esposa
Marta Mosquera
con todo amor y cariño.

Agradecimiento:

A mi gran amigo Eduardo Cruz, por sus
enseñanzas, su capacidad Intelectual
y Sabiduría, en la elaboración de este
libro.

Prologo

Hacia el Infinito es una enseñanza para las mentes occidentales que tratan de comprender que significado tiene este libro, es simplemente liberarnos de nuestra ingnorancia y tratar dentro de lo posible de llevarlo a la practica diaria en nuestras vidas. Vemos primeramente ¿Qué es la celula? Su significado sus componentes y funciones. Las características internas del nucleo de las celulas y la importancia del ADN en nuestras vidas. ¿Qué es el Hombre en esencia? ¿Por qué estamos en este mundo? ¿Por qué nos vamos después? Si nadie quiere morirse en la mayoría de los casos.

El Ser Humano vive por las necesidades que le obliga su constitución como tal, somos entidades espirituales revestidas por una parte biologica, psicologica y social las cuales tenemos que cumplir constatemente y en eso gira la dinamica de la vida del hombre, pero a la misma vez comprender y reflexionar. ¿Cuál es el significado de la vida? Venimos para divertinos y sastisfacer todos nuestros deseos y antojos como la lujuria, la avaricia del dinero y el sexo o venimos para aprender, perfeccionarnos y liberarnos de nuestra ignorancia que heredamos de nuestras vidas anteriores o pasadas. ¿Qué es la felicidad para el hombre? ¿Qué es la Inteligencia para el hombre? Y así un sin numero de preguntas que nos hacemos en la vida.

¿Qué es Dios o el Absoluto para el Hombre? Esto está de acuerdo al nivel de sabiduria que tenemos cada uno en este mundo, para algunos Dios es un ser personal o una persona mayor con Barba para otros es una cosa abstracta como la energia, para otros la luz y para muchos que no pueden comprender por sus limitaciones, viven en tercera dimension y tienen solamente cinco sentidos, su mente esta limitada a imaginar las cosas y razonarlas en causa y efecto, es una mente limitada y finita que no puede comprender los fenomenos infinitos, hablar de ellos es negarlo, no podemos comprender verdaderamente lo que es el infinito. Hablar de Dios es negarlo, no sabemos lo que es en realidad, es el todo y lo transciende todo, esta en cosas incomprensibles para la mente limitada del hombre. Podemos decir que Dios es Amor, Amor y más Amor.

El hombre vive para siempre en la eternidad, vivimos ciclos finitos de nacimientos y muerte durante infinidades de ocasiones en un viaje hacia el infinito que no tiene comienzo ni fin, estamos en un proceso de evolucion constante y continuo, viajaremos a otros mundos, otras galaxias y otros universos todo lo que existe no es al azar, todo tiene un proposito bien estructurado y con una razon de existir, nada es casualidad nada es por accidente, la evolución está dada por las leyes del movimiento que es la evolucion de cada cosa siempre a lo mejor y superior porque atras de todo esta la mano de Dios o el Absoluto.

La gran enseñanza espiritual es que puedas entrar hacia el infinito recidir en el en forma conciente a partir de el. Es en lo infinito donde te convierte en el creador y soñador de la gran matriz de expresion y creacion, sino lo realiza te queda atrapado en las pesadillas de otros. La practica hacia el infinito parte de soñar del nacimiento de tu mundo. Cuando te conviertes en un ser espiritual no existe lo finito.

El contenido de este libro servira para evolucionar a todo aquel que este interesado en ser cada dia mejor con uno mismo, somos seres limitados y tenemos una limitada comprension de los fenomenos existenciales y no existenciales y comprender que los únicos que se condenan y son condenados somos nosotros mismos, somos nuestros principales enemigos por nuestro Yo personal el cual creemos que somos y en realidad no somos, nuestro verdadero Yo es nuestro espiritu que es eterno y vivira en los ciclos finitos pero viajando "Hacia el Infinito".

El sabio puede sentarse en un hormiguero, pero solo el necio se queda sentado en el.

Proverbio Chino

Capítulo I

El Micromundo

Las células son la vida del ser vivo hay que
cuidarlas, sin ellas no existiéramos delen
los nutrientes fundamentales y el Oxigeno
necesario, disfrútelo como si fuera lo último
en el mundo y así es.

Anónimo

El Micro mundo o Microcosmos, hace referencia a todo aquello que
está dentro del entorno físico terrestre. También podemos decir que es
el entorno que no está al alcance de nuestros ojos, sino a través de un
instrumento llamado microscopio es que podemos observar toda una
serie de organismos existentes y que es necesario verlo de esta manera.

La célula es la unidad morfológica y funcional de todo ser vivo, de este
modo pueden clasificarse a los organismos según el número de células
que poseen: si solo tiene una célula se llama Unicelular como pueden ser
los protozoos o las bacterias, organismos microscópicos, si poseen más
se le llaman Pluricelulares. En los pluricelulares el número de células es
variable de unos pocos cientos como en algunos nematodos, a cientos de
millones de células como en el caso del ser humano, las células suelen
poseer un tamaño de 10 um y una masa de 1ng, también existen células
mucho mayores.

Robert Hooke (1635-1702) Origen: Ingles. Fue un gran científico es
considerado uno de los científicos experimentales más importantes de
la historia de la ciencia, polemista incansable como un genio creativo
de primer orden, sus intereses abarcaron campos tan dispares como
la biología, la medicina, la física planetaria, la mecánica de sólidos
deformables, la microscopia, la náutica y la arquitectura. En 1665 publico

el libro Micrografía de Observaciones Microscópica y Telescópica con detallados dibujos, este libro contiene por primera vez la palabra célula y en el se apunta una explicación posible acerca de los fósiles. Hooke descubrió las células, observando en el microscopio una lamina de corcho, dándose cuenta que estaba formada por pequeñas cavidades poliédricas que recordaban las celdillas de un panal, por ello cada cavidad se le llamo células, no supo demostrar lo que estas celdillas significaban como constituyentes de los seres vivos.

La Teoría Celular propuesta en 1839 por Matthias Jakob Schleinden y Theodor Schwann, postula que todos los organismos están compuestos por células, y que todas las células derivan de otras precedentes. De modo que todas las funciones vitales emanan de la maquinaria celular y de la interacción de células adyacentes, además la tendencia de la información genetica, base de la herencia, en su ADN permite la transmisión de aquella de generación en generación.

La primera aparición de un organismo vivo sobre la tierra suele asociarse al nacimiento de la primera célula. Si bien existen muchas hipótesis que especulan como ocurrió, usualmente se describe como el proceso que se inicio gracias a la transformación de moléculas inorgánicas en orgánicas, bajo unas condiciones ambientales adecuadas, tras estas, dichas biomoleculas se asociaron dando lugar a entes complejos capaces de autorreplicarse. Existen posibles evidencias fósiles de estructuras celulares en rocas datada en torno a 4 o 3.5 millones de años,. Se han encontrado evidencias muy fuertes de formas de vidas unicelulares fosilizadas en microestructura en roca.

Microscopio utilizado por Rober Hooke para sus investigaciones y donde descubrió las células.

Cuáles son las partes de la célula: Aparte de la función especializada que realizan las celulas casi todas tienen los mismos componentes

Estos componentes son:

Membrana Fundamental: Envoltura externa que contiene a todos. Es estructura viva con actividad metabólica fundamental.

Citoplasma: Cuerpo de la celula
Protoplasma: Materia viva que mantienen a los organelos.
Retículo endoplasmatico.
Mitocondrias
Ribosomas
Lisosomas
Aparato de Golgi
Centriolo
Plasto
Cloroplasto
Vacuola
Núcleo
Membrana Careoteca
Contenido
Jugo Nuclear
Cromatida
Nucleolos

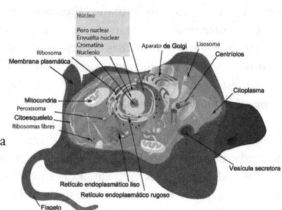

Las Funciones de las Células:

Las células vivas son un sistema bioquímico complejo y sus funciones esenciales son:

Nutrición, Crecimiento y Multiplicación, Diferenciación, Señalización, Evolución.

Nutrición: Las células toman sustancias del medio, las transforman de una forma a otra, liberan energía y eliminan producto de desechos mediante el metabolismo.

Crecimiento y Multiplicación: Las células son capaces de dirigir su propia síntesis, a consecuencia de los procesos nutricionales, una célula crece y se divide formando dos células, en una célula idéntica a la célula original, mediante la división celular.

Diferenciación: Muchas células pueden sufrir cambio de forma o función en un proceso llamado diferenciación celular. Cuando una célula se diferencia se forman algunas sustancias o estructuras que no estaban previamente formadas y otras que estaban dejan de formarse. La diferenciación es a menudo parte del ciclo celular en que las células forman estructuras especializadas relacionadas con la reproducción, la dispersión o la supervivencia.

Señalización: Las celulas responden a estimulos quimicos y fisicos tanto del medio externo como de su interior y en el caso de células móviles, hacia determinados estímulos ambientales o en dirección opuesta mediante un proceso que se denomina quimiotasis. Además, frecuentemente las células pueden interaccionar o comunicar con otras células generalmente por medio de señales o por mensajeros químicos, como hormonas, neurotransmisores, factores de crecimientos en seres pluricelulares en complicados procesos de comunicación celular y transducción de señales.

Evolución: A diferencia de estructura inanimada, los organismos unicelulares y pluricelulares evolucionan. Esto significa que hay cambios hereditarios (que ocurren a baja frecuencia en todas las células de modo regular) que puede influir en la adaptación global de las células o del organismo superior de modo positivo o negativo. El resultado de la evolución es la selección de aquellos organismos mejores adaptados a vivir en un mundo particular.

Los biólogos han utilizado diversos instrumentos para lograr el conocimiento de las células, obtienen información de sus formas, tamaños y componentes que le sirven para comprender las funciones en que ella se realizan. Desde las primeras observaciones de células hace tres siglos atrás hasta la época actual, las técnicas y aparatos que se han ido perfeccionando, originando una rama más en la Biología, la Microscopia, debido al pequeño tamaño de la gran mayoria de las celulas, el uso del microscopio es de enorme valor en las investigaciones biológicas. En los tiempos actuales los biólogos usan dos tipos básico de microscopios, los ópticos y los electrónicos.

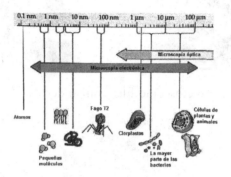

Microscopio Optico   Microscopio Electronico de Transmision

Microscopio Electronico de Barrido

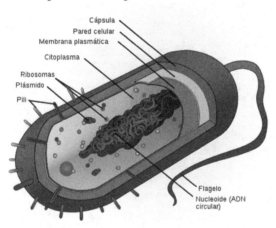

El cuerpo humano posee unos ochenta billones de células, estas se agrupan en tejidos, los cuales se organizan en órganos y estos en ocho aparatos o sistemas (muscular y oseo), respiratorio, digestivo, escretor, circulatorio, endocrino, nervioso y reproductor. Sus fundamentales elementos constitutivos son El Carbono, Hidrogeno, Oxigeno y Nitrogeno presentandole otros elementos, pero en menor cuantia, estos átomos se reunen entre si para formar moleculas, ya sean

Cápsula
Pared celular
Membrana plasmática
Citoplasma
Ribosomas
Plásmido
Pili
Flagelo
Nucleoide (ADN circular)

inorganica como el agua (el constituyente mas abundante en nuestro organismo) u organica como los glusidos, lipidos y proteínas. Estos átomos y moleculas reunidos con un proposito completo convierte al ser humano y cualquier ser vivo en una extraorinaria maquina compleja analizable desde cualquier nivel, bioquímico, histologico, citologico y anatómico. Citología es la rama de las Ciencias Biológicas que estudia las células. El nucleo es el cerebro organizador de las células y sigue un programa o plan general, coordinado escrito en la especie humana en 100,000 genes ordenadores en 23 pares de cromosomas. Según las moleculas de ADN estan dispersas en citosol o rodeada de una membrana especial formando una estructura denominada nucleo, se diferencian dos tipos de células: Las Pocariotas y las Eucariotas

Las Células Procariotas: Son células que no tienen nucleo es decir son las que presentan su ADN más o menos condensado en una región del citoplasma, pero sin estar rodeada de una membrana, el ejemplo mas importantes de células Procariotas son las bacterias. Son células muy sencillas, sus organulos practicamente solo son los ribosomas, los mesosomes (unos organulos esclusivos de estas células y algunos tienen unos flagelos muy sencillos).

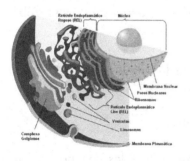

Las Células Eucariotas: Son células que tienen nucleo, es decir son las que presentan su ADN rodeado de una membrana. Tienen estructura eucariota las células de los animales, plantas hongos, protozoos. La célula eucariota se puede definir como una estructura biológica constituida por tres partes denominadas membranas protoplasmaticas, citoplasma y nucleo y es capaz de hacer las tres funciones vitales. La célula eucariota es una unidad estructural y funcional de todos los organismos pluricelulares. Presenta forma y tamaño diferentes, generalmente tiene una medida de unos 0,020 mm, pero algunas células eucariotas, como la yema de huevo de gallina tienen más de un centimetro de diametro.

Tipos de Células Eucariotas:

Se diferencian dos tipos principales que son las que constituyen a los vegetales y las que constituyen a los animales. Las células animales no presentan membrana de secreción y si la presenta nunca es de celulosa por tener vacuolas muy pequeña por la carencia de coroplasto y por presentar centrosoma.

La célula vegetal presenta una pared de celulosa situada en el exterior, por tener grandes vacuolas y coroplasto (unos organulos que contienen clorofila en la cual hay fotosintesis) y no tienen ni cilios ni flagelos

Histología

Se ocupa del estudio de los tejidos biológicos. Existen cuatro tejidos básico que son:

Tejido Conectivo, Tejido Epiterial, Tejido Muscular y Tejido Nervioso.

El Tejido Epiterial se divide en dos:

1-) A manera de membrana de células contiguas, epitelio que cubre al cuerpo sobre superficie externa y lo reviste sobre superficie interna.

2-) Glándulas que se originan a partir de células epiteliales invaginadas.

Principales funciones del Tejido Epiterial:

Protección: Es una función inherente a los epitelios ya que revisten o recubren a distintos órganos protegiendolos del medio externo e interno.

Absorción: Consiste en la incorporación activa o pasiva de sustancias ubicadas en el medio, hacia los liquidos vasculares y tisulares.

Transporte: Esta función la ejercen los epitelios mediante sus movimientos, las cilias producen un arrastre de moco en el aparato respiratorio.

Secreción: Es un proceso mediante el cual las células epiteliales elaboran sustancias que recubren la superficie epitelial Ej: Epitelio estomacal.

Intercambio: Esta función está recerbada al epitelio plano simple alveolar.

Sensorial: En los órganos de los sentidos.

El Tejido Conectivo: Es uno de los cuatros tejidos básicos y su función es la de sosten de vasos, nervios etc..y de está manera provee nutrición e inervación a otros órganos y tejidos.

El Tejido Conectivo se divide en Embrionario, Adulto y Especializado:

Embrionario: Este se divide en mesenquimatico y pluripotencial.

Adulto: Puede ser de tres tipos: Modelado, No Modelado y Elástico.

Especializado: Son tejidos conectivos especializados la sangre, el tejido oseo, el homopoyetico.

Tejido Muscular: Es un tejido que está formado por fibras musculares o meocitos. Compone el 35 % del peso de los seres humanos y está especializado en la contraccion, lo que permite que se muevan los seres vivos (reino animal).

Los tres tipos de músculos se deriban del Mesodermo. El tejido muscular consta de tres elementos básicos.

Las fibras musculares

Una abundante red capilar

Tejido conectivo fibroso de sosten como fibroblastos y fibras calogenas y elasticas.

Tejido Nervioso: Es el que forma los órganos del sistema nervioso, que estan constituidos por los cuerpos de las células nerviosas y sus prolongaciones y por la Neuroglia.

Durante la tercera semana del desarrollo embrionario aparece la primera manifestación del sistema nervioso, como un engrosasmiento del ectodermo de la región dorso medial del embrion denominada placa neural.

Este tejido está formado por células muy especializadas llamadas neuronas y por células gliales que dan soporte y nutrición a las anteriores. Forma nuestro sistema nervioso.

El tejido en general es el conjunto de células especializadas en realizar una determinada actividad Ej: recubrir superficies como hace el tejido epitelial, o contraerse como hace el tejido muscular.

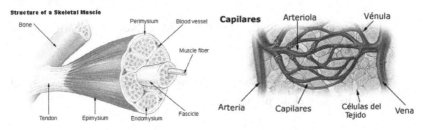

Fibras Musculares   Red Capilares

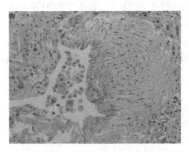

Fiblastos

Si hacemos un viaje imaginario de la celula, vemos primero las partes fundamentales de la celula y al llegar al nucleo de ella seguimos internamente dentro del nucleo y nos encontramos con los cromosomas.

Los cromosomas son los portadores de la mayor parte del material genetico y condicionan la organización de la vida y las características hereditarias de cada especie.

Los experimentos de Mendel pusieron de manifiesto que muchos de los caracteres del guisante depende de dos factores llamado genes de los que cada individuo recibe un ejemplar precedente del padre y otro de la madre.

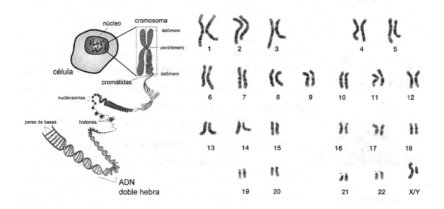

Con los experimentos de Gregorio Mendel se llevo a cabo sus experimentos, se consiguio ver los cromosomas al microscopio con tisiones especiales descubriendo una serie de propiedades:

- Todo individuo de una misma especie tiene el mismo numero de cromosomas
- Los Cromosomas se duplican durante la división celular y una vez completa recuperan su estado original.
- Los Cromosomas de una célula difieren en tamaño y en forma, y de cada tipo se encuentran dos ejemplares de modo que el número de cromosomas es 2N (está propiedad se denomina diploidia).
- Durante la formación de células sexuales (Meiosis) el número de cromosomas baja a N. La fertilización del ovulo por el espermatozoide restaura el número de cromosomas a 2N de los cuales N procede del padre y N de la madre.
- Además de los cromosomas usuales que forman parejas existen dos cromosomas el X y el Y que condiciona el sexo.

Los cromosoma X están presente en dos copias en la hembra (XX), mientras que los varones tienen un cromosoma X y un cromosoma Y, (XY)

- En la Especie Humana el número de cromosoma es 24 pares, los 22 primeros son parejas de los cromosomas 1, 2,. .. y 22 (se denominan autosoma) mientras que la pareja 23 es la de XX y la 24 la XY para los varones y las XX para las hembras. Los cromosomas X e Y reciben el nombre de cromosomas sexual o gonosomas.

Gregorio Mendel (1822-1884) Origen: Austriaco. Fue un Monje Agustino Católico y Naturalista. Levo a cabo experimentos con diferentes tipos de guisantes o arveja descubrió las hoy llamadas Las Leyes de Mendel que rigen la herencia genetica. Los primeros trabajos de geneticas fueron realizados por Mendel. Inicialmente realizo cruce de semillas las cuales se particularizaron por salir de diferentes estilos algunas de sus mismas formas. En sus resultados encontro caracteres como los dominantes que se caracterizan por determinar el efecto de un gen y los recesivos por no tener efecto genetico sobre un fenotipo heterocigotico.

Las Leyes de Mendel:

- Primera Ley de Mendel: Ley de la Uniformidad

- Si se cruzan dos lineas puras que difieren en un carácter, la primera generación filiar es uniforme y está formada por individuos identicos que presentan solo uno de los caracteres, alternativos paternos.
- Segunda Ley de Mendel: Ley de la Segregación Independiente de los Caracteres
- Los factores que se transmiten de generación en generación se separan (segregan) en los parentales y se unen al azar en los descendientes para definir las características de los nuevos individuos.
- Tercera Ley de Mendel: Ley de la Distribución Independiente o de la libre Combinación de los Caracteres Hereditarios.

Si se consideran dos caracteres simultaneamente, la segregación de los factores genecticos, no interfieren entre si; es decir los factores que determinan un carácter se hereda independientemente de lo que determina el otro.

Que son Los Acidos Nucleicos:

Los Acidos Neucleicos son el ADN (Acido Desoxirribonucleico) y el RNA (Acido Ribonucleico), presentes en todas las células eucariotas vegetales y animales y las procariotas.

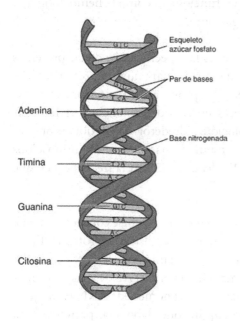

El ADN constituye el principal componente del material genetico de la inmensa mayoría de los organismos, junto con el ARN. Es el componente primario de los cromosomas y el material de los genes está codificado. En las bacterias el ADN se encuentra en el citoplasma, mientras que en los organismos mas complejos, tales como plantas, animales y otros organismos multicelulares, la mayoría del ADN recide en el nucleo celular. Se conoce hace mas de cien años que fue identificado inicialmente en 1868 por Friedrich Miescher Biologo Suizo, en los nucleos de las células de pus obtenidas de los vendajes quirurjicos desechados y en el esperma del Salmon. El llamo a la sustancia Nucleina, aunque no fue reconocida hasta 1943 Gracias al experimento realizado por Oswald Avery.

Su función es codificar las instrucciones esenciales para fabricar un ser vivo identico a aquel del que proviene (o casi similar en caso que se mezcle con otra cadena como en el caso de la reproducción sexual o de sufrir mutaciones).

El ADN como almacen de información.

Clases de ADN: Recombinante, Mitocondrial, Fosil, Complementario, Superenrollado.

En realidad se puede considerar así, un almacen de informacion de mensajes que se transmiten de generación en generación, conteniendo toda la información necesaria para construir y sostener el organismo en el que reside. Se puede considerar que las obreras de este mecanismo son las proteínas. Estas pueden ser estructurales como las proteinas de los músculos, cartigalos y pelos o bien funcionales como la hemoglobina, o las innumerables enzimas del organismo.

La función principal de la herencia es la especificación de las proteínas siendo el ADN una especie de plano o recta para nuestra proteína. Unas veces la modificación del ADN, que provoca difunción proteica que llamamos enfermedad, otras veces en sentido beneficioso dara lugar a lo que conocemos como evolución. Alrederor de 30,000 proteínas diferentes en el cuerpo humano estan hechas de veinte aminoacidos diferentes y una molecula de ADN debe especificar la frecuencia en que se une dicho aminoacido.

El ADN en la genoma de un organismo podría dividirse conceptualmente en dos que codifica la proteína y que no codifica la proteína. En el proceso de elaborar una proteína el ADN de un gen se lee y se transcribe en ARN. Este ARN sirve como mensajero entre el ADN y las maquinas que elaboran las proteínas y por eso recibe el nombre de ARN mensajero. El ARN mensajero instruye a la maquina que elabora las proteinas para que ensamble los aminoacidos en el orden preciso para armar la proteína.

El dogma central de la biología molecular plantea que el flujo de actividad y de información es

ADN-----ARN-----Proteína.

En algunos organismos (Virus de ARN) la información fluye de ARN a ADN este proceso se conoce como transcripción inversa reversa. Adicionalmente, se sabe que existe secuencia de ADN que se transcriben a RNA y son funcionales como tales sin llegar a traducirse como proteína.

Descubridores del ADN: James Watson, Mauricie Wilkins, Francis Crick

Fueron Premio Nobel en Medicina y Fisiología en 1962 por descubrir la estructura del ADN

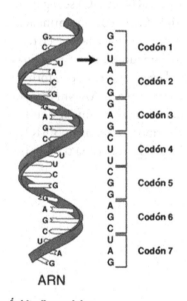

ARN

Ácido ribonucleico

El ARN se encuentra en el citoplasma (ARNr y el ADNt). En el nucleo se encuentra solomente el ARNm (ARN mensajero), las moleculas de ARN están por una simple cadena de Nucleotidos arrollado en forma de helice simple. El Nucleotido está formado por azucares, que es una pentosa La Ribosa. Presenta base nitrogenadas puricas (Adenina y Guanina) y bases nitrogenadas Pirimidicas (Uracilo y Citosina), Presentan el Radical Fosfato. El ARN está constituido por una sola cadena de Nucleotidos. La base purica se enfrentan con las Pirimidicas o sea se une siempre una Adenina (A) con un Uracilo (U) y una Citosina © con una Guanina (G). Su función es realizar sintesis de la proteína a través de la transcripción y traducción.

Sintesis de la Proteína: El ADN tiene toda la información genetica para sintetizar proteínas. Para realizar estos procesos el ADN envia al citoplasma mensajes que transcriben sus ordenes. Las dos cadenas de ADN se separan y sobre la base que queda libre se forma el ARN mensajero que sale del nucleo y llega al citoplasma: en el citoplasma se adhiere a un ribosoma comenzando por el extremo que tiene tres nucleotidos (AUG) llamado triple iniciador.

En el citoplasma existen moleculas de ARN de transferencia (fragmento formados por tres nucleotidos) existen también aminoacidos en que cada ARNt se une a su aminoacido respectivo. El primer triple (UAC) se ubica en el ribosoma en el lugar llamado P en donde se enfrenta con el triple (UAG) del ARN quedando ubicado el primer aminacido llamado Metionina, transportado por el (AUC). En el Ribosoma existe un lugar llamado A. El segundo triple de ARNt (CCC) que lleva un aminoacido llamado Prolina, ocupa el espacio A y se enfrenta al ARNm del complemento (GGG). Los dos aminoacidos (Prolina y Metionina) se unen mediante un enlace. El primer triple de ARNt (UAC) se separa del Ribosoma y ocupa su lugar el segundo triple CCC con su aminoacido correspondiente quedando libre el espacio A. Luego aparece el tercer triple ARNt que transporta un aminoacido llamado Alalina que ocupa el lugar A. Este proceso se repite infinidades de veces hasta que se forma la proteína y finaliza cuando llega al ribosoma un triple de ARNm formado por un UAA-UAG-UCA que le da la señal de finalización en donde se libera la molécula de proteína y se separa del ribosoma el último ARNt y los triples de ARNt que quedan disponibles en el citoplasma transportan otros aminoacidos para formar nuevas proteínas.

La Biología Cuántica y el ADN:

El ADN es la ensencia misma de nuestro ser. Todavía hay muchas cosas que los seres humanos, en nuestro nivel actual de conciencia, no comprendemos, pero la ciencia se acerca a algunas tradiciones espirituales que vienen afirmando hace siglos.

Uno de los últimos avances en nuestro conocimiento sobre el ADN es que en esencia posee conciencia y puede curarse a si mismo de acuerdo a los sentimientos y emociones de la persona, el ingeniero científico. Gregg Braden ha estudiado y estudia como en el pasado hemos perdidos enormes cantidades de información de las antiguas tradiciones espirituales (cuando la biblioteca de Alejandria perdimos por lo menos 532,000 documentos que podria dar información y ayudar a entender algunos de los misterios de la ciencia). Con este fin se informo sobre algunos experimentos científicos muy interesantes que apoyan su investigación.

Experimento:

Estos experimentos fueron realizado por el ejercito de EE.UU, en está ocación trataron de medir los cambios eléctricos del ADN. El donante de

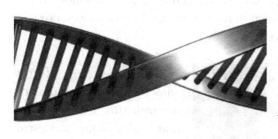

ADN era colocado en una habitación y sometido a "estímulos emocionales" consistente en video clips resistente que generaban diversas reacciones, el ADN fue colocado en una habitación diferente en el mismo edificio. Tanto el donante como el ADN eran monitoriados y cuando el donante mostraba altas y bajas emociones (medidos en ondas eléctricas), el ADN mostro respuestas identicas a la misma hora. No hubo tiempo de retraso ni deface en la transmición, los picos y los valles en el ADN eran exactamente iguales a los picos y valles de sus donantes en el mismo lapso de tiempo, según informa el autor el efecto y sus resultados eran cuantificables a 50 millas de distancia sin tiempo de demora. El ADN y el donante tuvieron las mismas respuestas al mismo tiempo. Gregg Braden afirma que esto se debe a que las células vivas se comunican a través de una forma desconocida de energía que no se ve afectada por el tiempo y la distancia. Una forma no local de energía que existe en todas partes, todo el tiempo.

Otro experimento realizado en El Instituto Hearth-Math y fue denominado "Efectos locales y no locales de la frecuencia del corazón en los cambios conformacionales de ADN". En este experimento de ADN de placenta humana (la forma mas pristina de ADN) se coloco en un recipiente donde fueron medidos los cambios de ADN. Veintiocho investigadores capacitados recibieron 28 tubos de ensayos. Cada investigador había sido entrenado para generar y recibir sentimiento con una fuerte resonancia emocional. Lo que descubrieron fue que el ADN cambio su forma de acuerdo a los sentimientos con una fuerte resonacia emocional.

- Cuando los investigadores sintieron gratitud, amor y aprecio el ADN respondio de manera relajante deserrollando sus helices.
- Cuando los investigadores sintieron rabia, miedo y frustración o el estres el ADN respondio endureciendose y bloqueo, algunos de sus codigos, el cierre de los codigos del ADN se revirtio y pudieron conectarse de nuevo, cuando los sentimientos de amor, aprecio y gratitud se hicieron sentir por los investigadores.

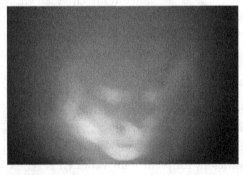 Al parecer los efectos emocionales de nuestros sentimientos va incluso mas allá que nuestro electromagnetismo que inicialmente querian probar estos experimentos, cambia la forma de ADN, nuestra base como seres humanos. Gregg Braden dice que esto ilustra una nueva forma reconocida de energía que conecta toda la creacion, esta energía parece ser una red tupida que conecta toda la materia y podemos influir en esa red de creación, por medio de nuestra vibración la cual es generada por nuestros pensamientos, sentimientos y emociones.

Los científicos han demostrado que el ADN accesa a una antena para la regulación celular, nos demuestra que la función principal del ADN es la de recibir y transmitir fotones, luz y sonido, y nos preguntamos. Para que? Para la regulación celular, lo que significa, el poder piramidal alrededor de las espirales absorbe la energía espiritual de la vibración del amor y luego son expulsada al exterior para manifestarse y precipitarse en un campo cuántico, la materia física, el cuerpo.

¿Qué es el Campo Cuántico?

El campo cuántico es el campo de energía, que nos rodea y nos envuelve mediante el cual se compone nuestra realidad. Está creado sostenido por la energía universal a travez de la cual toman forma nuestros pensamientos y sentimientos manifestandose esto en la vida diaria. Es en el campo magnético que existimos y nos desarrollamos a lo largo de nuestra vida sus formas la componen diseños geometricos relacionados intimamente a nuestras energías particulares, así como los parametros mentales y de conciencia a través de los cuales se forma nuestra personalidad y creencia. El espacio no está vacio como los occidentales creen al contrario está lleno de una esencia viva que el occidental empieza a entender ahora, algunos le llaman "holograma cuántico" otros le llaman mente divina, mente natural etc..Plank el padre de la Física Cuántica lo identifico como la matriz de todo lo visible incluyendo nuestro cuerpo. Existe una mente conciente e inteligente, está mente es la matriz de la materia. Sabemos que podemos influir en ese campo de formas que estamos descubriendo en nuestro corazón, no con la mente sentir amor, compresión, perdon cambian la autoestima esto altera los cambios electromagnéticos del corazón y esto cambia las formas en que nos rodean, el corazón es el campo magnético mas fuerte del cuerpo y su campo eléctrico es mas fuerte que el del cerebro que también genera esos campos pero el del corazón es mas fuerte. Ahora la ciencia dice que al cambiar el campo del atomo, cambian los átomos que nos componen. Los sentimientos inciden en el campo que interconecta la materia y alteramos nuestra realidad de una forma casi milagrosa para nuestra ciencia, el secreto que solo nosotros ignoramos, la ciencia solo empieza a entenderlos tenemos que entender que todo está conectado y que somos parte de ellos. Cambiar la autoestima, el cuerpo lo refleja, muchas enfermedades son curables a través del cuerpo, es un reflejo de que la ciencia occidental empieza a verlo.

Asi es como creamos nuestra realidad, la escogemos con nuestras reacciones, nuestros sentimientos están activando la conexión con toda la energía y materia del universo y en el caso que sea en el polo positivo, el resultado es una mejora cuantitativa en nuestro mundo interior y exterior. Aunque para esto no hace falta escudarse de teoremas y demostraciones empiricas. Mas allá parece claro que sienta mejor el amor que el odio.

Debemos tener presente tambien que el ADN es nuestro codigo genetico, traemos también toda una serie de características como nuestra personalidad, inteligencia, relación causa o efecto o sea nuestro Karma, todo está en el ADN, todas las energias Ying-Yang están ahí, nuestro destino etc..Si leemos nuestra carta astrologica es exactamente igual al que tenemos en nuestro ADN que está en todas las células de nuestro cuerpo. Todos nuestros triunfos, exitos, derrotas, fracasos actitudes, y capacidades etc. Porque está a un nivel energetico.

Que es el Efecto Placebo?

La mente es un campo energético de pensamientos que se pueden leer con cables de electroencefalograma o con un método nuevo aun mejor o más interesante llamado magneto encefalograma mientras con el electroencefalograma coloca cables en la piel y se lee la actividad cerebral.

El magneto-encefalograma es una onda exterior en la cabeza y lee los campos de actividad neuronal que ni si quiera toca el cuerpo asi indica cuando estamos procesando con el cerebro emitimos campos de energías.

En el antiguo mundo newtoniano el universo reloj estaba reforzado hasta que a través del desarrollo científico nació la Física Cuántica demostrando que el antiguo mundo Newtoniano no funciona como verdaderamente funciona, se encontraron muchas anomalías que no podían explicarse y el resultado fue que la idea antigua de universo mecánico donde todo ocurre por una razón concreta debía descartarse.

La Física Cuántica cambio nuestra percepción de la realidad hace mas de 80 años sorprendentemente este punto de vista aun no ha de incorporarse a nuestro modelo de Biología actual.

El principal problema del mundo Biológico actual es mecanicista:

1-) Esto significa que intenta explicarlo todo en terminos de pequeñas partes en general moléculas que son los componentes más pequeños de los organismos.

2-) Intenta considerar al organismo como una máquina que funciona sencillamente en termino de Física y Química.

La medicina actual sigue trabajando con los antiguos paradigma de la Física que se remotan a la época de Newton y la primacía de la Materia.

La Física Moderna hace tiempo que elimino ese paradigma y entiende que no es la materia sino la mente o espíritu lo que es primordial aunque no se define como espíritu sino como campo de energía. Como campo de energía inteligente.

La ciencia se considera como una especie de verdad absoluta pero en realidad es que la ciencia está constantemente cambiando lo que se ha dicho con anterioridad; Biólogos y Médicos han observado el funcionamiento de cada célula en particular y se centraron en un nivel celular llevando un gran número de años pero no entendemos como se comunican las células entre ellas como manejan la información.

Las acciones siempre son reflejos de sus creencias, si crees que tienes una enfermedad incurable, si tú crees que es incurable tienes razon, si tú crees que tu problema se puede curar entonces también tienes razon todo depende de tu intención. En los laboratorios se ha demostrado que la intención tiene efecto físico. Enviar información al cuerpo que estoy mejor es enviar al cuerpo para que se corrija porque un pensamiento también es energia fisica, también envía información positiva al cuerpo.

Se ha demostrado que nuestro sistema de creencia afecta como nos comportamos y como actuamos y también afecta a nuestra forma de vida, si creemos que no podemos ayudarnos a nosotros mismo seguramente no podemos. Si creemos en la información positiva es útil para nuestra salud y bienestar entonces seguramente lo será. Nuestros pensamientos crean nuestro cuerpo momento a momento, cuando tenemos pensamientos positivos liberamos cierta sustancia química en el cuerpo. Cuando tenemos pensamientos negativos liberamos sustancias químicas negativas en el cuerpo y esta tiene un profundo efecto en cómo se comportan las células y en cómo se está usando la nutrición.

El Efecto Placebo es otra forma de hablar de auto curación del cuerpo y todo aquello que libera eso será un sistema mejor, consiste en que una creencia que tiene la persona puede envalidar su biología, es tan profundamente importante que la ciencia ha reconocido.

Existe una relación mente- cuerpo y cuerpo-mente ambos son importantes. La Conciencia no está en el cerebro es algo que esta mas allá del cerebro.

El efecto placebo se crea por los campos de energía, cuando me centro en algo con mi mente la información sigue a esa atención, cuando pensamos de un estado negativo emocional a positivo emocional unos 15,000 cambios emocionales se desencadenan instantáneamente en ese cuerpo.

Si pensamos en el transcurso de un día todas las emociones que sentimos altibajos la multitud de reacciones emocionales tienen lugar a través de nuestras percepciones de un día comprobamos que las emociones provocan muchísimos cambios de nuestra fisiología, por lo que es necesario tener en cuenta las emociones además de los aspectos físicos estos son necesarios para tener mejor salud y sin duda para elentecer el proceso de envejecimiento.

Las emociones negativas intensas solo nos degeneran, los estados emocionales positivos nos generan más amor, gratitud empieza a mejorar y seguir hasta lograr un buen estado de salud, nuestra mente cura.

Fisica Cuantica afirman revela que los estímulos invisibles son muchos más importantes que los visibles Albert Einstein dijo: "El campo es el único organismo que gobierna las partículas" Einstein quiso decir que el campo es la fuerza energética invisible a nuestro alrededor son los únicos organismos que gobiernan las partículas la materia de la partícula y la Física Cuántica afirma que el carácter de la materia esta determinado en última instancia por el campo.

Todos formamos parte de ese campo de energía gigante, todos estamos conectados mas allá de los confines más lejanos del Cosmo, existe una interacción entre el cuerpo humano y el campo energético en todo momento que está en el exterior de nosotros, nuestro cuerpo está conectado con el campo parece que esta conexión está dada por el Biofoton.

Los Biofotones son emisiones débiles de luz que emanan de las células de todos los seres vivos, sabemos que envian más información con emisiones desde los biofotones. Cuando un organismo vivo se coloca delante de un detector de fotones la luz emitida por las células se pueden observar. Las emisiones de Biofotones pueden estar controlando nuestro metabolismo corporal.

Las moléculas no pueden regularse a si mismas deben de tener un campo así que los fotones deberían ser los portadores de la información lo que es necesario para regular el metabolismo, estos biofotones crean una red dinámica y coherente de luz dentro de nuestro cuerpo está constantemente emitiendo luz en forma de biofotones. Son estos biofotones el mecanismo de control del cuerpo acaso no es esa la funcion de nuestro ADN y nuestros genes. Los genes no controlan nuestra biología.

Hay una nueva rama de la genética la llamada, La Hipergenectica que hace referencia a la influencia al entorno en la expresion genetica, la información dentro de cada célula aquella que la pone en marcha y que cambia las cosas no está adentro de las celulas sino en el entorno o exterior.

El cuerpo humano es información estructurada. El cuerpo humano es un campo de energía de ondas estacionarias escalares que estan organizadas proporcionalmente, estructuradas contienen gran cantidad de información.

El corazón es el gobernador del sistema. La cardiología energética afirma que las señales producidas del corazón son todas vitales para la regulación. El corazón está constantemente emitiendo sonido ondas de presión, calor, luz, señales eléctricas, magnéticas y electromagnéticas. Todas las células del cuerpo están recibiendo estas señales de distintos tipos en diferentes momentos porque va a diversas velocidades a través del sistema circulatorio. El corazón genera el mayor serial rítmico y electromagnético en el cuerpo.

Si consideramos este campo magnético una onda portadora está siendo modulada por información y los experimentos que realizamos dejan claro que se modula con patrones emocionales. Si nos sentimos frustrado, enfadado, irritado la información que queda gravada en ese campo magnético es muy diferente a si sentimos afecto, amor o compasión hacia alguien.

El corazón tiene su propio sistema nervioso intrínseco que puede percibir sentir, recordar y procesar información y es independiente del cerebro.

Siempre pensamos que el sistema de entrada de información está en nuestro cerebro pero ahora se está descubriendo que el corazón recibe información en primer lugar y luego la transmite al cerebro, se ha descubierto que el corazón actua mas de prisa que el cerebro a los estímulos externos.

La regulación de todo el organismo y de todas las células, la coordinación de todas las células se consigue con la ayuda de estos campos de información. Estos campos de ondas escalares, esto garantiza que todas las células sepan lo que estan haciendo las otras células en cualquier momento y tenemos unos 80 billones de células eso es mucha información y solo se puede procesar con la ayuda de los campos estructurados.

Albert Einstein dijo: Que la energía y la información han de ser intercambiable se convierte en un tipo de energía que es un orden en el espacio en la práctica obtiene una onda de energía y de acuerdo a esa onda puede obtener información impresa y la cantidad de información que puede imprimir parece ser ilimitado.

La Medicina Informacional, la medicina que recoge la información y cambia la información alterada va hacer el futuro de la medicina.

Al parecer el sistema de control del cuerpo no son los genes ni la quimica sino la información que parece estar disponible en el campo corporal es posible introducir información nueva en el cuerpo para que influya en la salud. Eso es lo que muchos investigadores están haciendo.

Hoy en día se ha aprendido a corregir la distorsión de información en el campo que ocurre como resultado de varias enfermedades una vez que detiene esa distorsión sorprendentemente la fisiología empieza a funcionar la química se recompone se podían contar muchas historias esto es así porque hemos aprendido a corregir la distorsión de información en el campo corporal.

La enfermedad es hasta cierto punto información desordenada de manera que si podemos ir a la información adecuadas podemos corregir ese desorden y esto es lo que está haciendo esta nueva modalidad de energía.

Uno de los ejemplos más destacable eficaz del efecto instantáneo de la medicina informacional llamado terapia del campo del pensamiento es una psicología de la energía teoricamente que cura y cambia los pensamientos negativos a nuestro alrededor y la teoria de los pensamientos negativos melodean nuestro alrededor como si fuera una red y afecta nuestro sistema corporal.

Hoy se cree que el gen es la solución a las enfermedades sin embargo hoy en día los genetistas estan descubriendo y entendiendo que el gen esta subordinado a este sistema exterior de información en vez de los genes.

Tendremos que encontrar sistema de información que regule lo que va mal.

La mente es el modo de funcionar el cerebro que interpreta el entorno y regula la biología en vez de estar controlada por los genes. Nuestra biología está controlada por nuestra mente cuando entendemos esto, somos conscientes de que podemos cambiar la mente si lo hacemos cambiamos nuestra biología y genética.

Las Maquinas Moleculares:

Es interesante observar que mientras más sabemos de la vida y de la biologia tantos mas problemas tiene el Darwinismo y tanto más evidente se hace el lo decignado. Todos sabemos que la Teoría de Darwin hasta el otro día explicaba toda la evolución de las Ciencias Biológicas.

Hay un libro llamado Evolución una Teoría en Crisis de un genetista Australiano Michael Denton donde explica una gran cantidad de argumentos científicos que van contra la Teoría de Darwin, donde explica una gran cantidad de argumento convincente que la Teoría de Darwin no es totalmente completa

 Michael J. Behe Nació el 18 de enero de 1952 Altoona, Pennsylvania, es profesor de Bioquímica de la Universidad de Pennsylvania. Defensor del diseño inteligente, es profesor de Bioquímica Lehigh de la Universidad de Pennsylvania, desarrollo el concepto de "Complejidad Irreductible". Un sistema individual compuesto por varias partes bien coordinadas que interaccionan para desempeñar la función básica de este modo que si se eliminara cualquier de esas partes dejara de funcionar por completo.

La Biología Moderna ha descubierto sobre la unidad más fundamental de la vida "Las Células". En los últimos años se ha avanzado mucho en el campo de la Biología Celular gracias a la tecnología. En la actualidad los instrumentos son muy sofisticado demuestran una serie de fenomenos en el mundo microscópico, mundo muy pero muy pequeñísimo o diminutos objetos tan pequeños que pueden contener miles de millones de agentes micro celulares cada uno de ellos con circuitos, instrucciones de montaje y maquinas moleculares tan diminutas que Carlos Darwin jamás se hubiese imaginado.

En la base de la vida donde las moléculas y las células realizan su función se han descubierto maquinas moleculares, hay maquinas que capturan la luz solar y la transforman en energía utilizable. Hay tanta cantidad de Maquinas Moleculares en el cuerpo humano como funciones que realizan.

Todas las funciones del organismo exigen una multitud de maquinas moleculares esto no puede ser al azar esto fue hecho por algo. El flagelo bacteriano tiene una region de propulsion y codo, ejerotor y motor esto ha sido diseñado, no es un montaje de piezas al azar, cada uno de los motores moleculares que impulsan a las bacterias en el seno de un liquido depende de un sistema de piezas mecánicas intrincadamente dispuestas, estas piezas aparecen claras cuando se aplian porciones de una celula 50,000 veces. Los Bioquímicos han empleado microfotografias electrónicas para identificar las piezas y las estructuras tridimensionales del motor del flagelo con esta investigación han develado una maravilla de ingeniera.

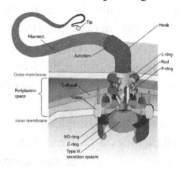

Un profesor de la Universidad de Harvard la considera la maquina más eficiente del universo, algunas de estas maquinas giran a cien mil revoluciones por minutos y tienen una conexión fija con un mecanismo detector de señales, que recibe información del medio en que se encuentra, incluso cuando están girando a esta velocidad pueden detenerse en segundo solo necesita un cuarto de vuelta para detenerse cambiar el sentido de giro y comenzar a girar a cien mil revoluciones en la otra dirección, tiene una gran cantidad de piezas que son indispensables para su funcionamiento.

El Flagelo Bacteriano dos marchas alante y atrás refrigeración por agua, movido por energía protónica funciona como una pieza de maquinaria. Desde el descubrimiento de la maquina molecular como hubiera podido surgir un motor giratorio mediante la selección natural hasta ahora no han podido dar algunas explicaciones Darwinista detallada; debemos comprender una característica de las Maquinas Moleculares que se conocen como "Complejidad Irreducible" esto consiste que las Maquinas Moleculares tienen una multiplicidad de piezas para la composición de cualquier organelo de un sistema dado dentro de una célula, todas las células son necesarias para la función es decir si se elimina una pieza del sistema pierde su función.

Células Emocionales:

Las emociones no son químicas solamente en el cerebro, son señales electromagnéticas que afecta a la química y electricidad de cada célula del cuerpo. El estado eléctrico del cuerpo esta modulado por las emociones cambiando el mundo desde dentro del cuerpo, los estados emocionales afectan al mundo fuera del cuerpo.

No solo somos simples pedazos de carne, estamos vibrando y mandamos vibraciones a la gente todo el tiempo. Emitimos y Recibimos. Los neurotransmisores son químicos pero tienen carga eléctrica. Las señales eléctricas de nuestra mente y cuerpo afectan la forma de cómo se comportan e interactúan las células y las funciones que realizan, tienen receptores en cada célula del cuerpo, son como mini-bombas eléctricas. Cuando el receptor se activa por una "molécula de emoción" el receptor pasa una carga a la célula cambiando la frecuencia eléctrica y química de la celtila, nuestras células individuales llevan una carga eléctrica así también en cuerpo entero como organismo como un campo generando electromagnetismo. Las personas tienen carga positiva y negativa.

Los mensajeros electroquímicos se pasan de una célula a otra, señales semejante se pasan al resto del cuerpo, y cada una está cargada con "sitios receptores", una clase de buzón de correo para estos mensajero electromagnéticos.

Cuando hablamos, mandamos algún tipo de vibración a través del aire que alguien percibe como sonido y también mandamos todo tipo de vibraciones. Es una ley básica en Física que cuando esta cerca de una fuente de energía, tiene un efecto más grande y disminuye conforme se aleja. Pero cuando estas lejos no hay efecto.

El hipotálamo es un pequeño órgano donde se fabrican las respuestas emocionales, allí en nuestro cerebro se encuentra la mayor farmacia que existe donde se crean unas particulas llamadas "péptidos" pequeñas secuencias de aminoácidos, combinadas crean la neurohormonas o neuropeptidos. Ellas son las responsables de las emociones que sentimos diariamente hay química para la felicidad, para el sufrimiento para la envidia y hay quimica para todo tipo de emociones que se reflejan en nuestro organismo de una forma positiva o negativa.

En el momento en que sentimos una determinada emoción, el hipotálamo descarga estos peptidos librándolos a través de la Glándula Pituitaria hasta la sangre que conetara con células que tiene esos receptores en el exterior. El cerebro actúa como una tormenta que descarga los pensamientos a través de una fisura signatica. Nadie ha visto nunca un pensamiento, ni siquiera en los más avanzados laboratorios pero lo que si se ve es la tormenta eléctrica que provoca cada mentalismo, conectando las neuronas a través de las "fisuras sinápticas". Cada celula tiene miles de receptores rodeando su superficie, como abriendo a esas experiencias. Cada célula es un pequeño hogar de conciencia. Una entrada de un neuropeptido en una célula equivale a una descarga de bioquímicos que pueden llegar a modificar el núcleo de las células.

Nuestro cerebro crea estos neuropeptidos y nuestras células son las que se acostumbran a recibir cada una de las emociones, ira, angustia, alegría, envidia, generosidad, pesimismo, optimismo etc.

Nuestro cerebro está constantemente, rehaciéndose incluso en la ancianidad para ello se puede desaprender y reaprender nuevas formas de vivir las emociones.

Hay sectores sin activar que no son utilizado por el ser humano, existen células emocionales que son fundamentales para el bienestar completo de nuestro ser, morir de viejo o ser longevo es normal entre los hombres ya que poseemos la capacidad de auto sanación a través de las células de nuestro cuerpo.

Existen formas de inteligencias que ni siquira estamos conscientes, que sobrepasan nuestro entendimiento y van mas allá de nuestra imaginación y al despertar suceden cosas estrañas. Tenemos una serie de facultades latentes o dormidas que todavía no hemos desarrollado, el dia que lo logremos tendremos cosas maravillosas e incalculables que nos traerán mutiples de beneficio en nuestras vidas.

Cuando el hombre está en meditación y está en condiciones solitarias en horas de la noche y en postura sentado en el suelo y con la columna erecta con una respiración adecuada por la nariz escucha su respiracion poco a poco vamos mas alto de la mente, la nariz es muy sensible al frotamiento del aire crea un ritmo que permite oxigenar tu cuerpo de manera constante para poder así dominar tu mente e ir mas allá de la mente para luego penetrar en el vacío que es otro Universo donde el tiempo y el espacio no existe, cuando estas consciente pero en este vacio tu creas conexiones que despiertan otras neuronas en tu cerebro esto desarrolla nuevas capacidades. El vacio es ausencia de materia pero en este vacio existe el amor.

Este amor es el reflejo emocional de nuestro Universo material luego Las celulas tambien tienen un reflejo emocional si logras penetrar este reflejo entonces penetraras en la materia y podrás tener una acción consciente sobre los átomos que la constituyen. Lo más bello de la vida es invisible a nuestros ojos.

A medida que un ser evoluciona capta más y más información. El amor se encuentra en el interior de cada hombre es la fuente de la humanidad mirarlo en el otro brota en ti.

Nuestra mente tiene un sistema de auto curación que el hombre todavía no ha podido aplicarlo para sus enfermedades sea cual sea la enfermedad, han habido muchos casos y testimonios de personas que han sido desausiadas por los medicos y han ido a sanadores que lo han curado para siempre a través de la mente y las células emocionales que son puramente curativas, es a través del amor que se logran todas las cosas en la vida e incluyendo las enfermedades.

Por lo general las curas espirituales son gratuitas; las grandes cosas en la vida no se saben y no cuestan ni un centavo.

"Solo sé que no sé nada y lo poco que se es por amor"
Sócrates

Sócrates (470-399 a.c). Origen: Griego, Filosofo considerado como uno de los más grandes, tanto de la Filosofía Occidental como la Filosofía Universal. Fue maestro de Platón, quien tuvo a Aristóteles como discípulo estos tres son representantes fundamentales de la Filosofía Griega. Tenía un gran poder de su oratoria y su facultad de expresión pública era su fuerte, para conseguir la atención de las personas. Fue un filosofo que no escribió nada, daba sus enseñanzas paseando por la plaza pública, trabando conversaciones con la gente, lo único que decía era" Solo sé que no sé nada" y "Conócete a ti mismo" Murió a los 70 años de edad. Fue condenado por asuntos políticos, al envenenamiento por la Cicuta, era un método empleado habitualmente por los griegos.

Resumen

Estudiamos lo que es el Micromundo, sus características y funcionamiento, comprendemos que todo aquello que está dentro del entorno físico pero que no podemos percirbir a simple vista, es necesario recurrir a un intrumento llamado "Microscopio" el cual debemos de usar.

Robert Hooke en el 1665 uso el primer microscopio el cual lo llevo a descubrir las primeras celulas vistas por el hombre, estos microscopios a través del tiempo han ido sufriendo distintas transformaciones y cambios hasta llegar a los tiempos actuales donde exiten maravillas de estos, con una tecnología y desarrollo extraordinario entre ellos tenemos los microscopio opticos, los microscopios electrónicos estos son de dos tipos los electrónicos de Transmisión y los electrónicos de Barrio.

Definimos que la Citología es la rama de las Ciencias Biológicas que estudia las células y que la célula es la unidad morfológica y funcional de todo ser vivo. Se puede clasificar a los organismos según su número de células en unicelulares como protozoos que son organismos microscópicos y los pluricelulares.

Vimos las funciones de las celulas, que es un sistema bioquimico complejo y sus funciones fundamentales son:Nutrición, Multiplicación,, Diferenciación, Señalización, Evolución.

Hay dos tipos de células fundamentales las cuales son:

Las Células Procariotas. No tienen núcleo

Las Células Eucariotas estas son las células vegetales y células animales, tienen núcleo.

El conjunto de las células forman los tejidos del organismo y la rama que estudia los tejidos biológicos se llama Histologa.

Hay cuatro tipos de Tejidos: Tejido Conectivo, Tejido Epitelial, Tejido Muscular y Tejido Nervioso.

Estudiamos las funciones y características de cada uno de los tejidos.

Hicimos un viaje imaginario a través del interior de las celulas sobre todo en el nucleo, el núcleo es el organizador fundamental de las células y sigue un programa o plan general. Estudiamos los cromosomas los genes y ácidos nucleicos. Las leyes de la genética de Gregorio Mendel.

Por último lo que es el ADN sus característica y funciones en forma general y su importancia para la ciencia y el hombre. Y lo que es la Biología Cuántica y su relación con el ADN.

Hablamos que es un Campo Cuántico que es un campo de energía que nos rodea y nos envuelve mediante el cual se compone nuestra realidad sostenido por la energía universal a través del cual toman forma nuestros pensamientos y sentimientos manifestándose en nuestra dinamica de la vida diaria. También le llaman de otras formas como Mente Natural, Mente Divina, Holograma Cuántico, otros La Matriz de la Materia.

El Efecto Placebo es otra forma de auto curación del cuerpo y todo aquello que libera, eso es un sistema mejor, se basa en la creencia que tiene la persona puede invalidar su biología, es tan profundamente importante que hoy en día la ciencia lo ha reconocido.

Existe una relacion mente-cuerpo y cuerpo mente, el efecto placebo se crea por los campos de energía. Las emociones negativas nos degeneran y las emociones positivas nos generan más amor, gratitud mejoran nuestro estado de salud.

Las Maquinas Moleculares, son maquinas en la base de la vida donde las moléculas y las células realizan su función. Hay maquinas que capturan la luz solar y la transforma en energía utilizable. Todas las funciones del organismo exigen una multitud de Maquinas Moleculares, esto no es al azar, ha sido diseñado.

El Flagelo Bacteriano tiene un sistema de pieza como la región de propulsión, codo, ejerotor, motor esto ha sido deseado, no es un montaje de piezas al azar.

La Maquina Molecular se conoce como "Complejidad Irreductible" tiene una multiplicidad de piezas para la composición de cualquier organelo de un sistema dado dentro de una célula, todas las células son necesaria para la función es decir, si se elimina una pieza del sistema pierde su función.

Las emociones no son químicas solamente en el cerebro son señales electromagnéticas que afectan a la quimica y la electricidad de cada celula del cuerpo. No solo somos simples pedazos de carne estamos vibrando y mandando vibraciones a la gente todo el tiempo. Emitimos y Recibimos. Existen formas de inteligencias que ni siquiera estamos conscientes que sobrepasa nuestro entendimiento y van más allá de nuestra imaginación.

Tenemos facultades latentes o dormidas que todavía no hemos desarrollado el dia que logremos tenerla tendremos cosas maravillosas e incalculables que nos traeran multiples de beneficios en nuestra vida.

Nuestra mente tiene un sistema de auto curación que el hombre no ha podido aplicarlo para sus enfermedades

Las Células Emocionales demuestran que a través del amor todo se puede y se cura. Estas células emocionales son puramente curativas.

Capítulo II

El Hombre

En todo hombre existe una zona que ninguna
intimidad humana puede calmar, es ahí donde
Dios nos encuentra.

Anónimo

La cuestión de la naturaleza y el sentido de ser humano está tan llena de
contenido filosófico, que para muchos pensadores el estudio del hombre
es el verdadero centro y la culminación de la filosofía. El hombre como
ser natural y como ser espiritual. Desde el punto de vista de las Ciencias
Naturales el hombre es un ser constituido de acuerdo a las leyes que rigen
el conjunto entero de la naturaleza.

Las Ciencias Biológicas lo considera como una
especie incluida dentro del orden zoológico de
los primates, ningún biólogo pone hoy en duda
la hipótesis de la evolución, según la cual unas
especies han surgido de las otras siguiendo un
proceso de desenvolvimiento que se remonta a
la aparición de la vida sobre la tierra a no menos
de 1000 millones de años tampoco los biólogos
dudan en incluir al hombre en la evolución
de la vida y en reconocerlo en una especie
zoológica surgida por una mutación iniciada
hace alrededor de un millón de años.

El hombre actual o (homo-sapien) al que antecedieron otros tipos
prehumanos y humanoides por ej: El Pitecantropus, Astralopitecos, el
Sinantropo o el Hombre de Pekin, el Neanderthal, es para el científico
la última forma surgida en el árbol de la vida. El Homo –Sapien la
más compleja y rica seguramente pero al fin o al cabo es una especie
zoológica. Las investigaciones particulares de la Paleoantropología, La

Bioquímica, La Genética, La Anatomía, La Fisiología, y La Psicología Animal convergen con sus valiosísimos aporte a la formación de esta imagen natural del hombre que la ciencia actual perfecciona día a día.

El riguroso punto de vista de las Ciencias Naturales permite diferenciar suficientemente al hombre con respecto a otro ser real.

En qué consiste la originalidad biológica humana?

Ella se puede determinar teniendo en cuenta los siguientes rasgo: posición vertical erecta constitución y uso de la mano como órgano de aprensión, cara pequeña con relación al volumen del cráneo un cerebro excepcionalmente grande y órganos de fonación espciales, estos rasgos son particularmente importantes, tomados en conjunto y considerados en su funcionamiento correlacionado en su unidad dinámica lo que le da al hombre originalidad biologia, cada uno de ellos está vinculado con nosotros en el surgimiento evolutivo, la posición verticial ha permitido la liberación de las manos, la especialización de órganos prensores lo cual ha permitido a su vez la liberación de sus mandibulas y su orientación y sus usos a la fonacion.

El aligeramiento de las mandíbulas ha hecho posible el crecimiento del cráneo en la medida necesaria, para permitir una gran expansión del cerebro. Por su parte el cerebro así desarrollado ha determinado el desenvolmiento del lenguaje articulado y este a su vez por el paso de la expresión oral a la escrita una acentuación del uso instrumental de la mano.

El cerebro del hombre es notable no solo por su tamaño sino por el número de células que lo compone 14 mil millones de células sino además por la complejidad y variedad de las relaciones nerviosas que ese gran números de células permiten, osea, por su enorme riqueza funcional, considerando todos estos caracteres y sus interconexiones se puede decir que el tipo humano es una nueva estructura biológica en movimiento.

Hay otro rango biológico especialmente notable en el hombre, su lento proceso de maduración, el hombre es el animal de niñez más larga y más general, su maduración dura mucho y se extiende a todas las funciones organanicas del individuo, al nacer el bastago humano no puede hacer nada comparado con cualquier animal es completamente desvalido y tendrá que esperar mucho tiempo para hacer valer su capacidad. Esta condición esta estrechamente vinculada con la elección biológica que representa el tipo orgánico humano, biológicamente; el hombre no ha seguido el camino de sistema muscular sino el nervioso no ha elegido el poder por el músculo sino por el de los nervios.

El tipo animal se presenta siempre con una especializacion muscular bien desarrollada, el hombre con ninguna, de alli la debilidad e impotencia del recién nacido, la única especialidad del organismo humano las cuales absorbe toda su energía es el cerebro y ella necesita un largo proceso para ponerse en vigor, esta inmadurez y debilidad inicial, condiciona el caracter tan esencial en el hombre como la vida en conjunto social estable sin el cual el niño no podrá sobrevivir y la educación gracias a la cual alcanza su maduración y su desarrollo cabal, pero la impotencia inicial la necesaria espera que demanda el cultivo del cerebro va a ser la gran carta de triunfo del hombre porque la especialización del cerebro le permite un gran desarrollo de la inteligencia y le abre las puertas a todo tipo de actividad, en cambio el animal que se especializa en otras funciones y el acto para cumplir prontamente queda estancado y canalizado en ellas.

La Universal actitud biológica del hombre tiene un signo característico en la capacidad del lenguaje gracia a la cual es posible formular y combinar símbolos universales y desarrollar de manera ilimitada las funciones del pensamiento no intuitivo, al ser el hombre de este modo capaz de significar y aprender todas las cosas sin estar en contacto físico con ella ha asegurado su hegemonia y su espanción en el mundo con una gran severidad.

Coordinado con el uso de la mano este poder simbolizado del lenguaje hace al hombre acto para crear objetos, nuevas herramientas, utencilios, casas etc..combinarlos y establecer entre ellos conexiones según su finalidad y sentido y afianzar y enriquecer los lazos entre los individuos de la especie por el lenguaje, el hombre funda la cultura y la sociedad.

El conjunto de todos estos rasgos su estructura y su actividad conforma según hemos dicho la originalidad del hombre como especie biologica, quienes estudian al hombre estrictamente desde el punto de vista de la ciencia natural incorporan generalmente todos estos rasgos dentro de una idea natural del ser humano con ello no afirman ni descartan la posibidad que haya otros rasgos que no sean comprensibles desde el mismo punto de vista, en cambio quien sostiene que todos estos rasgos y además cualquier otros caracteres definitivos del hombre pertenecen necesesariamente, al orden fisico biológico y pueden ser explicado según los conceptos de la ciencia natural, está adoptando una posición filosófica naturalista o materialista.

Consideramos otro punto de vista sobre el ser humano al adoptar otro punto de vista ya no dirigimos nuestra atención a hechos como la evolución biológica, la conformación del organismo la conformación vertical, el cerebro, etc. Sino nos interesamos más bien por interioridad del hombre por su capacidad consciente y reflexiva, por la racionalidad y por el lenguaje entendido ahora como tal racionalidad, ponemos como resalto las funciones psíquicas del individuo, su vida mental su experiencia moral como manifestación de un ser personal libre, la experiencia estética como la revelación del poder creador del espíritu y la vida valorativa sobre todo en sus más altas expresiones como muestra de la capacidad del hombre para superar los límites de la realidad material.

El conocimiento intelectual en su forma más rica y depurada ofrece una prueba crucial de esta capacidad, gracia a la conceptuación abstracta de la ciencia y la filosofía; el hombre sobrepasa largamente la realidad espacio-temporal que lo rodea mientras que el animal vive sujeto a su ambiente inmediato esclavo de él en su relación hacia su conducta, el hombre vive bajo su pensamiento en todo los mundos posibles, la sociedad y la cultura en fin adquiere un nuevo sentido en este enfoque.

La Sociedad Humana es una relación de personas con normas e ideales, valores institucionales que tienen una significación espiritual y la cultura es una novedad en el mundo, una creación total no natural que el hombre ha sobrepuesto a la naturaleza, todos estos rasgos conforman una idea del hombre, distinta de lo natural, una idea del hombre como ser espiritual, desde este punto de vista lo propio del hombre como individuo y como comunidad es el Espíritu. La persona singular puede ser llamada por eso el espíritu subjetivo y sus obras sus símbolos constituyen formas del espíritu objetivo.

Está idea del hombre es la que generalmente posee y la que generalmente trabaja quien investiga en el campo de la ciencia llamadas humanas o sociales, ellas pueden ser adoptadas y defendidas sin negar la existencia del hombre de ciertos caracteres propios de un ser natural, quien en cambio niega esos caracteres considerándolos no propiamente humanos y concibe al hombre exclusivamente espiritual separando así el espíritu de la naturaleza material esta adoctando una posición filosófica espiritualista.

Podemos decir hasta aquí que de acuerdo a la investigación científica el hombre ofrece ciertos caracteres que pueden ser interpretados como pertenecidentes a algo de los fenómenos naturales biológicos y ciertos caracteres de tipo espiritual no estrictamente biológicos.

Hay posiciones filosóficas que interpretando estos caracteres consideran al hombre, sea esencialmente material o físico ese es el caso del naturalismo o materialismo sea por el contrario como esencialmente espiritual ese es el caso del espiritualismo.

Cual de está posiciones tiene la razón?

Pueden reducirse los caracteres del hombre a los meramente naturales como piensan los naturalista? Puede afirmarse que el ser del hombre es ajeno o esencialmente diferente a ser natural como piensan los espiritualista y en caso de no aceptar ni una ni otra posición? Como explicar la existencia de ambos tipos de caracteres en el hombre? Tratando de entender la realidad adoptamos una posición extrema y luego comprobamos que ella nos conduce, a conclusiones evidentemente errónea adoptamos, la posición extremadamente opuesta que resuelve estos problemas pero crea otros, esto es lo que pasa con el naturalismo y el espiritualismo ambas son posiciones extremas y excluyentes y por eso ambas olvidan aspectos muy importantes y evidentes de la realidad humana.

El espiritualismo olvida que hay una innegable continuidad biológica entre el hombre y sus antecesores en la evolución de la vida no toma suficientemente en cuenta que los caracteres espirituales humanos presuponen una determinada base corporal que solo aparecen ahí cuando esta base deja de presentarse cuando ella no existe o se malogra, olvida que no tenemos la experiencia de ninguna conciencia, ninguna reflexión ningún lenguaje y ninguna cultura que no esté soportados por estructuras biologicas, además no repara que un ser puramente espiritualmente seria incapaz de actuar sobre el mundo real, cosa que es esencial al vivir humano, al dejar de considerar todo esto se cierra el camino a una explicación razonable del surgimiento del hombre en la tierra, el hombre como espíritu resultaría añadido, sumado desde afuera a la esencia animal y seria una especie de elementos extraño a la realidad

El espiritualismo crea además problemas donde antes no los habia, porque en efecto, si la evolución biológica no significa nada para el hombre como se explica el hecho de que el proceso entero de la evolución conduce paso a paso a la aparición del tipo humano, si la estructura dinámica del organismo humano y el cerebro excepcional que lo singulariza no tiene importancia para la esencia del hombre.

Como explicar la existencia de estos caracteres?

Si la maduración corporal del hombre no está intima y esencialmente ligada con sus rasgos espirituales ¿Qué sentido tiene este hecho tan importante biologicamente? Todos estos aspectos resulta sin apendices inutiles de la realidad humana, un gran lujo o un grave error de la naturaleza es decir fenómenos incomprensibles.

En cambio, el naturalismo que pone especial atención a todos los rasgo comunes del hombre y del animal intenta explicar todo los fenómenos de acuerdo a todas las leyes físicas y biologicas, superan estos problemas, pero comete por su parte otros graves errores, confunde la continuidad biológica con la continuidad en todo orden de cosas y olvida las diferencias esenciales que existen entre los fenómenos determinables fisicamente, es decir externamente y los que escapan a esta determinación, no repara así en hechos evidentes como las diferencias que hay entre cerebro de una parte y conciencia de la otra, entre conexiones de neuronas y reflexión racional entre actividad fisiológica e intencionalidad espiritual y así sucesivamente de allí que si del espiritualista se puede decir que ha absorbido en la contemplacion de las flores y los frutos, olvida la raíz del árbol sin la cual los frutos no habían surgido; del naturalista se puede decir inversamente que subyugado por la importancia de la raíz quiere reducir a está todo el árbol y pierde de vista aquello que lo caba y perfecciona las flores y lo frutos.

No podemos aceptar estas posiciones extremas igualmente equivocadas en cuanto a excluyente y unilaterales debemos entender una concepción integradora del hombre como realidad natural espiritual sin duda presentara también dificultades como toda teoría filosófica pero menores de la que acabamos de considerar, tomara en cuenta los datos efectivos de la experiencia humana.

Estos datos son principalmente los siguientes:

1-) La necesidad del cuerpo para la existencia del hombre.

2-) La preparación biológica de la especie humana.

3-) La estrecha conección que la obra del hombre mantiene con la realidad material.

4-) Y en suma todos los demás fenómenos naturales de la realidad humana.

Del otro lado tenemos la conciencia reflexiva y racional la capacidad creadora del lenguaje y el arte de la sociabilidad y la cultura o sea todos los datos de la vida espiritual tratan de comprender como se armonizan estos datos como se conjugan y complementan mutuamente en las existencia real.

Ahora bien eso no se puede hacer desde antemano abstractamente aceptamos dos ideas completamente separadas la materia y el espíritu y es que una vez enfrentadas como entidades extrañas una de la otra no tenemos más remedio que o bien negar una y quedarnos con la otra sola y eso es lo que hacen los naturalistas y los espiritualistas o bien concebir al hombre como un ser individuo o bien concebir al hombre como un ser dividido en las que se dan dos partes irreconciliables que es lo que hacen las doctrinas llamada Dualista de latín(Dualis cosa doble dos) si por el contrario adoptamos un punto de vista dinámico integrador consideremos al espíritu como superior de la materia viva como algo que se prolonga, el ser biológico pero con nuevas virtualidades y otros caracteres esenciales.

El espíritu estará basado en lo biológico pero no podrá ser reducido a lo biológico del mismo modo como la materia viva está basada en la inerte pero no se puede reducir a ella entre una y otra se ha producido un tránsito una transformación que eleva el nivel del ser real, la condición espiritual del hombre no es llevarla, está provista de una sustancia distinta y completamente independiente de la materia viva sino un modo nuevo de ser y actuar de la vida biologica, es esta misma vida llevada a un orden superior y por tanto enriquecida y ampliada.

Charles R. Darwin (1809-1882) Origen: Ingles. Naturalista, postulo que todas las especies de seres vivos han evolucionado con el tiempo a partir de un antepasado común, mediante un proceso denominado "Selección Natural". Actualmente constituye la base de la síntesis evolutiva moderna.

En 1859 publico su obra fundamental "El Origen de las Especies" por medio de la selección natural, la preservación de las razas preferidas en la lucha por la vida, considerando uno de los trabajos precursores de la literatura científica y el fundamento de la teoría de la biología evolutiva

Trato también El Origen del Hombre y su Evolución, por los distintos tipos prehumanos y humanoides ej: El Sinantropo o el Hombre de Pekín, El Neanderthal, El Hombre de Cromagnon y otros.

El hombre mientras más conoce la realidad y el mundo, tanto más se conoce a sí mismo en su unicidad y le resulta más urgente el interrogante sobre el sentido de las cosas y de su propia existencia. Precisamente el lugar central que ocupa la búsqueda de la verdad en la vida humana se encuentra realizado por el progreso científico que representa un camino realmente importante para el conocimiento de la naturaleza y por tanto para el conocimiento de nosotros mismo del sujeto que hace ciencia.

La reflexión del conocimiento científico arroja nuevas luces sobre la singularidad humana, el análisis del progreso científico es uno de los mejores caminos para mostrar que somos seres naturales que al mismo tiempo transciende la naturaleza mediante la capacidad de conocerla y dominarla utilizando una peculiar combinación de teorías y experimentación que refleja la unidad de lo material y lo espiritual en la persona humana.

Ocupamos un lugar absolutamente singular en el cosmos, formamos parte del mundo material y natural pero al mismo tiempo lo transcendemos luego podemos decir que el hombre es una entidad espiritual-biopsico-social donde toda su dinámica, objetivos y motivaciones estan sintetizadas en estos aspectos mencionados. El hombre es un puente entre el mundo del espíritu y el de la materia, el alma del hombre es espíritu similar a la naturaleza de los ángeles y su cuerpo, es materia similar en naturaleza a la de los animales, los filósofos definen al hombre como un animal racional, pero el hombre no es un ángel ni una bestía es un ser aparte por derecho propio, un ser con un pie en el tiempo y el otro pie en la eternidad, el hombre como parte de este gran cosmo, va como todas las demás existencia hacia el infinito.

Desde el punto de vista idealista han habido innumerables pensadores que han dado criterios del hombre en general pero debemos destacar a uno de ellos, el Doctor de la Iglesia Católica y celebre teólogo, filósofo y sacerdote Santo Tomas de Aquino, el cual publico una de sus obras más importante "La Suma Teológica" Santo Tomas de Aquino decía que el hombre es un ser situado en las fronteras de lo material y de lo espiritual porque es un ser en el que las dos sustancias incompletas, cuerpo y alma se funden para formar una naturaleza completa y singular.

El alma humana ocupa un infimo lugar entre los seres espirituales. El alma por su naturaleza simple y espiritual es creada por Dios. El alma humana es sustancia incompleta destinada a formar un cuerpo una única naturaleza o principio de acción, el hombre es persona no lo es el alma de por si aunque puede subsistir con independencia del cuerpo.

El alma es simple y espiritual por eso no aparece con el cuerpo y es ella la que puede poseer plenamente a Dios. El fin último del hombre poseído, es alcanzar plenamente como verdad y bien supremo, por eso la sabiduría consiste no solo en el conocimiento sino en el amor.

Para alcanzar su fin último, Dios ha dado al hombre La Ley Eterna en la criatura racional. Esa ley se puede descubrir por la razon pero Dios ha ayudado a su conocimiento por la revelación.

La Ley Natural enseña y manda a el hombre a vivir como persona; El Dios de Santo Tomas de Aquino es el Dios de la revelación evangélica.

Santo Tomas de Aquino (1224-1274) Origen Italiano. Teólogo, Filósofo, Doctor de la Iglesia Católica escribió muchas obras filosóficas, teológicas y demás pero una de las más sobresalientes fue "La Suma Teológica". Es la obra más famosa en la Teología Medieval y su influencia sobre la filosófica posterior sobre todo en el catolicismo es muy amplia. Concebida como un manual para la educación teológica. Tomas se apoya en la obra de algunos autores, Aristóteles en filosofía y Agustin de Hipona en Teología y también por Pedro Lombargo teólogo. El pensamiento de Aquino partía de la superioridad de las verdades de la fe sin embargo ello no le impidió presentar a la filosofía como un modo de conocimiento plenamente autónomo capaz de que por un lado concordaran armónicamente con la Teología y por el otro de tratar de forma independiente los más diversos apecto de la realidad.

Para Santo Tomas de Aquino La fe es la máxima perfección del entendimiento humano mientras que estemos en esta tierra es la potencia máxima del entendimiento humano.

Elavoro una fusión Platonica-Aristotelica, el tomismo que con sus argumentos cosmológicos demostró la existencia de Dios las cinco vías ha sido la base fundamental de la filosofía cristiana por muchos siglos.

La demarcación entre razon y creencia religiosa llevada a cabo por Santo Tomas de Aquino inicia el proceso de independencia de la razón a partir del siglo siguiente y representa el fin de la filosofía medieval y el comienzo de la filosofía moderna.

Cada alma humana es creada individualmente por Dios, la subsistencia y la inmaterialidad del alma son las caracteristicas esenciales del alma a partir de las cuales demuestra su inmortalidad, el ser humano constituye una unidad en la que existe una única forma sustancial, es el alma racional de forma inmediata y directamente a la materia prima constituyendo el compuesto hombre; desaparece así el alma vegetativa y sensitiva pero no la racional que tiene que ser en sí misma, la subsistencia e inmortalidad del alma son caracteristicas esenciales del alma a partir de las cuales demuestra su inmortalidad.

El hombre es una dualidad de materia y espíritu, la materia , mortal y finita y el espiritu, inmortal e infinito. El hombre es un ente espiritual-biopsicosocial pero su esencia es espiritual por lo que es inmortal e infinito, ese es el propósito de la evolución la parte infinita del hombre que es la espiritual ir hacia dimensiones superiores viajando Hacia el Infinito.

El hombre visto desde el punto de vista biológico:

El cuerpo humano tiene una estructura física y material; está compuesto de cabeza, tronco y extremidades, los brazos son extremidades superiores y las piernas son las extremidades inferiores.

El cuerpo humano está organizado en diferentes niveles jerarquizados, está compuesto de aparatos; estos los integran los sistemas, que a su vez están compuestos de órganos conformados por tejidos que están formados por celulas compuestas de moléculas.

El cuerpo humano posee más de ochenta billones de células, éstas se agrupan en tejidos, los cuales se organizan en órganos y estos en ocho aparatos o sistemas locomotores (muscular y oseo),respiratorio, digestivo, excretor, circulatorio, endócrino, nervioso y reproductor.

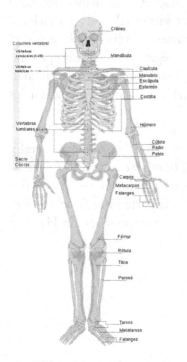

El esqueleto humano es el conjunto total y organizado de piezas oseas que proporcionan al cuerpo humano una firme estructura multifuncional: (locomocion, proteccion, contenccion, sustento etc.) A ecepto del hueso huoide que se halla separado del esqueleto, todos los huesos están articulado entre sí formando un continuo soporte, por la estructura conectivas complementarias con ligamentos, músculos, tendones y cartílagos. El esqueleto del ser humano adulto tiene aproximadamente 206 huesos, sin contar las piezas dentarias, los huesos suturales o wornianos (supernumerarios del cráneo y los huesos sesamoideos), el esqueleto humano participa con el 12 % del peso total del cuerpo, así una persona que pese 75kg, 9 kg son por su esqueleto.

El conjunto organizado de huesos u órganos esquelético, conforman el sistema esquelético, el concurre con otros sistemas orgánicos (sistema nervioso, sistema articular y sistema muscular) para formar el aparato locomotor.

El esqueleto oseo es una estructura propia de los vertebrados. En Biología, un esqueleto es toda una estructura rígida o semirigida que da sostén y proporción a la morfología básica del cuerpo, así algunos cartílagos faciales (nasal, auricular etc.) deberían ser considerados también formando parte del esqueleto.

Sistema Muscular es el conjunto de más de 650 músculos del cuerpo cuya función primordial es generar movimientos ya sea voluntario o involuntario, musculo esqueléticos y viscerales respectivamente, algunos de los músculos pueden enhebrarse de ambas formas por lo que Suele categorizarse como mixtos. El sistema muscular permite que el esqueleto se mueva, mantenga su estabilidad y la forma del cuerpo. Aproximadamente el 40% del cuerpo humano está formado por musculos, vale decir que por cada Kg de peso total 400 g corresponde a tejido muscular; el funcionamiento del sistema muscular se puede dividir en 3 procesos uno voluntario a cargo de los musculos esqueleticos el otro involuntario realizado por los músculos viscerales y el último proceso a cargo de los músculos cardiacos y de funcionamiento autónomo.

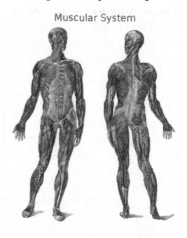

Muscular System

Los músculos están formados por una proteína llamada miosina, la misma se encuentra en todo el reino animal e incluso en algunos vegetales que poseen la capacidad de moverse. El tejido muscular se compone de una serie de fibras agrupadas en ases o masas primarias y envueltas por la aponeurosis una especie de vaina o membrana protectora, que impide el desplazamiento de los músculos.

Las fibras musculares poseen abundantes filamentos intraprotoplasmatico, llamados miofibrillas, se ubican paralelamenmte a lo largo del eje mayor de las células y ocupan toda las masas celulares. Las miofibrillas de las fibras musculares lisa son aparentemente homogeneas, pero las del músculo estriado presentan distintas zonas, lo que se debe a la distribución de los componentes principales de las miofibrillas, las proteínas de miosina y actina.

La Forma de Los Músculos:

Cada músculo posee una determinada estructura, según la función que realice entre ellas encontramos: Fusiforme, Planos y Anchos, Abanicoides o Abanicos, Circulares, Orbiculares.

La principal función de los músculos es contraerse para poder generar movimiento y realizar funciones vitales. Se distinguen tres grupos de músculos, según su disposición: El Músculo Esquelético, El Músculo Liso, El Músculo Cárdiaco.

Sistema Digestivo:

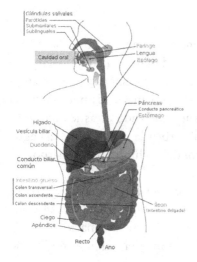

El sistema digestivo es responsable de procesar la comida descomponiéndola en diversas proteínas, carbohidratos, minerales, ácidos grasos y otras sustancias que pasan a la sangre para que puedan ser útiles al cuerpo. Estas sustancias proporcionan el substrato para construir, reparar y controlar el sistema del organismo. El aparato digestivo es el encargado de degradar los alimentos y asimilar los nutrientes para satisfacer las necesidades del organismo el alimento que se introduce por la boca se convierten en una masa denominada bolo alimenticio que pasa hacia la faringe y atraviesa el esófago para llegar al estomago donde por acción del jugo gástrico y los movimientos de las paredes se transforman en una pasta de alimento semidigerida que penetra en el intestino delgado en la primera porción del intestino delgado se produce la digestión química mediante la acción de las secreciones intestinales del jugo pancreático y la bilis durante su paso a través del intestino delgado el alimento acaba de ser digerido y las sustancias nutritivas se absorven para pasar a la circulación sanguíneas, los restos no digeridos siguen su trayecto por el intestino grueso hasta que son expulsado al exterior. El aparato digestivo separa las diferentes sustancias como proteínas, hidratos de carbonos, minerales y grasas de esta separación surgen sustancias nutritivas que son entregadas a la sangre a través de los intestinos para ser transportada a cada punto del organismo, pasa al intestino a través del piloro para que en el segmento del intestino delgado se pueda absorber los nutrientes y pasar a la sangre, el resto de las sustancias pasan al colum donde se absorbe el agua y de allí al recto para ser eliminada.

El proceso de absorción de nutrientes se realiza en una zona del intestino delgado ahí las sustancias nutritivas pasan al torrente sanguíneo para hacer distribuida por todo el cuerpo, este complejo de absorción es complejo y sensible a la sustancia dejando pasar algunas como vitaminas,

51

minerales, proteínas etc, en ciertas cantidades otras como las fibras vegetales no son absorbidas solo sirven como vehículo y como limpieza intestinal.

Es importante el buen estado del intestino para permitir la mejor absorción de alimentos ya que un exceso de grasa, alcohol o falta de fibra por ejemplo interfieren en el proceso de absorción y los nutrientes se pierde, a travez de los largos e intrincados canales los nutrientes del qimo se absorben e incorporan a la sangre dejando atrás los residuos, estos residuos van al colum, donde se absorben la mayor parte del agua hacia la sangre y luego pasan al recto donde se eliminan del cuerpo.

Cuando los alimentos entran en el estomago las glándulas gástricas segregan acido cloridico y las enzimas pensimas, renina y lipasa que ayudan digerir carbohidratos, proteínas y grasas, la capacidad de un estomago medio es un litro pero puede aumenta, cuando está vacío o casi vacío el estomago se contrae y forma unas bandas rugosas a su alrededor, se creia que estas contracciones del estomago vacio eran las que producian la sensación de hambre ya se sabe que está sensación la produce niveles de decenso de glucosa en el torrente sanguíneo A veces se puede sentir que dicha contraccion con el sonido que se produce al pasar la comida por el tracto digestivo inferior sirve también como aviso de hambre.

El intestino delgado es el responsable de terminar la digestión y de absorber los alimentos, el torrente sanguíneo es un tubo angosto de unos 6 metros de longitud los alimentos entran en el duodeno primera parte del intestino desde el estomago la bilis y otros jugos digestivos entran en el duodeno desde la vesícula, páncreas y el hígado para así iniciar el proceso digestivo, los alimentos digeridos se desplazan con movimientos llamados peristálticos a través de la válvula hiliosecal hasta el intestino grueso.

La digestión tiene lugar en millones de diminutas proyecciones de las células intestinales localizadas en las paredes del intestino que se denominan vellosidades estan absorben las proteínas y los hidratos de carbono que pasan de los capilares al hígado para el proceso metabólico, los productos no absorbidos permanecen en el intestino grueso hasta su reabsorción parcial en forma de agua, los restos pasan a través del ano para su eliminación del cuerpo.

Desde la boca hasta el ano, el tubo digestivo mide uno 11 metros de longitud siendo seis o 7 veces la longitud total del cuerpo, en su trayecto a lo largo de tronco discurre por delante de la columna vertebral. Comienza en la cara, desciende luego por el cuello, atraviesa las tres grandes cavidades del cuerpo: torácica, abdominal y pélvica, el cuello esta en relación con el conducto respiratorio, en el tórax se sitúa en el mediastino posterior entre los 2 pulmones y el corazón en el abdomen y pelvis se relaciona con diferentes órganos del aparato genitourinario. El tubo digestivo procede embriológicamente del endodermo, al igual que el aparato respiratorio; el tubo digestivo y las glándulas anexas (glándulas salivares, hígado y páncreas), forman el aparto digestivo.

Histológicamente está formado por cuatro capas:

1-) La capa interna o mucosa

2-) La capa sub-mucosa

3-) La capa muscular externa

4-) La capa serosa o adventicia

Aparato Circulatorio o Cardiovascular:

Para que el cuerpo se mantenga vivo todas sus células deben recibir continuamente nutrientes y oxigeno al mismo tiempo debe recogerse el bióxido de carbono y otros materiales producidos para eliminar del cuerpo. El sistema circulatorio es una red de vasos que distribuyen la sangre bombeada desde el corazón, los vasos sanguíneos, son tubos muy pequeños responsables de distribuir la sangre por todo el cuerpo.

El sistema circulatorio está compuesto por tres tipos de vasos sanguíneos: arterias, venas y capilares, una arteria es un vaso sanguíneo grueso que transporta sangre rica en oxigeno desde el corazón hasta células y tejidos, las venas transportan sangre pobre en oxigeno y producto de desecho hasta el corazón, los capilares son de tamaño microscopico enlasan los tejidos y las venas con los tejidos corporales, el intercambio de oxigeno y bióxido de carbono se realiza a través de las finas paredes de los capilares. Las arterias transportan sangre a alta presión así que sus paredes son mucho más elásticas que las paredes de las venas ,en las arterias la sangre fluye por pulso, la presión aumenta y disminuye constantemente ya que el corazón bombea sangre hacia las arterias a un ritmo 70 veces por minuto el pulso se siente por la llemas de los dedos sobre las arterias de la muñeca y del cuello. La sangre distribuye oxígeno, nutrientes y mensajes hormonales y recoge desechos de los 60 mil millones de células del organismo, tiene cuatro componentes básicos glóbulos rojos, glóbulos blancos, plaquetas y plasma sanguíneos.

Los glóbulos rojos transportan el 99% del oxigeno necesario, el plasma transporta el otro 1%,los glóbulos rojos son las células más abundantes y constituyen alrededor del 45 % de la sangre, su principal función es llevar oxigeno a los tejidos y recoger bióxido de carbono. Los glóbulos blancos son parte del sistema inmune, del organismo principal acción es la de producir defensa contra los agentes infecciosos, las plaquetas son pequeñas células especializadas que se activan cuando es necesario para reparar la integridad de los vasos sanguíneos, cuando un vaso se rompe las plaquetas van hacia él y se inchan con forma irregular creando un especie de engomado que colapsa el corte, si el corte es demasiado grande para ellas envían señales para iniciar la coagulación mediante liberación de serotonina hormona que estimula la contraccion de los vasos para reducir el flujo de sangre; el plasma sanguíneo se transforma en un entramado de celulas que forman un coagulo solido a modo de armazon y esto permitirá al organismo formación de nuevo tejido a través de los cientos de vasos sanguíneos que conectan los órganos vitales y los tejidos. El funcionamiento del cuerpo depende del constante aporte de sangre y de sus componentes. Hoy en día la primera causa de muerte en la población mundial son los problemas cardiovasculares y son aproximadamente 17 millones de personas que mueren anualmente.

Aparato Endocrino:

El cuerpo humano es un sistema de órganos interrelacionados que deben funcionar integrando sus funciones. Las glándulas endocrinas controlan las funciones del cuerpo mediante sustancias químicas llamadas hormonas que se incorporan a la circulación general. Las hormonas actúan como mensajeros químicos que viajan a través de la sangre a distintas partes del cuerpo, los órganos del sistema endocrino estan situados en partes del cuerpo muy diversas, la glándula Pituitaria está localizada en el cráneo, la glándula Tiroide en el cuello, el Timo en la parte superior del tórax, las

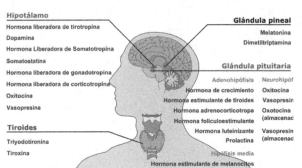

glándulas Suprarrenales en parte abdominal, y los Ovarios y Testículos en la región pélvica, las hormonas producidas regulan todas las emociones básicas como el impulso sexual, violencia, cólera, miedo alegría y dolor y permiten el desarrollo y la identidad sexual, controlan la temperatura, ayudan a reparar los tejidos y a la generación de energía. La Pituitaria o Hipófisis es una pequeña glándula situada en la base del cerebro, está controlada por el hipotálamo con la que está conectada. La glándula Pipituaria suele llamarse glándula principal porque sus hormonas sirven para coordinar las funciones del sistema nervioso y del sistema endocrino; además de producir hormonas que regularan las demás glándulas endocrinas, la glándula Pipituaria produce otras que controlan la retención de agua en los riñones, otra es reponsable de la contracción uterina durante el parto y estimula la retención de leche de las glándulas mamarias, unas de la hormonas hipofisiaria mas importante, es la del crecimiento, junto con la insulina controlan los niveles de sangre. La insulina es una hormona producida por el Páncreas, el Páncreas está situado en la parte inferior del estomago es el segundo órgano más grande del cuerpo, el páncreas también produce la hormona glucagon, la insulina y el glucagon regulan el nivel de la glucosa, si la insulina tiene niveles muy bajos se produce un incremento de la glucosa característica de la Diabetis Melitos, la enfermedad más común del sistema endocrino. La glándula Tiroide está en el cuello y segrega dos hormonas una de ellas

56

regula el crecimiento y el metabolismo de todas las células contrala los reflejos y la forma en que el organismo produce energía y transforman los alimentos en componentes corporales la otra hormona reduce niveles de calcio en la sangre, Las glandulas Paratiroideas situada en el dorso de la glándula tiroides generan unas hormonas que trabajan con las hormonas tiroides para mantener la

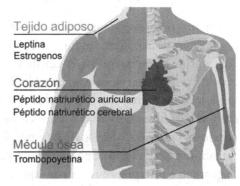

Tejido adiposo
Leptina
Estrogenos

Corazón
Péptido natriurético auricular
Péptido natriurético cerebral

Médula ósea
Trombopoyetina

homeostasis del Calcio sanguíneo y así prevenir un incremento perjudicial de Calcio en la sangre que se denomina hipercalsenia situado sobre el corazón el Timo es un órgano bigobulado cuya función es desarrollar linfositos, la linfa que circula por el cuerpo lleva linfosito hasta el Timo donde se multiplican y transforman en celulas especializadas en combatir la infección. Las glándulas ordenales están ubicadas sobre cada riñón secretan hormonas que ayudan a reducir el estres, cuando el sistema simpático reacciona ante una reacción intensas por ej: la cólera se libera grandes cantidades de hormonas. Esto provoca una reacción de huida o combate aumentan la presión sanguínea, las pupilas se dilatan y la sangre se dirige a los órganos más vitales y hacia los músculos la frecuencia cardiaca también se estimula, las glándulas suprarrenales también producen hormonas que generan energía regulando el metabolismo de carbohidratos lípidos y proteínas otras hormonas regulan el equilibrio e hídrico y mineral del cuerpo previenen la forma excesiva de agua por los riñones y mantienen el balance entre potacio y sodio en el torrente sanguíneo, este equilibrio es muy importante para la contractibilidad muscular.

Sistema Nervioso:

El sistema nervioso es una extensa red de comunicación formada. Por una serie de celulas especializadas, nervios que regulan el funcionamiento del organismo, controla la relación con el medio exterior y determina las funciones mentales; está formado por el sistema nervioso central compuesto por el encéfalo y la medula espinal y el sistema nervioso periferico con nervios que desde el sistema nervioso central llegan a todo el cuerpo. Su actividad se basa en las neuronas células capaces de generar y transmitir mensajes mediante estímulos eléctricos y conexiones bioquímicas.

El cerebro órgano principal del sistema controla el funcionamiento del organismo y la actividad voluntaria; el cerebero coordina los movimientos voluntarios e interviene en el equilibrio corporal, el tronco encefálico cede de centros nerviosos responsable de funciones vitales constituye el vinculo del cerebro con la medula espinal que está compuesta por cordones de fibras nerviosas comunica los órganos superiores y el sistema nervioso periferico. Los sistemas nerviosos exteriores e interiores se transmiten desde los núcleos periféricos desde la medula espinal donde se generan e interpretan respuestas que se transmiten en sentido inverso.

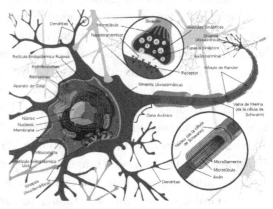

A principio de este siglo, el Premio Nobel Santiago Ramon y Cajal descubrió que en el tejido nervioso existian unas series de células especiales llamadas "Neuronas"conectadas entre sí con un elevado grado de orden, las células nerviosas o neuronas son las unidades estructurales o funcionales del sistema nervioso, en una neurona se distinguen tres partes fundamentales un elementos central o cuerpo neuronal unas ramificaciones cortas llamadas dentritas y una prolongación llamada axón aunque las neuronas no llegan a tocarse entre ellas están en constante comunicación a través del finísimo espacio sináptico cuando una neurona transmite un impulso nervioso envía una sustancia llamada neurotransmisores desde su absor hasta las dendritas de su vecino, cada neurona establece conexión con miles de neuronas vecinas en nuestro sistema nervioso hay unos cien millones de sinapsis o conexiones, un número mayor que el de las estrellas del universo conocido. El cerebro es un consumidor muy exigente incluso cuando dormimos consume la cuarta parte de las calorías que quema nuestro cuerpo y sin embargo funciona como una maquina con un rendimiento energético extraordinario.

Los impulsos fotoeléctricos que transmiten las neuronas viajan a todos los rincones del cuerpo a velocidades hasta 300 Km por hora, para realizar una acción el cerebro selecciona las neuronas apropiadas para que el cuerpo ejecute esa acción y no otra.

El sistema nervioso se desarrolla extraordinariamente en el embrión en este periodo se llegan a formar hasta 250 mil neuronas por minuto a través de 10 mil millones de neuronas interconectadas el cerebro habla constantemente consigo mismo en un leguaje electroquímico.

Santiago Ramon y Cajal (1852-1934) origen: Español. Premio Nobel en Medicina en 1906. Por descubrir los mecanismo que gobiena la morfología y procesos conectivos de las celulas nerviosas una nueva y revolucionaria teoría que empezó a ser llamada Doctrina de Neuronas

en el tejido cerebral está compuesto de células individuales. Curso su carrera de Medicina en la Universidad de Zaragoza donde toda su familia se trasladó en 1870. Cajal se centro en su estudio universitario con éxito y tras licenciarse en medicina en 1873 a los 21 años fue llamado a la filas en la llamada Quinta de Castelar el servicio militar obligatorio ordenado por el célebre político a la sazon del Presidente de la efímera de la primera república.

El sistema nervioso presenta dos movimientos los voluntarios y los involuntarios, en los movimientos voluntarios el cerebro envía un impulso eléctrico a un músculo y este se mueve en función de la orden. Los movimientos involuntarios el cerebero o el bulbo envia impulso eléctricos a los órganos y estos funcionan. Existe otro tipo de movimiento llamado reflejo por los cuales nos movemos por ordenes de la medula espinal.

Hay dos tipos de nervios - Los Sensitivos y Motores:

Los Nervios Sensitivos son los que hacen llegar los estímulos al Sistema Nervioso Central y Los Nervios Motores son los que conducen la respuesta del Sistema Nervioso Central a los órganos efectores Ej: Si ves una manzana muy apetesible y la coge para comerla, el ojo órgano receptor ve la imagen de la manzana y la convierte en impulsos eléctricos, la translada al cerebro a través de los órganos sensitivos en el cerebro se da la orden de cogerla y ahora los nervios motores son los encargados de mover los músculos (órgano efector) para que la mano la coja. El Sistema Simpático y Parasimpático constituyen el sistema de control y regulación de la expresión emocional, este sistema nervioso central hace distintas acciones de una misma función.

Aparato Respiratorio:

La función del aparato respiratorio es proporcionar oxigeno en nuestro cuerpo y expulsar al exterior el dióxido de carbono procedente del metabolismo celular las partes del aparato respiratorio son: fosas nasales, boca, laringe, faringe, tráquea, bronquios y bronquiolos, pulmón, alveolos y diafragma.

El aire se inhala por la nariz, en las fozas nasales se filtra, se calienta y humedece, luego pasas a la faringe, a continuación llega a la laringe que es el órgano donde se produce la voz en ella estan las cuerdas vocales, en la faringe existe una especie de tapon llamado epligotis que se cierra cuando tragamos para que los alimentos no pasen a las vías respiratorias bajando por la laringe el aire llega hasta la tráquea que es un tubo formado por unos veintes anillos cartilaginosos que la mantiene siempre abierta.

La Tráquea se divide en dos ramas llamadas bronquios, los bronquios penetran en los pulmones y allí se vuelven a dividir en ramas más finas llamadas bronquiolos, los bronquiolos terminan en unas bolsitas llamadas alveolos pulmonares que están recubiertos de capilares sanguíneos. Los pulmones son dos órganos esponjoso de color rojizo situado en el torax protegidos por las costillas a ambos lado del corazón el pulmón derecho tiene 3 partes o lobulos, el izquierdo tiene dos partes.

El Diafragma es un músculo situado por debajo de los pulmones.

El proceso de respiración consta en 3 fases: La inspiración, el intercambio de gases y la espiración, la inspiración es el proceso de tomar del exterior el aire rico, la espiración permite expulsar al exterior el aire cargado de bióxido de carbono, al inspirar el diafragma desciende y hace que el tórax aumente su tamaño y las costillas se levantan y se separan entre si y los pulmones se llenan de aire; en la expiración el diafragma sube y las costillas descienden y el volumen del tórax disminuye presionando a los pulmones y haciendo expulsar el aire por las vías respiratorias.

El intercambio de gases se produce en las finas paredes de los aveolos pulmonares que están recubiertos por vasos capilares. Cuando el aire cargado de oxigeno llega hasta los aveolos este atraviesa las finísimas paredes y pasa a los glóbulos rojos de la sangre que lo repartirá por todas las células del cuerpo.

El dióxido de carbono traido a la sangre pasa al aire y es expulsado al exterior por la espiración.

El oxigeno tomado en los alveolos pulmonares es llevado de los glóbulos rojos de la sangre hasta el corazón y después distribuido a todas las células del cuerpo. El bióxido de carbono es recogido por los glóbulos rojos y transportado hasta el corazón y de allí es llevado a los pulmones para hacer expulsado al exterior. El sistema respiratorio ayuda a mantener en el cuerpo la eficiente remoción de dióxido de carbono en la sangre.

Aparato Excretor:

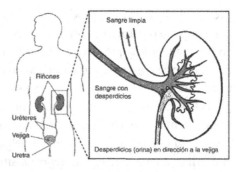

Es un conjunto de órganos encargados de la eliminación de los residuos nitrogenados del metabolismo por medio de la orina y ayudan a controlar el nivel de ciertos elementos necesarios para el cuerpo como el agua, las sales minerales y otras sustancias, filtrar las impureza de la sangre mantener constante su salinidad así como mantener el equilibrio de otras sustancias vitales para el organismo, son las complejas misiones de las que se ocupan los riñones, resulta prodigioso que estos diminutos órganos de apenas 150 gramos cada uno sean el sistema de limpieza del organismo los dos riñones del cuerpo humano están alojado en la parte posterior al abdomen conectados con las arterias, venas y con los tubos que conducen la orina hasta la vejiga. El interior del riñón tiene una estructura compleja que le permite realizar su misión con un alto nivel de eficacia, están formados por pequeñas unidades funcionales llamadas nefronas compuestas por un novillo de capilares llamados glomedulos envueltos en una especie de copa llamada capsula de bouman ubicada en la corteza del riñón y por un largo tubo formado por un rodeado de pequeñas venas y arterias, cada riñón contiene aproximadamente un millón de nefronas las cuales están distribuidas de una forma tan organizadas y aprovechan tan bien el espacio disponible, si pusiéramos sus tubos uniliferos en linea recta tendrian una longitud equivalente a la de 5000 automóviles.

La misión de la nefrona es filtrar la sangre que llega a los capilares del glomedulo situado en el interior de la capsula de bouman allí se absorben prácticamente todos los elementos de la sangre salvo lo de gran tamaño como los glóbulos rojos y las proteínas que se mantienen en la circulacion sanguinea, el liquido filtrado va discurriendo a lo largo del tubo en forma de U de la nefrona las paredes de este tubos tienen unas celulas especiales que reabsorben aquellas sustancias que el organismo necesita como la glucosa y la devuelve a la sangre en un proceso de selección de una precisión asombrosa, alguna sustancia como el agua y las sales minerales se reabsorben solo en las cantidades necesarias para mantener el equilibrio interno del cuerpo entre las sustancias que es necesario eliminar está la urea un compuesto que produce el hígado como un producto de desecho del consumo de proteínas otras como los medicamentos se reabsorbe solo en parte a medida que se va devolviendo elementos a la sangre el liquido restante se va convirtiendo en orina, cuando la orina sale de esas plantas purificadoras que son los riñones ya solo contiene productos inservibles para el organismo, los riñones humanos filtran unos 180 litros diarios de agua y la mayor parte se reabsorbe apena litro y medio pasa a la orina la orina pasa por los riñones por unos delgados tubos llamados uretres que la destilan gota a gota en un deposito situado en el fondo del puvis en la vejiga donde queda almacenada hasta que se expulsa al exterior a través de la uretra, las ganancias y perdidas de agua en el cuerpo son totalmente cambiante y sin embargo la concentración de los líquidos corporales permanecen constante gracias al trabajo de los riñones parcialmente autónomos pero también controlado por el cerebro por medio de las hormonas.

Aparato Reproductor:

El Aparato reproductor masculino conjuntamente con el aparato reproductor femenino son los encargados de garantizar la procreación la formacion de los nuevos inviduos para lograr la supervivencia de la especie. Los principales órganos que forman el aparato reproductor masculino son el pene y los testículos, tanto el pene como los testículos son órganos externos que se encuentran fuera de la cavidad abdominal, los testículos producen espermatozoides y liberan a la sangre hormonas sexuales masculina llamadas (testosterona) un sistema de conductos que incluyen el Epidídimo y los conductos deferentes almacenan los espermatozoides y los conducen al exterior a través del pene en el transcurso de las relaciones sexuales se produce la eyaculación que consiste en la liberación a la vagina de la mujer del liquido seminal o semen. El semen está compuesto por los espermatozoides producidos por los testículos y diversas secreciones de las glándulas sexuales absesorias que son la prostota y las glándulas bulbouterales.

Luego podemos decir que las partes del aparato reproductor masculino son: pene, testículos uretra, prostota, conductos deferentes epidídimo, facia espermática, escroto, glándulas bulbouterales.

Aparato reproductor Femenino:

El Aparato reproductor Femenino junto con el masculino son los encargados de garantizar la reproducción humana ambos se componen de las gónadas (órganos sexuales donde se forman los gametos y producen las hormonas sexuales) las vías genitales y los genitales externos. Las partes del aparato reproductor femeninos son: órganos internos: ovarios, útero, Trompa de Falopio, vagina los órganos externos son: Clítoles, Monte de Venus, Vestíbulo Bulbar. Este aparato produce óvulos, tiene relacciones sexuales, protejen y nutre al ovulo fertilizado hasta que se desarrolle completamente y luego da a luz o el parto. Los óvulos producen unas hormonas llamadas Estrógenos y la Progesterona. Cuando el espermatozoide fertiliza al ovulo, el ovulo fertilizado (cigoto) se ha transformado en un blastocito multicelular a medida que los blastocitos reciben nutrientes comienza otra etapa de desarrollo: la etapa embrionaria, las células se multiplican miles de veces y se mueven a distintas posiciones hasta transformase finalmente en un embrión, durante la etapa fetal que dura desde la novena semana posterior a la fertilización hasta el momento del nacimiento y desarrollo continua multiplicándose hasta los 280 días que dura el embarazo.

Formación del Feto Humano:

La vida humana comienza en el momento exacto de la unión del ovulo y el espermatozoide; es decir con la fecundación, cada gameto lleva la capacidad intrínseca de la vida y el ser que nacera, esta dotado de una mezcla singular de la información genética y de experiencia intrauterina, que no volverá a repetir en ningún otro ser. Por esta razón es único e irreemplazable es un participante de un interrumpido proceso de vivir. El cigote expresión unicelular de la persona humana crece y se desarrolla para convertirse en un ser completo hombre o mujer que nace y vive, el nuevo ser vivo representado por el cigote experimenta ahora una serie de cambios que van a culminar con el desarrollo de un individuo que cuenta con todos los órganos y sistemas necesarios para desenvolverse en

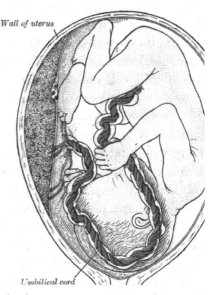

este mundo. Este nuevo habitante desde que comienza siendo cigoto ya posee almazenado en su ADN todas las características funcionales, físicas y conductuales etc., que expresara al interactuar con otros seres humanos y su entorno, por lo tanto la persona humana está presente en el cigoto. La fecundación suele producirse en una de las Trompas de Falopio, desde ese lugar el nuevo ser vivo, el cigoto emprende un viaje que culmina en el útero materno, el útero ofrece las condiciones necesarias para su desarrollo durante el periodo denominado embarazo, el embarazo es el periodo que se extiende desde la fecundación del ovulo por el espermatozoide hasta el momento del parto. En la especie humana, el periodo de gestación o embarazo dura entre 38 a 44 semanas, durante ese tiempo un nuevo ser humano pasa por una serie de cambios que suceden en 3 fases: segmentación, morfogénesis y diferenciación, el embarazo o periodo de gestación se divide en dos etapas, durante la primera fase que dura 8 semanas el nuevo ser recibe el nombre de embrión y se desarrolla hasta alcanzar una morfología claramente humana, en la segunda etapa que va desde la primera semana hasta que termine el embarazo el nuevo ser se denomina feto, desarrolla y diferentes órganos internos crecen y aumentan de peso en preparación para el nacimiento al final del embarazo el feto pesa alrededor de 3.5 kg, en el primer trimestre es la clave del desarrollo humano, en la segunda semana de vida alcanza su longitud de 1.5 mm y empieza a desarrollarse, el eje mayor de su cuerpo, a la tercera semana tiene una longitud de 2.3 mm aproximadamente y empieza a desarrollarse la mayoría de sus órganos, el primero que se forma es el sistema nervioso central, es decir la medula espinal y el encéfalo, el feto a los cuatro meses mide unos 18 centímetros y pesa alrededor de 200 gramos a los seis meses mide 33 centímetros y pesa alrededor de unos 670 gramos su piel es roja y arrugada y la cara ya está completamente formada y expresiva, los primeros meses del embarazo son los más críticos para el niño en desarrollo ya que durante ese periodo se forma su cerebro, brazos, piernas y organos internos, durante el último trimestre del embarazo el feto aumenta notablemente de tamaño y de peso, al séptimo mes del embarzo el feto ha ocupado casi todo el espacio disponible en el útero, al octavo mes solo hace falta que desarrolle ciertos tejidos pulmonares superficiales y una buena capa de tejido adiposo aislantes con el fin de estar listo para nacer, en el último mes del embarazo el bebe no tiene suficiente espacio en el útero por lo que sus movimientos son de mayor amplitud en la etapa final desciende por la cavidad de la pelvi mide entre 48 a 52 centímetros con un peso de 2,7 a 4 kilos después del parto se corta el cordón umbilical y se anula, al cicatrizar deja como señal el ombligo.

Los Cincos sentidos del cuerpo humano:

El conocimiento del mundo exterior depende de nuestra forma de percepción, tradicionalmente hay cinco sentidos humanos: vista, olfato, gusto, tacto, audición. Cada uno de los sentidos consiste de células especializadas que tienen receptores que reaccionan a estímulos específicos estas células están conectadas por medio del sistema nervioso al cerebro, las sensaciones se detectan en forma primitiva en las células y se integran como sensaciones, en el sistema nervioso.

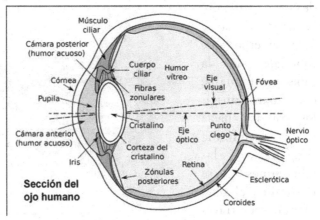

La vista es probablemente el sentido más desarrollado de los seres humanos seguido inmediatamente por la audición.

El Sentido de la Vista o el de la Visión: El ojo es el órgano de la visión, este tiene una estructura compleja que consiste en un lente que enfoca la luz en la retina, la retina es cubierta por dos tipos de celulas fotorreceptoras con formas de bastones o conos, las células en forma de conos son sensitivas al color de la luz y estan situadas en la parte de la retina llamada la fovea donde el lente enfoca la luz. Las células en con forma de bastones no son sensitivas al color pero tienen elevada sensibilidad a la luz, los bastones están situados alrededor de la fovea y y son responsables de la visión periférica y la visión nocturna, el ojo está conectado al cerebro a través del nervio óptico, el punto de esta conexión se llama pupila o punto ciego porque es insensible a la luz, experimentos científicos han demostrado que la parte posterior del cerebro corresponde con la percepción visual de la retina,

El cerebro combina las dos imágenes percibidas por nuestros ojos, en una sola imagen tridimensional aunque la imagen en la retina este invertida por la acción del lente, el cerebro la rectifica y percibimos los objetos en la posición original. La sensibilidad de los ojos es fenomenal

Sentido del Oído o de la Audición:

El Oído es el órgano de la audición, la oreja forma el oído externo que sobresale de la cabeza en forma de copa para dirigir los sonidos hacia la membrana timpánica, las vibraciones se transmiten al oído interno a través de varios huesos pequeños situados

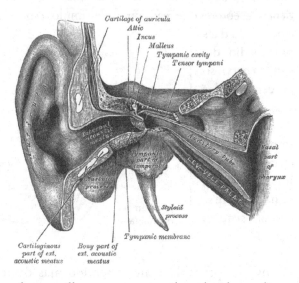

en el oído medio llamado martillo, yunque y estribo, el oído medio o cloclea es una cámara en forma de espiral cuyo interior está cubierto por fibras que reaccionan a las vibraciones y transmiten impulsos al cerebro por la vía del nervio auditivo el cerebro combina las señales de ambos oídos para determinar la dirección y la distancia de los sonidos, el oído interno tiene un sistema vestivular con tres conductos semicirculares que son responsables de la sensación de equilibrio y orientación especial, el oído interno tiene una cavidad con el liquido viscoso (endolinfa)y pequeñas partículas (estatolitos) que consisten principalmente de carbonato de calcio, el movimiento de estas partículas sobre las células ciliadas del oído interno envian señales que se interpretan como movimiento y aceleración. El oído humano puede percibir frecuencia a partir de 16 ciclos por segundo que es un sonido grave muy profundo y hasta 28000 ciclos por segundo que es un sonido muy agudo. Los murciélagos y los delfines pueden detectar frecuencia más alta de 100,000 ciclos por segundo.

Sentido del Gusto o del Sabor:

Los receptores para el gusto son las papilas gustativas que se encuentran principalmente en la lengua pero también estan localizados en el paladar y cerca de la faringe. Las papilas gustativas pueden detectar cuatro gustos básicos: salado, dulce amargo y agrio, la lengua también puede detectar un sabor llamado umami receptores sensibles a los aminoacidos, generalmente las papilas gustativas a la punta de 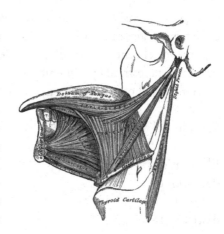 la lengua son sensible a los gustos dulce mientras que las papilas en la parte posterior de la lengua son sensibles a los gustos amargos las papilas gustativas en la parte superior y los lados de la lengua son sensibles a los gustos salados y ácidos. En la base de cada papila hay un nervio que envía las sensaciones al cerebro. El sentido del gusto funciona en coordinación del sentido del olfato. El número de papila varia de una persona a otra pero mayores números de papilas aumentan la sensibilidad a los sabores, las mujeres por lo general tiene un mayor números de papilas gustativas que los hombres, como en el caso de Daltonismo, algunas personas son insensible a ciertos sabores.

Sentido del Olfato o Olor:

La nariz es el órgano responsable por el sentido del olfato, la cavidad de la nariz está forrada por membranas y mucosas que tienen receptores olfatorios conectados al nervio olfatorio. Los olores consisten de vapores de diversas sustancias. Los receptores del olor reaccionan 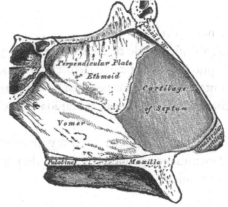 con moléculas de estos vapores y transmiten las sensaciones al cerebro, la nariz también aloja una estructura llamada el órgano vomeronasal cuya función no se ha determinado, pero se sospecha que es sensible a las feromonas que influencian en el ciclo reproductivo. Los receptores de olor son sensibles a siete tipos de olores primarios que se pueden caracterizar alcanfor, almizcle, flores, menta, eter, acre (Avinagrado) y podrido, el sentido del olfato se pierde temporalmente, cuando una persona esta resfriada y la membrana mucosa se inflama. Los perros tiene un sentido del olfato mucho mas sensible que el del hombre.

Sentido del Tacto:

El sentido del tacto está distribuido por todo el cuerpo, los nervios en la piel y otras partes del cuerpo transmiten sensaciones al cerebro. Algunas partes del cuerpo tienen un

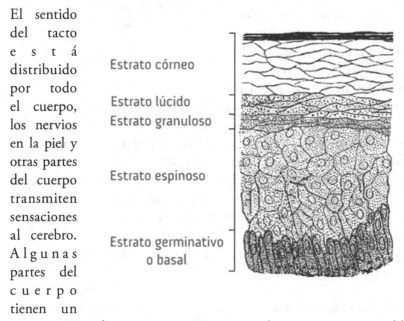

Estrato córneo

Estrato lúcido

Estrato granuloso

Estrato espinoso

Estrato germinativo o basal

mayor número de receptores nerviosos y por lo tanto son más sensibles, se pueden identificar cuatro clases de sensaciones de tacto, frío, calor, contacto y dolor, los pelos en la piel magnifican la sensibilidad y actúan como un sistema de alerta rápida para el cuerpo.

Las yemas de los dedos y los órganos sexuales tienen zonas erógenas que al estimularse generan una serie de reacciones endocrinas y mecánicas que resultan en un orgasmo.

Además de los cincos sentidos que tienen los seres humanos, también tienen un sentido de equilibrio de la presión de la temperatura del dolor y del movimiento que hace uso coordinado de múltiples órganos sensoriales. El sentido del equilibrio se mantiene por una interacción compleja de la vista, de los sensores propioceptivos (que son afectados por la gravedad y se estiran los sensores con los músculos, la piel y las articulaciones del sistema vestibular del sentido interno y el sistema nervioso central.

La cinestesia es la habilidad de sentir las posiciones y movimientos de los músculos y articulaciones de nuestro cuerpo. Esta habilidad nos permite coordinar nuestros movimientos para caminar y hablar y usar nuestras manos. El sentido de la cinestecia con los ojos cerrados o saber que parte del cuerpo debemos rasgar cuando tenemos comazon.

La sinestesia algunas personas sufren una condicion llamada sinestecia que ocurre cuando el estimulo de un sentido envoca la sensación de otro sentido Ej:" Un sonido puede resultar en la visualización de un color o la percepción de un diseño se puede detectar como un olor.

La sinestesia es hereditaria y se estima que una persona por millar tiene esta condición. Las formas más comunes de sinestesia asocian los números o las letras con los colores

Crecimiento y Desarrollo en El Hombre:

El crecimiento y desarrollo es la parte fundamental en el proceso vital del ser humano: el crecimiento es el aumento de tamaño del organismo, el desarrollo es en cambio la aparicion de nuevas características o la adquisición de nuevas habilidades, estos procesos estan intimamente unidos en la realidad y su separación se hace más bien con fines didácticos. Por una parte se estudia, el aumento del tamaño del organismo (medición de peso y la talla básicamente o antropometría y por otra la aparicion sucesiva de nuevas habilidades (motoras, sociales, afectivas de lenguaje), si bien este proceso existe durante toda la vida del individuo no cabe duda que es precisamente en el periodo comprendido entre la concepción y el primer año de vida cuando se produce verdaderamente una explosión en el crecimiento y desarrollo, en ninguna otra etapa de la vida se volverá a crecer a un ritmo tan acelerado.

El crecimiento es el aumento irreversible del tamaño de un organismo consecuencia de la proliferación celular que conduce al desarrollo de estructuras más especializado, este aumento comienza por las propias células, pasando por tejidos, hasta llegar a órganos y sistemas lo que conlleva a un aumento de tamaño. El crecimiento es el proceso mediante el cual los seres vivos aumentan de tamaño y se desarrollan hasta alcanzar la forma y la fisiología propia de su estado de madurez. El crecimiento no puede seguir manteniendo los valores tan elevados como el primer año de vida. De hecho el crecimiento de un individuo sufre cambios previsibles a lo largo de la vida. Un modelo predeterminado de crecimiento puede considerarse en ocho etapas:

Prenatal, (1 mes hasta 1 año) infancia (1-5 años) niñez (6-11), pubertad, (11-13años) adolescencia (14-20 años), juventud, adultez (20-38 años) adultos jóvenes y los 38-60 adulto o maduro, senectud, los mayores de 65 años

Desarrollo Postnatal: Con su primer respiro al nacer, el sistema cambia repentinamente; la resistencia pulmonar dramáticamente se reduce, mas sangre se mueve de la aurícula derecha hacia el ventrículo derecho y dentro de las arterias pulmonares y menos fluira a travez del foramen oval a la aurícula izquierdo., empuja hacia el septum primun contra el septum septum secundum, cerrando el foramen oval que ahora se convierte en fosa oval. Esto completa la circulación del sistema circulatorio en dos mitades. En los primeros días de vida bajara alrededor de un 10%del peso del nacimiento. Esta baja está dada por una redistribución del agua corporal y es un proceso fisiológico inevitable y conveniente. Hacia el quinto día de vida el peso se estabiliza y empieza un proceso de ascenso para volver al peso de nacimiento entre los 10 y 15 días. Durante el primer año triplicara su peso de nacimiento y aumentara su estatura en un 50%,su cerebro se desarrollara alcanzando el 70% del tamaño definitivo, la supervisión de este proceso es fundamental y será motivo de visitas mensuales al pedriatra en los primeros meses de vida, ya desde el nacimiento va a manifestar preferencia por su madre y si dejamos al recién nacido luego del parto en contacto intimo con la madre se tranquiliza, en el segundo día de vida desarrolla una sonrisa social. Cada vez que se le acerca alguien lo mira con interés y sonríe, esto se acentúa si se trata de sus padres lo que se hace más notorio desde el tercer mes alrededor del octavo mes en cambio ya desconocen a los extraños y llora ante una situación nueva o molesta. Al año se interesa por juegos y comienza a desarrollar una nueva interacción social.

La Niñez:

La Niñez es la etapa donde se crece más, la niñez se constituye y se caracteriza por 3 etapas que son: lactancia (bebe), primera infancia (infante)y la segunda infancia o niñez en si (niño). La niñez empieza a los dos años y termina a los 9 años y medio(por lo general a los 10 se alcanza la pubertad que es el inicio de la adolescencia), el aumento de peso es de 2 Kg cada año promedio de modo que pesa aproximadamente  de 12 a 15 kilos uno, tres o cuatro veces el peso al nacer, aumenta de talla de 7 a 13 centímetro cada año para una talla promedio entre 85 a 95 cm.

Postura erecta, abdomen aun globloso sin que se halla aun desarrollado sus músculos abdominales, por lo que asparece una lordosis tránsitoria.

La frecuencia respiratoria es más lenta y regular aproximadamente entre 20 a 35 respiraciones por minuto.

La temperatura corporal continua fluctuando con la actividad, su estado emocional y su ambiente.

El cerebro alcanza un 80% de su tamaño en comparación con el cerebro de un adulto.

Su desarrollo motor, puede caminar alrededor de obstáculo y camina en una posición más erecta, se acluclilla con periodo de tiempo más extenso durante el juego, sube escalera sin ayuda, pero sin alternar los pies, se balancea en un pie por un segundo salta con relativa facilidad, a menudo logra controlar sus esfínteres, pero los accidentes urinarios y de defecación pueden ser esperados, pueden ser capaces de anunciar sus urgencias, lanza una pelota sin perder el equilibrio, pueden sostener una taza en una mano, puede sacar los botones de una camisa y bajar su cierre, abre la puerta girando la manilla.

En su desarrollo cognitivo: La coordinación de movimientos con la vista y la mano mejora, Puede juntar objetos y desarmar otros, logra hacer ciertas clasificaciones, como el juntar ciertos juguetes por parecidos.

En el Lenguaje: empieza hablar entre 1 a tres años, disfruta que le lean cuentos y participa apuntando con el dedo, haciendo sonido revelantes y volteando las hojas, se entera que el lenguaje es efectivo para captar la atención de otros y satisfacer sus necesidades y deseos, puede tener un vocabulario entre 50 a 100 palabras, comienza a imitar las palabras de los demás, a los cuatros años aparece el juego simbólico que le permite representar situaciones vivenciadas trayéndolas al presente con creaciones propias. La niñez de 6-11 años en esta etapa se producen una serie de cambios en el pensamiento del niño, el niño trata de entender la realidad con su propios recursos intelectuales y sus esfuerzos por organizar el mundo, el niño utiliza una serie de reglas que son semejantes a la que la lógica ha estudiado, las experiencias de los niños constituyen un ejemplo de cómo la apariencia, la percepción de los objetos y la forma que se presenta se subordinan a lo que el niño observa, todo esto tiene una gran importancia desde el punto de vista escolar.

La Pubertad:

La pubertad, adolescencia inicial o adolescencia temprana es la primera fase de la adolescencia y de la juventud normalmente se inicia entre los 10 y11 años en las niñas y entre 13 y 14 años en los niños y finaliza entre los 17 o 18 años, en la pubertad se lleva a cabo el proceso de cambio físico en el cual el cuerpo del niño o niña se convierte en adolecente capaz de reproducción sexual, el crecimiento se acelera en la primera mitad de la pubertad y alcanza su desarrollo al final, durante la pubertad se nota diferencia más grande en cuanto a tamaño, forma y composición y desarrollo funcional en muchas estructuras y sistemas del cuerpo, las más obvias son las características sexuales secundarias, el termino pubertad se refiere, a los cambios temporales en la maduración sexual, más que los cambios psicosociales que estos conlleva. Hay cambios físicos en las niñas son: crecimiento del velo púbico, cambios en la vagina, úteros y ovarios, inicio de menstruación y fertilidad.

En los niños se producen los siguientes cambios:

Desarrollo de la mosculatura, crecimiento de los testículos, crecimiento del vello público, emisión nocturna del semen, crecimiento del pene, inicio de la actividad sexual, engrosamiento de la voz.

La Adolescencia:

La Adolescencia es un periodo biológico, psicológico sexual y social, inmediatamente posterior a la niñez que comienza con la pubertad, se inicia entre los 10 y 12 años y finaliza entre los 19 y 20 años. La adolescencia se  caracteriza por el crecimiento físico y desarrollo psicológico y es la fase del desarrollo humano situada entre la infancia y la edad adulta. Esta transición es tanto física como psicológica, por lo que puede considerarse un fenómeno biológico, cultural y social. En la adolescencia temprana y para ambos sexos no hay gran desarrollo manifestado de los caracteres sexuales secundarios pero suceden cambios hormonales a nivel de hipofesis, como el aumento de concentración gonadotropinas (hormonas folículo estimulante) y de esteroides sexuales, seguidamente aparecen cambios físicos, sobre todos cambios observados en las glándulas mamarias de las niñas y los cambios genitales en los varones y el vello pubiano en ambos sexos, en las mujeres se caracterizan por el agrandamiento en el tejido glandular por debajo de la areola consecuencia de la acción de los estrógenos producido por el ovario, los espermatozoides se detectan histológicamente entre los 11 a 15 años de edad y la primera eyaculación entre los 12 a 16 años, el pene comienza a crecer y ensancharse, las erecciones son más frecuentes y aparecen emisiones nocturnas.

Juventud:

La juventud es la edad entre la infancia y la edad adulta. Según. La organización de Las Naciones Unidas, la juventud comprende el rango de edad entre 12 y 24 años abarca la pubertad o adolescencia media o tardia de 15 a 19 años y la juventud plena entre 20 a 24 años. La juventud puede referirse a sinónimo de energía, vigor y frescura.

Juventud: 10 a 24 años.

10 a 14 años-Pubertad, adolescencia inicial o temprana. (Juventud a los 5 años)

15 a 19 años -Adolescencia mediana o tardia, Juventud media a los 5 años)

20 a 24 años- juventud plena a los 5 años). La juventud es el momento de adquirir conocimientos valores fuerza de carácter, salud, buena base económica adquirir y llenarse para después tener algo que dar, es fácil perder el rumbo de la vida si desde la juventud no se ha definido un código de valores y unas metas vitales clara. Los jóvenes se consideran así muy importante se encierran en sus sentimientos y se sobre estiman sus vivencias y dictan sus juicios creyéndolos el sumo de la sabiduría, despierta en el la conciencia de que es necesario poner en orden, el caos interior, la incipiente voluntad de autoeducación caracteriza el comienzo de la pubertad espiritual. Dijo Jose Marti un gran pensador: "El que pierde la juventud pierde la vida "

Adultez:

La adultez hace referencia de un organismo con una edad tal que ha alcanzado la capacidad de reproducirse. El ser humano también se dice que es adulto cuando ya ha dejado la infancia y adolescencia para alcanzar su completo desarrollo físico. Es una etapa de estabilidad relativa y de vigor físico, la adultez es la etapa compendida entre los 25 a 60 años aproximadamente aunque como es sabido su comienzo y su término depende de muchos factores personales y ambientales. En esta etapa de la vida el individuo alcanza la plenitud de su desarrollo biológico y psíquico. Su personalidad y su carácter se presentan relativamente firmes y seguros con todas las diferencias individuales que pueden darse en la realidad, la adultez constituye un periodo muy extenso dentro del ciclo vital dividiéndolo en dos etapas: Adultez temprana y Adultez media, durante la vida se tienen cambios cuantitativos (estatura, peso y vocabulario) y cualitativos carácter estrural u organizacional: inteligencia, memoria que ocurren en el ser humano desde la concepción hasta su muerte y permanece en un tiempo razonable, la mayoría de los hombres y las mujeres se casan a los (25 a 34 años de edad), implica la posibilidad de ser padres el complementarse y completar diferentes tareas y necesidades psicológicas, interdependencia necesidad de amar, lo que se construyen entre ambos es un espacio psicológico común(con proyectos de parejas).

Vejez o Ancianidad:

La expresión de la tercera edad es un termino antropico-social que hace referencia a personas mayores o ancianas, en esta etapa el cuerpo se va deteriorando y por consiguiente es sinónimo de vejez o ancianidad, se trata de un grupo de la población que está jubilada y tiene 65 años o más. Este grupo de edad ha ido creciendo en pirámide de población o distribución por edades en la estructura de población, debido a la baja en tasa de mortalidad y la mejora de calidad y esperanza de vida en muchos países. Las condiciones de vida para las personas de la tercera edad son especialmente dificiles, pierden rápidamente oportunidades de trabajo actividad social y capacidad de socialización y en muchos casos se siente postergados y excluido. En paises desarrollados en su mayoría gozan de mejor nivel de vida son subsideado por el estado y tienen abseso a pensiones, garantías de salud y otros beneficios. Enfermedades asociadas a la vejez (Alzheimer, Artrosis, Diabetes, Cataratas, Osteoporosis) son más recurrentes en los países en vías de desarrollo que en los países desarrollados; las personas que envejecen sufren muchas transformaciones internas se debe en parte al concepto del yo, el individuo trae a la vejez una serie de experiencias y que debe integrarse a circuntancias actuales este proceso genera sentimiento de integridad o desesperación conforme a esto se puede decir que es una etapa de cambios violentos tanto en forma de vivir como en situaciones a las que se encuentran por lo tanto la crisis a la que se enfrentan los ancianos es muy viable tomando en cuenta a lo que va viviendo. La vejez como última etapa de la vida y actualmente es motivo de presente interés por el constante aumento de ancianos en el total de la población, entender el envejecimiento podría ayudar como contrarestarlo tareas a que se dedican númerosas investigaciones.

El hombre visto desde el punto de vista psicológico:

La Psicología (Psico del griego alma o actividad mental y logía tratado o estudio) es la ciencia que estudia la conducta o comportamiento humano y los procesos mentales.

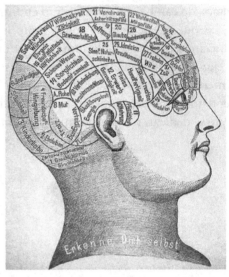

La psicología explora concepto como la percepción, atención, motivación, la emoción, el funcionamiento del cerebro, la inteligencia, la personalidad, las relaciones personales, la conciencia y el inconsciente, la psicología emplea métodos empíricos cuantitativos de investigación para analizar el comportamiento. El hombre por su naturaleza es un ser inteligente, si analizamos su comportamiento, movimiento estado de ánimo etc., notamos que todo está combinado, que son las características, intelectivas (inteligencia),, afectivas (sentimiento) y volitivas (voluntad) estas tres caracteristicas son las que constituyen la persanalidad del individuo, veremos formas de actividades humanas que interactúan intimamente reaccionando una tras otra Ej: el deseo de instruirnos y capacitarnos cada día es el que nos estimula a la práctica de la lectura que es una acción, nuestras facultades intelectuales entran en acción para estimular el valor del estudio con el ánimo de aprender algo.

Depende entonces de la voluntad que se tenga para lograr el objetivo o declinarse, pero el deseo, la reflexión y la decisión han sido casi simultaneas; la estrecha relación de nuestras facultades mentales son evidentes. Nuestra perfección mental depende del equilibrio perfecto de nuestras facultades mentales sobre todo mostrando el vigor o la flaqueza.

La voluntad es la que frena o estimula el sentimiento y la inteligencia, perfecciona el espiritu. Por lo que se dice que la voluntad es la facultad maestra que marca el destino de un ser humano.

El sentimiento es la facultad que todo ser humano tiene para registrar los hechos que se dan al paso de nuestros dias agradables o penosos, el sentimiento es primordial y tiene que ver con la conducta que se observa en la persona, ya sea que se conduzca bien o mal si sus sentimiento son nobles o vulgares, los sentimientos nobles nos perfeccionan y los bajos intintos o vulgares nos envilecen.

La inteligencia es la facultad de reconocer y hacer buen provecho del conocimiento, nuestros sentidos nos informan sobre el mundo exterior y nuestra memoria registra toda la información que persiben los sentidos y nuestro espíritu cuanto mejor lo registre mas se enriquece la experiencia y por lo tanto nuestras actividades podían tener mejores recursos a la disposición.

La observación, y la reflexión entran en acción y como resultado pensamos pronto y bien o lo contrario. Entones podemos decir que la voluntad es el principio director o maestro de nuestras actividades, movidas por el sufrimiento y reguladas por la reflexión. La voluntad impone las acciones que sugiere el deseo bajo la disciplina del pensamiento.

La personalidad tiene dos componentes uno de base genética, denominado temperamento y el otro que es identificado como carácter que depende de determinantes sociales y el ambiente del individuo, por medio del carácter es que desarrollamos nuestras virtudes y habilidades, nos indican el modo que tiene el ser humano de actuar, pensar, y expresar afectividad.

Es conveniente no olvidar ni un momento que la clasificación de los fenómenos mentales o consciente son afectivos, intelectivos y volutivos es una clasificación artificial hecha por razones de métodos para facilitar el estudio de la vida psíquica pero está es una unidad; en términos generales no hay fenómeno afectivo puro, ni fenómeno intelectivo puro, ni fenómeno volitivo puro, no se trata de tres clases de fenomenos diferentes que pueden darse por separados sino más bien de tres aspectos o de tres punto de vista desde los cuales puede considerarse nuestra vida psíquica y que solo aísla el análisis de un modo hasta cierto punto arbitrario. En cada uno de nuestras experiencias podemos describir fenómenos afectivos, intelectivos y volitivos los cuales, influyen recíprocamente y se funde en una unidad.

La personalidad es en sí; nuestro Yo personal en donde estamos constantemente identificando y actuando en el mundo exterior también llamado el Ego en el se manifiestan todas las motivaciones y necesidades y dinámicas del hombre en el mundo mundano, la parte espiritual del hombre que es su esencia depende del grado espiritual del individuo, a mayor evolución espiritual el hombre transciende muchas motivaciones del individuo mediocre o mundano.

Percepción:

Es un proceso nervioso superior que le permite al organismo a través de los sentidos, recibir, elaborar e interpretar la información proveniente de su entorno y de uno mismo. La percepción obedece a los estímulos cerebrales logrados a través de los cinco sentidos, vista, olfato, tacto, auditivo, gusto los cuales dan una  realidad física del medio ambiente, provee la única realidad conocida del tacto las suposiciones deben estar basadas en observaciones u otro sensor de tal forma de llegar a conclusiones igualmente validas extrapolando así los alcances de la realidad sensorial.

Mediante la percepción, la información recopilada por todos los sentidos se procesan y se forma la idea de un solo objeto, es posible sentir distintas cualidades de un mismo objeto y mediante la percepción unirlas, determinar de qué objeto proviene y determinar a su vez que este es un único objeto. La percepción es un proceso adaptativo y base de la cognición y la conducta.

Observación:

La Observación es una actividad realizada por un ser vivo (El ser humano) que detecta y asimila la información de un hecho o el registro de los datos utilizados, los sentidos como instrumentos principales de la observacion en términos filosóficos es el proceso de filtrar información a través del proceso del pensamiento, la entrada es percibida o recibida a travez de los cinco sentidos auditiva vista olfato, gusto o tacto para después ser analizada ya sea a través del pensamiento racional o irracional.

La característica definitoria de la observación es que trata de extraer conclusiones así como construir distintos puntos de vista personales acerca de cómo manejar o calificar situaciones similares en el futuro, observar es también mirar las formas e imágenes con atención y estudiar sus cualidades visuales y su significado. Observar también significa examinar atentamente.

También se define como la inspección y estudio realizado por el investigador mediante el empleo de sus propios sentidos con o sin ayuda de aparatos técnicos de las cosas y hechos de interés social, tal como son o tiene lugar espontáneamente, esta juega un papel importante en toda investigación porque le proporciona uno de los elementos fundamenteles los hechos. La observación se traduce como un registro visual de lo que ocurre en el mundo real en la evidencia empírica, por lo que toda observación al igual que otros métodos o instrumentos para consignar información requiere del sujeto que investiga la definición de los objetivos que persigue su investigación, determinar su unidad de observación las condiciones que se asumiran, la observación y la conducta que deberá registrar, la observación implica una dimensión o magnitud de contemplación está comienza por ir, por deambular para detenerse en algún momento en algún punto, la observación es un acto creativo que es la concepción y realización de la obra, este acto se practica mediante una actitud interna nuestra, ella tiende a extenderse de una manera conformada.

Atención:

La atención es la capacidad de aplicar voluntariamente el entendimiento de un objetivo tenerlo en cuenta o en consideración desde el punto de vista de la psicología, la atención no es un concepto único sino el nombre atribuido a una variedad de fenómenos. También se ha considerado de dos maneras distintas aunque relacionadas por una parte como una cualidad de la percepción, hace referencia a la función de la atención como filtro de los estímulos ambientales, decidiendo cuales son los estímulos mas revelantes y dándoles prioridad por medio de la concentración de la actividad psíquica sobre el objetivo para un procesamiento más profundo de la conciencia: por otro lado la atención es extendida con el mecanismo que controla y regula los procesos cognositivos desde el aprendizaje por condicionamiento hasta el razonamiento complejo.

Willian James dijo:

La atención no es solamente la capacidad mental para captar la mirada de unos o varios aspectos de la realidad y prescindir de los restantes, es tomar posesión por parte de la mente de forma clara y vivida entre los que parecen simultáneamente varios posibles objetos de pensamiento, su esencia está constituida por focalización, concentración y conciencia. Atención significa dejar ciertas cosas para tratar efectivamente otras.

Imaginación:

La imaginación es un proceso que permite al individuo manipular información generada intrínsecamente con el fin de crear una representación percibida por los sentidos de la mente."Intrínsecamente Generada" significa que la información se ha formado dentro del organismo en ausencia de los estímulos del ambiente. En lo que respecta a los sentidos de la mente son los mecanismos que permiten ver un objeto que se había visualizado previamente pero que ya no se encuentra presente en el ambiente. Es conveniente aclarar que cuando se imagina no se reduce solo al sentido de la visión sino a otras áreas sensoriales.

Mediante la actividad imaginativa podemos realizar dos funciones de máxima importancia en el psiquismo humano. La reconstrucción del pasado, gracias a la imaginación, creamos un mundo, intimo, propio y nuevo, el pasado se hace presente con la ayuda de la memoria recobrando una vida nueva y original mediante la actividad imaginativa. Tenemos también la anticipación del futuro, la anticipación es el aspecto más creativo de la imaginación y por supuesto el mas original, mediante la anticipación podemos imaginar cosas, mundos y situaciones y experiencias jamás realizadas. La anticipación salta por encima los estrechos horizontes de la vida cotidiana y se eleva por encima del aquí y el de ahora. Ya no es el pasado o el presente los que cobran vida sino el futuro, las imágenes con la que opera el ser humano no se limita a la reproducción de lo directamente percibido ya que puede ver mediante imágenes, lo que no ha percibido directamente, así como no ver algo que no existe en absoluto y a lo que no existe en realidad en forma concreta.

Memoria:

La memoria es una función del cerebro, y a la vez un fenómeno de la mente que le permite al organismo codificar, almacenar y recuperar información. Surge como resultado de las conexiones sipnaticas repetitivas entre las neuronas las que crean redes neuronales (la llamada potenciación 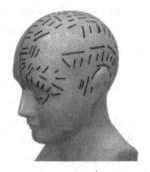 a largo plazo. La memoria permite retener experiencias pasadas y según el alcance temporal se clasifica convencionalmente en (en memoria a corto plazo) (consecuencia de la simple excitación de la sinapsis para reforzarla y sensibilizarla transitoriamente) memoria a mediano plazo y memoria a largo plazo (consecuencia de un reforzamiento de la sinapsis gracias a la activación de ciertos genes y a la síntesis de proteinas correspondientes). El hipocampo es la parte del cerebro relacionada a la memoria y al aprendizaje, un ejemplo que sustenta lo antes mencionado es la enfermedad del Alzheimer que ataca las neuronas del hipocampo lo que causa que la persona vaya perdiendo la memoria y no recuerde en varias ocasiones a sus familiares, la memoria o mejor los recuerdos son la expresión de que ha ocurrido un aprendizaje. De ahí de que los procesos de memoria y aprendizaje sean difíciles de estudiar por separado. Tenemos la capacidad de almacenar en nuestra mente información equivalente a la de diez billones de páginas de enciclopedia. Los recuerdos son imágenes del pasado que se archivan en la memoria, nos sirve para atraer al presente algo o alguien. Se debe también como una reproducción de algo anteriormente aprendido o vivido por lo que está vinculado directamente con la experiencia.

Juicio:

El juicio se concibe como una relación entre dos términos como la atribución de un predicado a un sujeto concebido esto como conceptos que se unen en la afirmación y están separados en la negación, el juicio así concebido adquiere la forma S es P o S no es P en un sentido de afirmación plena de contenido como juicio categórico. El juicio puede formase directamente sobre una situación o sobre unos conceptos o puede ser fruto de un raciocineo, todo nuestro saber se articula con el juicio aunque no conste solo de ellos, los juicios constituyen el fundamento de la posibilidad de los razonamientos mediante el establecimiento de relaciones entre los terminos implicados en ellos, los juicios pueden ser tomados en su extensión universal: abarca a todos los posibles individuos o su extensión particular cuando solo se refiere a algunos.

Los juicios por su extension se ha tomado el termino sujeto como criterio de cantidad pueden ser: Universales donde todo S es P y los particulares donde algunos S son P, la relación entre los términos pueden ser: Afirmativo de unión S es P y Negación de separación S no es P, el predicado de una afirmación siempre tiene una extensión particular y el predicado de una negación está tomado por su extensión universal, cuando un concepto sujeto o predicado está tomado en toda su extensión se dice que está distribuido, cuando no, se dice que no está distribuido, los juicios constituyen el fundamento de la posibilidad de los razonamientos mediante el establecimiento de relaciones entre los términos en ellos lo que constituye la forma fundamental del razonamiento deductivo: el silogismo.

Razonamiento:

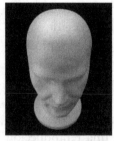

El razonamiento es la facultad que permite resolver problemas, extraer conclusiones y aprender de manera consciente de los hechos estableciendo conexiones causales y lógicas necesarias entre ellos. En sentido más restringido se puede hablar de diferentes tipos de razonamiento: El razonamiento argumentario en toda actividad mental se corresponde con la actividad lingüística de argumentar. En otras palabras, un argumento es la expresión lingüística de un razonamiento.

El razonamiento lógico o causal es un proceso de lógica mediante la cual partiendo de uno o más juicios, se deriva la validez la posibilidad o la falsedad de otro juicio distinto, el estudio de los argumentos corresponden a la lógica de modo que a ella le corresponde indirectamente el estudio del razonamiento. Por lo general los juicios en que se basa un razonamiento expresa conocimiento ya adquirido por los menos postulados como hipótesis. Es posible distinguir entre varios tipos de razonamientos lógicos. Por ejemplo el razonamiento deductivo (estrictamente lógico), el razonamiento inductivo (donde interviene la probabilidad y las formulaciones de conjeturas) y razonamiento aductivo entre otros. Tenemos los razonamientos logicos y razonamiento no logicos los razonamientos logicos del proceso mental debe realizar una inferencia de una conclusión a partir de un conjunto de premisas, la conclusión puede no ser una conclusión lógica de las premisas y aun así dar lugar a un razonamiento. Los razonamientos pueden ser validos (correctos) o no validos (incorrectos). Y el razonamiento no lógico el cual no se basa en las premisas con una única alternativa correcta, sino que es más amplio en cuanto a soluciones basándose en la experiencia y en el contexto.

Análisis:

Un Análisis es la distinción y separación de las partes de un todo hasta llegar a conocer sus principios o elementos. También se trata de un examen que se hace de una obra de un escrito o de cualquier realidad susceptible de estudio intelectual y de un tratamiento psicoanalitico, por otra parte el analisis puede ser un estudio de los limites, las caracteristicas y las posibles soluciones de un problema al que se aplica un tratamiento por computadora.

Cuando se habla de análisis clínico, se hace referencia a un examen cualitativo y cuantitativo de ciertos componentes o sustancias del organismo de acuerdo a métodos especializados con el fin de elaborar un diagnostico, se puede distinguir entre el análisis cualitativo y cuantitativo, el análisis cualitativo es aquel que tiene por objeto descubrir y aislar los elementos o ingredientes de un cuerpo completo. El análisis cuantitativo en cambio se emplea para determinar la cantidad de cada elemento o ingrediente.

Existen otros tipos de análisis dimensional, aspectral, factorial, bursatil, transasional. Existen otro tipos de análisis, como Fisicos, Quimicos, Matemáticos, Ingenieros, Comunicación, Lingüística, Medicina, Psicología, Música, Filosófica de la Ciencia.

Síntesis:

La síntesis es la composición de un cuerpo o de un conjunto a partir de sus elementos separados en un previo proceso de análisis, en otras palabras la síntesis es también la composición de un conjunto a partir de sus elementos separados en un proceso previo. Una tesis es un juicio o afirmación; su expresión contraria, o opuesta recibe el nombre antitesis, la síntesis es aquella proposición que reúne y combina ambos juicios previos, la noción de síntesis también se utiliza de manera similar a resumen ya que puede tratarse del compendio de una materia u otra cosa.

La síntesis de un libro por ejemplo expresa sus ideas principales, en resumen en cambio es la representación reducida y abrevida de todos los contenidos:, "Tengo que presentar una síntesis de mi libro a la editorial"

El vocablo sintesis puede tener distintos significados dependiendo de la disciplina científica:

Ciencias Biológicas: Biosíntesis, Sintesis de las proteinas

Química: Síntesis Orgánica, Síntesis Química

Cuando sintetizamos debemos tomar nota de lo fundamental

Generalización:

La Generalización es la base esencial de toda inferencia deductiva valida, es nuestra principal herramienta intelectual el soporte de casi todos los razonamientos la experiencia hecha razón

Ej: Todo lo que A es B, porque todo lo que A conocido es B. Al generalizar atribuimos a un grupo de cosas del mismo género algo que sabemos, presindimos de excepciones y detalles particulares. En general tenemos un buen tiempo en otoño, nos referimos a lo común lo habitual lo más frecuente lo que ocurre en casi todo o en la mayor parte de los casos: En octubre siempre aumenta el número de desempleados; Generalizamos por inducción, es decir sumando experiencias particulares unas veces de manera deliverada tras revisar los casos a nuestro alcance.

Los libros de texto son carísimos otras veces de forma inconsciente actualizando el paso de nuestras impresiones cotidianas. Cuando llueve el trafico se pone imposible, así nacen muchos refranes, no hay atajo sin trabajo, febrero es loco y marzo no poco que reflejan conclusiones generales de experiencias comunes difusas.

Si representamos está forma de razonar nos resulta una suma

Este año ha llovido mucho

El año pasado llovió mucho también

Hace dos años llovió mucho también

Casi todos los años llueve mucho también

Abstracción:

La Abstracción es un proceso mental que se aplica en seleccionar algunas características y propiedades de un conjunto de cosas del mundo real, excluyendo otras no pertinentes, es una representación mental de la realidad, cualquier construcción intelectual productos de las tecnicas de abstracción.

Podemos decir también que la abstracción es la separación mental de una cosa de su realidad física para considerarla aisladamente:(Tiene gran capacidad de abstracción),idea o cosa abstrata, poco definida o alejada de la realidad, atención fija de lo que se hace o en lo que se piensa hasta llegar aislarse de los demás, concentración, ensimismamiento, representación artisticas de personas o cosas de manera abstracta tomándose las características esenciales y no su forma real la abstraccion, no se reduce simplemente a la operación intelectual, puede existir una sensación, un sentimiento o una situación abstracta.

Concentración:

La concentración mental es un proceso psíquico que consiste en centrar voluntariamente toda la atención de la mente sobre un objetivo, objeto o actividad que se esté realizando o pensando en realizar en ese momento dejando de lado una serie de hechos u otros objetos que pueden ser capaces de interferir en su consecución o en su atención. La concentración es importante para el proceso de aprendizaje, de ahí que se intente todos los medios potenciales, está capacidad que es imprescindible para la adquisición de nuevos conocimientos, sobre este aspecto la psicología educativa ha hecho importantes observaciones y aportes por otra parte la concentración metal se usa en casi todos los deportes individuales (Ajedrez, Tennis, Gimnasia) donde ayuda al ejecutor a esforzarse en las acciones que está siendo desarrollada.

Además de deporte, otras prácticas como la meditación Ej.: La meditación Zen y el Yoga han probado ser medios efectivos para mejorar la concentración mental, estimula la producción de ondas alfa, ondas theta y ondas delta en el cerebro las cuales se relacionan con la relajación, la calma y la creatividad, el incremento de la memoria y la solución a los problemas.

También podemos decir que la concentración es el arte de restar las dispersiones externa e interna que se producen cuando queremos mantener nuestra atención en una tarea manual o intelectual.

Quienes han estudiado el problema de la concentración, siempre han dado la misma respuesta, la concentración en sí misma no es un problema, el problema es la dispersión, muchas de las razones por la falta de concentración están: Los problemas de vocabulario, la posible dificultad conceptual del texto, la velocidad de lectura inadecuada, la incorrecta disposición mental, y la organización deficiente. Cada una de las herramientas que brindamos aquí tienden a superar estas limitaciones, despejando así el terreno para una cualidad de la mente que no por haberlo perdido de vista es natural la concentración. La concentración es una suma, sino más bien una resta: debe restarse la dispersión.

El buen trabajo intelectual es la concentración de todas las energías, físicas, psicológicas, afectivas y espirituales.

Meditación:

La meditación es un estado de atención concentrado sobre un objeto externo, la propia conciencia o el propio estado de concentración, la palabra meditación viene del latín meditativo que originalmente indica un tipo de ejercicio intelectual, de modo que en el ámbito religioso occidental se ha distinguido entre meditación y contemplación reservando a la segunda un estado religioso o espiritual, está definición se vuelve tenua en la cultura oriental de forma que al comienzo de la influencia del pensamiento oriental en Europa adquirirá un nuevo uso popular. Este nuevo uso se refiere a la meditación propia del yoga, originada en India. En el siglo XIX los teósofos adotaron la palabra Meditación para referirse a las diversas practicas de recogimiento interior o contemplación propias del Hinduismo, Budismo, y otras religiones orientales.

La meditación se caracteriza por tener los siguientes rasgos, un estado de concentración sobre la realidad del momento presente, un estado experimentado cuando la mente se disuelve y es libre de sus propios pensamiento, una concentración en la cual la atención es liberada de su común actividad y focaliza en Dios (propio de las religiones teístas), una focalización de la mente es el único medio de percepción como por ejemplo, la respiración o una recitación de palabras constante, la meditación no solo tiene propósito religioso sino estar también enfocada al mantenimiento de la salud física o mental. Existe una amplia variedad de guias y enseñanzas para la meditación que van desde las que aparecen en las religiones hasta las terapéuticas pasando por las propias ideologias de ciertos individuos.

Estudios científicos han demostrado que algunas técnicas de meditación pueden ayudar a mejorar la concentración, la memoria y mejorar el sistema inmunitario y la salud en general.

\

Contemplación:

La Contemplación es un estado espiritual que aparece en el ser humano cuando practica el silencio mental, el silencio mental se consigue con el desapego de pensamientos y sensaciones, el desapego a lo material,  surgirá como resultado de la práctica, la práctica se puede acompañar de lecturas que inspiren a la persona continuar en silencio interno y lo ilustre de como otros lograron que este estado espiritual sucediera. Aparece ya que no podemos provocar voluntariamente sino solo meditando en silencio sin buscarlo. El iniciado debe ir evolucionando en su capacidad de contemplación a medida que se va haciendo mas sensible a Dios, la intimidad con Jesús Cristo hace posible la unión con el Padre haciendo uno con El a través de la asistencia del Espíritu Santo; Mediante está unión nos unimos todos al Cosmo creado, la contemplación es el máximo proceso de los pensamientos mentales, los principales de la iglesia se encuentran en las ordenes contemplativas especializadas en la oración, para llegar a este estado mental o espiritual se pueden usar diferentes tipo de oración, para practicar la contemplación basta con tener fe y la fuerza de voluntad, existe una oración contemplativa por excelencia: el oficio divino en el cual se meditan salmos y lectura del Nuevo Testamento y preces y peticiones a Dios, siendo muy útil para disipar de la mente los pensamientos vanales haciendo del Creador el centro de pensamiento.

Temperamento:

El temperamento es la combinación de rasgos que hemos heredado de nuestro padres, es el temperamento de la persona el que hace que sea abierta, extravertida, timida e introvertida. No hay influencia más profunda sobre el comportamiento que el temperamento que heredamos, la combinación de los genes de nuestros padres en el momento de la concepcion, determinan nuestro temperamento básico los nueves meses antes que respiramos por nuestra cuenta son responsableds en buena medida de nuestras acciones, de nuestras respuestas emocionales y en mayor o menor grado de casi todo lo que hacemos. A continuación vamos a hacer una descripción de los 4 temperamentos básicos.

Sanguíneo: Es una persona cálida, alegre, viva que da gusto, en su toma de decisiones predominan mas sentimientos que los pensamientos reflexivos, es extravertido, fasina cuando narra cuento y su naturaleza cálida y entusiasta le hace revivir cálidamente la  experiencia que relata, nunca le faltan amigos, su naturaleza ingenua y espontanea cordial le abre puertas y corazones, puede sentir genuinamente las alegrías y los pesares de las personas con quien está y tiene la habilidad de hacerse sentir como si se tratase de un amigo muy especial y lo es mientras tenga sus ojos puesto en el o mientras sus ojos no se dirijan hacia otra persona con igual intensidad. Al sanguíneo le gusta la gente y detesta la soledad, suelen ser excelentes autores y predicadores, locutores etc. Son expresivos, alegres y optimistas.

Colérico: Es una persona ardiente, ágil, activo, practico y de voluntad fuerte que se tiene como autosuficiente y muy independiente, tiende hacer decidido y lleno de opciones y le resulta fácil tomar decisiones por su cuenta y por cuenta de otro también, al igual que el sanguíneo el colérico también es extravertido pero menos intenso, en el colérico la vida es actividad y se encuentra a gusto con la actividad. No necesita que el médico lo estimule antes bien el estimula al médico que lo rodea con sus ideas claves, metas y ambiciones inacabables, no vacila ante la opinión ajena sino que adopta posiciones definidas frente a la cuestión y con frecuencia aparece organizando cruzadas contra algún a injusticia social o algún a situación subversiva, al colérico no le asusta las abversidades mas aun estas tienden a alentarlo, su tenaz determinación generalmente le hace tener éxito donde otro fracasa porque el sigue empeñado en la tarea cuando otros se desalientan, es un líder ignato lo que los expertos en administración expresarial llaman un líder natural fuerte, su naturaleza es la menos desarrollada de su temperamento, no siente compasión por otros fácilmente ni lo demuestra ni lo expresa con frecuencia se siente incomodo frente a las lagrimas ajenas o simplemente lo disgusta reconoce rápidamente las oportunidades y con igual rapidez descubre la mejor forma de sacarle provecho, a menudo es optimista.

Melancólico: Es una persona analitica, talentoso perfeccionista, adnegado con una naturaleza emocional muy sensible tiene el temperamento más ricos en todos, nadie disfruta más el arte que el melancólico, por su naturaleza tiende hacer introvertido pero como predominan sus sentimientos lo caracteriza una serie de disposiciones de ánimo, es un amigo muy fiel pero a diferencia del sanguíneo no hace amistad con facilidad pocas veces se esfuerza por conocer a la gente más bien se limita a esperar que acudan a él, como a todos, no solo le gusta la gente sino que tiene un gran deseo de hacer aceptado por ellos suele descubrir su mayor sentido de la vida entregándose al sacrificio personal con frecuencia elige una vocación difícil que requiere mucho sacrificio personal pero una vez que halla elegido atiende hacer sumamente metódico y persistente en el cumplimiento de la misma y es más que probable que realice grandes cosas si su tendencia natural a quejarse del sacrificio que significa no lo deprime hasta el punto de hacerlo abandonar totalmente es el mas egocentrista de todos, son detallistas, inteligentes, talentosos, confiables, reflexivos son idealista y poco prácticos y teóricos.

Flemático: Es una persona tranquila, serena que nunca se alarma y casi nunca se enoja, sin duda alguna es la persona mas facil de sobrellevarse y es por naturaleza el más simpaticos de los temperamentos, para el la vida es una alegre y agradable experiencia sin emoción en la que evita comprometerse todo lo posible, es tan tranquilo y sereno que no parece agitarse nunca cualquiera que sean las circunstancias que lo rodean es el único tipo temperamental que es invariablemente consecuente.

Bajo su personalidad tranquila el flemático experimenta mas emociones de las que aparecen en la superficie y tiene capacidad para apreciar las bellas artes y las cosas buenas de la vida, el flemático no le faltan amigos porque le gustan las personas y tiene un sentido del humor natural y satírico es un tipo de persona que puede hacer que los demás se desternillem de la risa mientras que el permanece imperturbable, posee una capacidad especial para descubrir el lado humorístico de los demás y de las cosas que hacen los demás y tiene una actitud siempre positiva hacia la vida, tiene buena retentiva y puede ser un buen imitador son de buen corazon y compasivos pero raras veces deja translucir sus verdadero sentimientos es maestro en todo aquello que requiera de una paciencia meticulosa y la presencia de la rutina diaria.

Carácter:

El carácter es la organización dinámica de los patrones conductuales del individuo, manifestación conductual de la entidad del yo determinada por la integración del concepto de sí mismo y de los otros significativos son el conjunto de habitos y comportamientos que se han adquirido durante la vida suelen ser rígido y ayudan a defender al sujeto del medio, es sinónimo de huellas o marca. Tenemos dos tipos de carácter los introvertidos y lo extrovertidos.

Extrovertidos:

Los extravertidos son personas muy expresivas en todo lo que hacen especialmente en lo que respecta al modo en que se relacionan con otros, la palabra extrovertido justamente hace referencia a la capacidad de hacer de adentro de un todo lo que se piensa o sienta para hacerlo público y así comunicarse más con el exterior o con lo que nos rodea, este carácter es típico de esta época en la cual todas las personas quieren llamar la atención sobre sus vidas haciendo cosas publicas o situaciones que normalmente permanecían en la vida privada es una persona que no permanece callada o quien no tiene dificultad para relacionarse socialmente sino todo lo contrario el extrovertido siempre llama la atención mantiene muchos vínculos sociales tanto de tipo laboral como fraterno o amoroso.

Introvertidos:

Los introvertidos no son persona expresivas, disfrutan de la soledad no necesitan a nadie para divertirse y huyen de las reuniones multitudinarias su interés está orientado a la actitud interna de la persona prefieren realizar actividades a sola antes que con gente disfrutan estando solo o con pocos amigos huyen de las multitudes se sienten fuera de lugar en fiesta o celebraciones multitudinarias. Para ellos la soledad, intimidad y aislarse de vez en cuando es una necesidad se divierten mas con una buena lectura que en un par de copas o en una reunion de muchas personas prefieren quedarse en casa que antes que salir con los amigos, disfrutan mucho de la compañía de los más íntimos, sus intereses se centran sobre todo en sus pensamientos, emociones y sentimientos su mundo interior es prioritario para ellos. Los introvertidos son incapaces de expresar sus sentimientos, sus deseos y sus objetivos.

No obstante debemos de destacar que nadie es absolutamente introvertido ni totalmente extrovertido sino que una tendencia de su carácter.

Generalmente los de temperamentos sanguíneos y coléricos son de carácter extrovertidos y los de temperamentos melancólicos y flemáticos son generalmente de carácter introvertido.

Constitución:

La constitución es el conjunto de caracteres del fenotipo determinado por el genotipo, la constitución no se modifica, por lo tanto, la accion de factores ambientales, como la alimentación, ejercicio etc, la idea de constitución en sentido

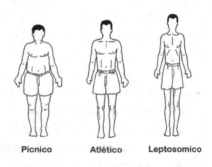

Picnico   Atlético   Leptosomico

referido se halla ligada a los de los tipos constitucionales o biotipos, según los individuos pueden agruparse en torno a pocos tipos de ragos físicos y psíquicos característicos.

Los sistemas tipológicos usados hoy mas frecuentes son el de Krestschmer, el pignico, atlético y el leptosomico, el de Sheldon el endomorfo, el mesomorfo el ectomorfo.

Krestschmer partió de enfermos mentales y notó que ciertas psicosis se daban perfectamente en individuos de ciertos rasgo físico posteriormente extendió sus observaciones a individuos normales, en la concepción de Krestschmer lo psíquico y lo físico se investigan como aspectos de un mismo individuo los biotipos representan aquí tipos globales.

Tipo Picnico: individuo rechoncho de forma redondeada estatura mediana, cuello corto y ancho de cabeza y adomen voluminoso ángulo externo-costal obtuso, tejido adiposo abundante especialmente en el vientre; miembros y hombros delgado, musculatura floja. Temperamento cicloide o ciclotímico individuos sociales y amables buen genio pero cambiante explosivo, de fuerte sentido de la realidad concreta.

Mayor frecuencia de psicosis maniaco- depresivo, diabetis, enfermedades de vesículas biliar, hipertensión arterial, arterioesclerosis.

Tipo Atlético: Talla y longitud de miembros, mediana a grande; hombros anchos, tórax voluminoso angulo externo-costal recto, caderas angosta relieve oseo faciales, prominente mosculatura muy desarrollada, temperamento viscoso o ixotimico: individuo sosegado, circunpecto, de mente lenta comedido hasta torpe o tosco pobres en reacciones pero explosivos, violentos tendencia a la actividad física, gusto por los deportes pesados.

Tipo Leptosomico: troncos y miembros esbeltos, delgados hombros estrechos y caídos, musculatura débil, cráneos pequeños, manos delgadas, torax aplanado, angulo externo-corporal agudo, rostro alargado y estrecho. Temperamento esquizoide o esquizo-timico, hipersensitivo, tímido, temeroso, nervioso, amante de la naturaleza y de los libros.

Otros de estos individuos son incensibles, astutos y dociles. Mayor frecuencia de tuberculosis y ulcera gástrica y de esquizofrenia.

Inteligencia:

La inteligencia es la capacidad de entender, asimilar elaborar información y utilizarla para resolver problemas, la inteligencia parece estar ligada a otras funciones mentales como la percepción o capacidad de recibir informacion en la memoria o capacidad de almacenarla, etimológicamente la inteligencia a la que sabe escoger, permite elegir las mejores opciones. También es una capacidad mental muy general que entre otras cosas implica la facultad de razonar, planear resolver problema, pensar de  manera abstracta, comprender ideas complejas aprender rápidamente y aprender de las experiencias; no es un mero aprendizaje de los libros ni una habilidad estrictamente académica ni un talento para superar prueba, mas bien es la capacidad de comprender nuestro entorno.

Tipos de inteligencia:

Inteligencia Lingüística: caracteriza a los escritores y poetas.

Inteligencia Logica-Matematica: caracteriza a los científicos y filósofos.

Inteligencia Musical: caracteriza por el talento de los cantantes, músico cantantes y bailarines.

Inteligencia Especial: caracteriza a el diseño, ingeniería, arquitectura, cirugía.

Inteligencia Corporal-Cinestesica: caracteriza el talento de los actores, mimos, bailarines.

Inteligencia Interpersonal: Relacionado con las Ciencias Psicológicas.

Inteligencia Intrapersonal o social: caracteriza a los vendedores, políticos, profesores y terapeutas.

Inteligencia Naturalista: caracteriza los biologos y naturalistas

Inteligencia Existencial o Filosófica: capacidad para situarse así mismo con respecto al cosmo y autosugestionarse.

La inteligencia Musical y Cinestesica no muestran inteligencia sino talento..

Psicometría: La Psicometría es una rama de la Psicología es una disciplina que se encarga de la medición en psicología, medir es asignar un valor numérico a las características de la persona es usada esta funcion, es mas fácil trabajar y comparar los atributos intra e interpersonales con números y/o datos objetivos, así no se usa para medir personas en sí mismo, sino sus diferentes aspectos psicológicos tales como conocimientos, habilidades o capacidades y personalidad. La Psicometría engloba la teoría y la construcción de pruebas test u otros procedimientos de mediciones validos y confiables o fiables, incluye por tanto la elaboración y procedimientos estadísticos que permiten determinar si una prueba o test es válido o no para la medición de una variable o conducta psicológica previamente definida.

En la Psicometría unos de los más importantes test tenemos los test de inteligencia.

Alfred Binet (1857-1911) fue un Pedagogo y Psicólogo Francés. Se le cononoce por su esencial contribución a la psicometría. Se considera el padre de los test de la inteligencia, fue el creador de los estudios de la inteligencia. En 1916 estas pruebas se tradujeron al ingles y paso a llamarse Test Stanford (porque se tradujo en esta Universidad o Test de Stanford-Binet. En 1905, a solicitud del gobierno francés, publica una escala métrica de la inteligencia que había elaborado junto a Theodoro Simon el objetivo de esta escala era medir el desarrollo de la inteligencia de los niños en función de su edad (edad Mental). Este trabajo será el punto de partida para muchos otros test en especial el de Coeficiente de Inteligencia (CI), esta contribución hace que sea uno de los pilares de la psicología diferencial. Junto con Victor Henry publico un artículo en 1895 (La Psicología Individuelle) en la que se presenta esta nueva disciplina y proporciona su objeto de estudio. Alfred Binet murió a causa de una congestión cerebral el 28 de octubre 1911.

Tipos de Test:

Test de Personalidad, test de inteligencia, test de conducta, test vocacional, test de capacidad mecánica, test de actitudes, test de coeficiente de inteligencia, test de comportamiento o conducta y mucho mas.

Las pruebas psicométricas son las encargadas de medir cualidades psíquicas del individuo, son una herramienta para conocer su vida estado emocional, intelectual e inclusive si existe alguna anomalia en su funcionamiento cerebral o simplemente para ubicarnos en su forma de pensar.

Oligofrenia o Sindrome arecaico anormaligofrenico (en griego poca mente) o frenastenico el nombre que se le daba de incapacidad antiguamente de incapacidad antiguamente a una patología psíquica consistente en una deficiencia mental grave como consecuencia de la interrupción del desarrollo de la inteligencia durante el periodo intrauterino a muy corta edad. Dependiendo del nivel de incapacidad antiguamente se clasificaban en cuatro tipos:

Idiota: incapaz de comunicarse sin actividad física imposible de educar Coeficiente intelectual no superior de 30.

Imbécil: Incapaz de leer o escribir su (CI) no superior a 60.

Moron: Autosuficiente en tareas manuales y con cierto desarrollo de memoria, pero sin capaz de desarrollar abstracciones mentales CI no superior a 90.

Débiles mentales: tiene un CI entre 50 y 59 le cuesta mucho esfuerzo adquirir conocimientos escolares.

Casos Límites se le conocen también por borde-line su Ci es entre 70 y 79 a pesar de su baja inteligencia asimilan los estudios escolares elementales pero fracasan en sus intentos de aprobar curso de enseñanza media.

Normales/Mediocres: Son algo torpe y lentas aunque con dificultad pueden alcanzar estudios de enseñanza media en algunos casos aunque acosta de mucho esfuerzo y retraso pueden alcanzar estudios superiores.

Normales/Medios: Su CI está entre 90 a 109 corresponde al 50% de la población.

Normales/Superiores: Su CI es entre 110 a 119, La mayoría de los que acaban sus estudios universitarios se incluyen en este grupo.

Superiores: Su CI oscila entre 120 a 129, es el nivel que suelen tener las personas que ejercen con éxito profesionales y que ocupan cargos directivos.

Muy Superiores: Son persona con muy buena capacidad intelectual. Su capacidad intelectual es entre 130 a 139.

Superdotados: Inteligencia brillante. Su CI es superior a 140.

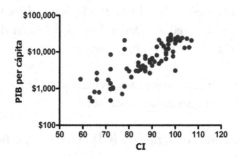

Personajes Celebres:	País	CI	Ocupación
Leonardo Da Vinci	Italia	220	Genio Universal
Gottfried Wilhelm Von Leibniz	Aleman	205	Científico
Isaac Newton	Ingles	190	Científico
Renato Descartes	Francés	185	Científico
Miguel Ángel	Italia	180	Pintor-Escultor
Albert Einstein	Aleman	160	Científico
Stephen Hawking	Ingles	160	Científico
Charles Darwin	Ingles	160	Científico

Personajes Celebres con un alto Coeficiente de Inteligencia:

 Leonardo Da Vinci

 Isaac Newton

 Renato Descartes

 Miguel Angel

 Albert Einstein

 Stephen Hawking

 Charles Darwin

El Hombre desde el punto de vista psicológico ha tenido una serie de definiciones a través del pensamiento humano desde los primeros pensadores como Sócrates, Platón, Aristoles hasta los tiempos actuales, las cuales estas definiciones han tenido una serie de transformaciones debido al desarrollo y conocimiento del hombre actual.

Según Freud el hombre es en su totalidad son dos cosas fundamentales: La importancia del Yo y el instinto sexual en esto gira sus motivaciones y necesidades. Durante el siglo XX la Ciencia propino su último golpe con la Teoría del Psicoanálisis formulada por Segmund Freud, lo que Freud descubre es que el hombre desde el punto de vista psíquico no es solamente conciencia sino que existe algo llamado inconsciente. Cuando el ser humano nace tiene una serie de deseos y necesidades.

Segmund Freud (1856-1939)Medico Neurólogo Origen: Austriaco. Padre del Psicoanálisis y una de las mayores figuras intelectuales del siglo XX. Freud estudio la histeria y otros trastornos del sistema nervioso, se suponía que estas enfermedades eran provocadas por problemas físicos en el cerebro pero un médico francés llamado Charcot empezó a investigar a los pacientes tratando de hipnotizarlos, la enfermedad está en las ideas grabadas en algunas partes de la mente que más tarde Freud le llamo inconsciente. El 28 de Agosto de 1930 fue galardonado con el premio Goethe de la ciudad de Francfort del Meno en honor a su actividad creativa, también en honor a Freud al que frecuente se le denomina padre del Psicoanálisis se le dio la denominación Freud a un pequeño cráter de impacto lunar que se encuentra en la meseta dentro del Oceanus Procellarus en la parte noreeste en la lado visible de la luna.

Freud descubrió 3 instancia en el psiquismo humano:

1-) El "ello" formados por todos los deseos inconscientes y primarios que tiene el ser humano desde que nace, esos deseos son energías que quiere liberarse.

2-) El "superyo"la conciencia moral de la persona, el conjunto de normas que el ser humano aprende desde que nace. Esas normas son imposible que no dejan que el ello se manifieste abiertamente igual, que la energía se libera.

3-) El "Yo"ateniendose al principio de realidad trata de ajustar las pulsiones del ello (dominado por el principio del placer las exigencias del superyó (dominado por el deber moral, su papel es tanto interceder entre los impulsos y deseos instintivos, por un lado y las presionses morales por otro, fuerzas inconscientes y entre estas las exigencias del medio social.

Uno de los descubrimientos más grandes de Freud es el inconsciente, está zona del psiquismo humano donde no rige la lógica ni pasa el tiempo es muy dinámico esto significa que siempre está trabajando. El inconsciente siempre está permanentemente intentando de liberar energía, satisfacer sus impulsos pero la sociedad le establece normas de conductas que le impiden satisfacer al inconsciente abiertamente todos sus impulsos entonces este los oculta o los disfrazas para poderlos satisfacer, toda cultura humana surge de esta transformación de impulsos primitivos.

En el instinto sexual del hombre Freud realiza ciertas distinciones fundamentales, en primer lugar la vida no comienza en la pubertad sino que está funciona desde el comienzo o un poco más del nacimiento, en segundo lugar distingue entre la sexualidad y la genitalidad, la sexualidad abarca un campo más amplio que el de la genitalidad que también corresponde al ámbito de la sexualidad, en tercer lugar dice que la vida es una función para obtener placer y ponerlo al servicio de la procreación. La sexualidad es una función que el individuo desarrolla por etapas a lo alargo del tiempo. Este proceso interviene el complejo de Edipo que establecerá las funciones del aparato psíquico por lo tanto el ordenador de la sexualidad. Este complejo queda sepultado pero se mantiene latente hasta el momento "del doble comienzo de la vida sexual".

Desde el momento del nacimiento la boca es el primer órgano que percibe placer, esto constituye a este órgano como una zona erógena sometiéndose a las exigencias libidinales.

En este caso la boca funciona como un instrumento de autoconservacion en la medida que posibilita la nutrición; pero en el niño desarrolla está actividad de alimentarse como una satisfaccion independientemente al estimulo del alimento que le genera placer.

La fase oral es seguida por la sadica oral en la que se buscan satisfacciones mediante agresiones por las funciones excretoras hasta llegar a la fase falica que conformara definitivamente la vida sexual del individuo en las fases precoses de la sexualidad se desarrollan instintos parciales ligado a un órgano especifico al cual se asicua una fuente de satisfacción. La fase falica busca subordinar todos los impulsos parciales en una unidad regida por genitales.

La organización genital de la sexualidad implica la posibilidad de mantener catesis libiliales desplazamiento que permite realizar su finalidad (sublima) previas a desarrollo nuevas y siempre está la posibilidad de represión.

En este caso las pulsiones parciales son un debilitamiento que permite retorno a fijaciones libidinales anteriores a la fase falica Freud enfatizo la importancia que tiene el estudio de las funciones sexuales a lo largo de las distintas fases del desarrollo.

A Freud se le atribuye el descubrimiento del subconsciente es una zona de nuestra capacidad psíquica descripta como una vasta zona donde nada puede ser pensado, donde todo está oculto y solo mediante la regresión o los sueños podemos saber de ellos.

Por otro lado Freud descubrió que ciertos problemas psicológicos no tienen conexiones biológicas es decir, que son solo problemas psicológicos para nada producidos por defectos de tipo físico o químico. En este aspecto hay que destacar el mapa psíquico que aporto y que no tiene conexiones neuronales por lo tanto es un mapa que describe un espacio metafórico aunque opera en nuestra psiqui.

Observemos un interpretación de como Freud interpretaba nuestra psiqui:

Consiente: Todo aquello que está presente en la conciencia en un momento determinado.

Subconsciente: Todo lo que está debajo de la conciencia y que no está presente en un momento determinado o de forma constante. No se está pensando en un determinado momento.

Preconciente: Todo aquello que está debajo del consciente pero que es fácil devolverlo presente a lo consiente podemos haber olvidado un dato de matemática y alguien nos desvela de nuevo volviendo a recordar.

Inconsciente: No está presente en la conciencia en un momento determinado y para recuperarlo es necesario un gran esfuerzo y puede provocar daño al invocarlo: Método de regresión y los sueños dan informacion oculta, pueden según la teoría psicoanalítica, provocan traumas.

Para Freud lo ocupante del consciente es un 10% y el inconsciente un 90%.

Tenemos que diferenciar entre dos términos de represión desde el punto de vista cultural más común y que tiene que ver con la moral, represión es evitar hacer algo que uno desea por normas morales o por prudencia o por miedo. Es una represión consciente que no tiene que ser negativa. Dentro la educación de los niños se dan casos de represión como por ejemplo por deseo, jovenes quieren tomar drogas, los padres, la sociedad intenta mediante normas morales, aviso de peligro avisando que satisfacer ese deseo es dañino. En cambio la "represion"de Freud psicoanalítica es la que niega el deseo pero de forma inconsciente; provoca el olvido y exilia ese deseo de profundidad de la mente Ej: Los sueños que se olvidan:

Es como si fuera una fuerza que lo reprime y lo hunde de nuevo en el inconsciente haciéndonos imposible recordar lo que hemos soñado, esta represión es a la que se refiere Freud, por otra parte en lo sueños la represión puede ser mucho menor, pensemos sino en los órganos que podemos padecer durante el sueño que da entender que la represión de ciertos deseos durante el sueño es menor.

Carga afectiva:

Así la pulsación que nos lleva a realizar un acto o desear algo es cortada por la represión inconsciente y hay una disociación, luego como no se puede reprimir la causa afectiva, está es como si se convirtiera en un extraño engendro y se produce una alteración psicológica:

Neurosis

Histeria

1-) Histeria de Conversión

2-) Histeria de Agustia: posible respuesta ante un desprecio a alguien o algo de forma inconsciente.

Obsesiones.

La importancia de lo sexual en Frued

No hay prueba de que fuera un obseso del sexo, por las cartas a su novia, el mismo decía "que no todo es sexo" "solo en el psiquismo lo sexual ocupa lo estructural". No todo es sexual pero en todo hay sexualidad. El psicoanálisis busca aclarar la influencia de lo sexual en los distintos ámbitos humanos no para reducirlo todo a lo sexual sino para hacer su incidencia. Para Freud lo alimenticio es más importante que lo sexual pero se centra en lo sexual por afectar otros ámbitos.

Lo sexual ---------- pulsión (trieb) algo que insiste, que empuja, que no nos deja parar. Aun así la pulsión es enormente maleable, susceptible de represión, el hambre no se reprime pero lo sexual sí.

Aspecto culturales psicoanalítico

Para Freud es lo mismo psicología individual que social. No hay campo en el que no se pueda investigar desde el punto de vista psicológico. Si se ocupa de la ética, lo que les interesas es la genesis de las instancias morales y qué papel cumple con el individuo.

Al psicoanálisis le interesa las pulsiones y sus resultados, Freud estudia la cultura desde los fenómenos patológicos de la neurosis y el sueño. El psicoanálisis busca aclarar la influencia de los sexual en los distintos ámbitos humanos no para reducirlo todo a lo sexual, sino para ver su incidencia. Para Freud lo alimenticio es más importante que lo sexual pero se centra en lo sexual por afectar a otros ámbitos.

En el Inconsciente los trastorno neuróticos era signo de un conflicto del subconsciente estableciendo que muchos de los fenómenos que tradicionalmente se habian considerado como carentes de significado como los actos lingüísticos, los actos fallidos y los sueños estaban condicionado por causas mentales ocultas, si algunos actos humanos estaban determinados por causas inconsciente que escapaban del control racional entonces nuestra conciencia esta muy lejos de ser completamente libre.

Tal descubrimiento se constituyo pronto como la base del método Psicoanalítica uno de los estudios de la mente y la cultura humana, eligiéndose a la vez una de las armas critica más poderosas contra la ideología burguesa o dicho en sus propias palabras podriamos, atrevernos a transformar la metafísica en metapsicología a solucionar los mitos del paraíso del pecado original del bien y del mal de Dios y la inmortalidad con este enfoque era posible hacer una crítica sin presendente a la metafísica y a la religión mostrando que sus cuestiones fundamentales eran en el fondo elaboraciones del inconsciente que la psicología era capaz de desentrañar. Con esto el origen de la creencia religiosas se diluyo en una mera explicación psicoanalítica.

El futuro de la religión en su obra El Porvenir de una Ilusion Freud amplia su crítica a la religion planteando someter a crtitica el fundamento en que descansaban las creencias religiosas. Según Freud habían tres maneras de justificar dichas creencias por tradición, por pruebas transmitidas históricamente y por temor a el estar prohibido cuestionarla.

Para Freud la última prueba era la que resultaba mas sospechosa, el motivo de semejante prohibición no puede ser sino que la misma sociedad conoce muy bien el escaso fundamento de la exigencia que plantea con respecto a sus teorías religiosas sino fuera así se apresuraría a procurar a todo el que quisiera convencer por si mismo los medios necesarios.

El Malestar de la Cultura, Freud fue un crítico de la noción de Progreso, para el existían muchos comportamientos irracionales e incomprensibles dentro de la cumbre de la civilización occidental, la naturaleza humana constaba de un impulso instintivo de destrucción y muerte que permitía explicar los actos humanos más irracionales además del alivido o heros existían tambien el instinto de muerte; la civilización aparecía como el mecanismo para controlar dichos instintos siendo la cultura el producto de la sublimación del alivido, la renucia a la agresión explicaba por su parte el origen de la conciencia moral.

Para Freud los instintos eran las fuerzas mentales que permitían que el individuo actuase o evitase ciertas obsiones, la neurosis aparecía como la frustración de los instintos básicos, la represión era el origen de las enfermedades neuróticas y funcionaba como un mecanismo de defensa mediante el cual lo seres humanos evitaban buscar conflictos internos pero para Freud era una forma de escape de la realidad de autoengaño por lo que estaba condenada a fracasar lo que era reprimido no por eso desaparecía sino que continuaba existiendo en el inconsciente de la persona determinando siempre por su comportamiento futuro que no sería posible de evitar.

El control de los instintos era algo bueno para el surgimiento de la familia y el estado y con ello para el progreso tecnologico, a la vez algo malo, la manipulación de la vida instititiva desencadenaba grandes males tales como la neurosis colectivas responsable de los enormes genocidios del siglo XIX, Freud concluyo que la felicidad no es un valor cultural. El hombre busca dos finalidades distintas en toda su vida evitar, el displacer y experimentar intensas sensaciones placenteras, la felicidad la asocia con esta última idea quedando totalmente definida como la sensación del placer que otorga la descarga de una tensión vivida como placentera ademas surge de la satisfacción no es estable es un fenómeno episodico.

Carlos G. Jung

La obra de Jung sencillamente gigantesca en volumen, significación y contenido, mucho más rica y frondosa que la de Freud y más sabia y laboriosa que la de cualquier psicologo, psiquiatra y psicoanalista contemporaneo. Jung enarbolo hasta una edad muy avanzada la insignia de un estudio arduo y dificil que no se afincaba solamente en el "análisis" del alma individual, sino que rebasaba ampliamente, llegando por caminos mas estritos al complejo ovillo del alma colectiva.

Para conseguir su objetivo central que era el de darle un asidero espiritual a la psicología entroncándola con los signos y símbolos contenidos en los mitos, las leyendas y religiones, el gran psicologo suizo se adentro en las mas intrincadas problemáticas del individuo y de la sociedad sin petulancia ni suficiencia ni sectarismo, ni cenáculos impermeables sin santoranes, con sesillez, humildad y respeto al hombre las cosas y los temas. Viajero curioso infatigable Jung procuraba, transpasando toda frontera, todo idioma, todas costumbres allegar a cuanto documento le fuera dable para comprender mejor el alma del hombre. En China en Japón en la India en Norteamérica en México y a través de toda Europa. Jung estudio, como nadie a hecho, lo mas profundo del hombre histórico arraigando ancestralmente en los mitos, las leyendas el folclor, las religiones.

El gran pensador salta con sultura y propiedad de la psicoterapia y la psicología individual a la interpretación de las leyendas de su teoría básica de la individualización a la psicología de la alquimia de su tipología al sentido colectivo e histórico de los sueños de los arquetipos a la interpretación de la piedra filosofal de su teoría de "animas" y "animus"al encuentro de sí mismo de la psicología de la transferencial mito del bribon de la persona al estudio sobre Job: de la mitología griega a las tribus Witchittas.

 Carlos Gustavo Jung (1875-1961) origen: Suizo. Medico Psiquíatra, fue figura clave en la etapa inicial del psicoanálisis, posteriormente fundador de la escuela psicoanalitica, también llamada psicología de los complejos y psicología profunda. Se relaciono a menudo con Freud de quien fuera colaborador en sus comienzos, Carlos Gustavo Jung fue el pionero de la psicología profunda y uno de los estudiosos

de está disciplina más amplia leída en el siglo XX, su abordaje teórico y clínico enfatizó la conexión funcional entre la estructura de la psique y la de sus productos es decir sus manifestaciones culturales. Esto le impulso a incorporar a su metodología nociones procedentes de la antropología, alquimia y los sueños, el arte y la mitología, la religión y la filosofía. Su mayor parte de su vida formo su trabajo en la formulación de teorías psicológicas y en la practica clínica, también incursiono en otros campos de las humanidades desde el estudio comparativo de las religiones, la filosofía, la sociología hasta la crítica del arte y la literatura. La psicología de Jung es la psicología del inconsciente colectivo y arquetipos, ambos términos acuñados por Jung para hacer referencia a su descubrimiento por un estrato más profundo de nuestra psique: el inconsciente colectivo donde se aloja los arquetipos, modelos primordiales universales y antemporales.

Jung uso el termino arquetipo para describir todas las realidades psicológicas de un carácter biológico y psicologico, somos igualmente personales e impersonales al mismo tiempo los arquetipos principales que se expresan en nosotros en está época tal como lo describe Jung son: El personaje o la máscara, los animo o animus contra (arquetipos contra sexuales) La sombra y lo oculto como sinonimo de la conciencia real u objetiva (oculta en nuestro interior hasta que lo concientizamos).

Es nuestra elección en decidir hacer consciente los arquetipo que nos motivan para lograr una vida mas consciente e integrado o el continuar en la oscuridad de la ignorancia

¿Qué es el Inconsciente Colectivo

El inconsciente colectivo es un estrato más profundo del inconsciente, como lo indica el termino colectivo es común a toda la humanidad. Esto lo diferencia del inconsciente personal, como la palabra lo indica al ser personal es diferente en cada uno de nosotros ya que se compone de nuestra historia personal, experiencia, complejos, miedos etc. Para explicar la existencia de un material compartido por toda la humanidad.

Jung hace la analogía con sus instintos. Una acción instintiva es definida como algo heredado e inconsciente y que ocurre de un modo regular y en todas partes, ejemplo de ello el instinto de reproducción, el de supervivencia, el instinto de alimentación, la acción de los instintos se ve sin interferencias y de modo claro en los animales, el animal que usa sus instintos a la perfección para la supervivencia y la perpetuación de la especie.

Pero el ser humano si bien comparte con el animal el hecho de tener su cuerpo físico e instintos no es un animal. El hombre además de sus instintitos posee una conciencia humana y será su deber moral usar su conciencia de la manera más creativa y armónica posible o bien usarla como un arma de destrucción, del potencial mal uso de la conciencia humana, alerta Jung incluso en muchas de sus predicciones acerca de nuestra época actual. Entonces los arquetipos (que son el contenido del inconsciente colectivos, universales y atemporales) son la contracara de los instintos.

También puede decirse que son ingnatos es decir son previos a nuestra experiencia ya que vivien con nosotros. Estos arquetipos pueden llamarse también un modo predeterminado de captar y experimentar determinadas experiencias de la vida.

Formas preexistente de captación cognitiva, algunos de los arquetipos que podemos mencionar a modo de ejemplo son el arquetipo madre-padre -la sombra- el genio- el héroe entre otros, para comprobar la existencia de arquetipos o patrones cognitivos de los seres humanos, Jung viajo por el mundo (India, Sur de USA, África entre otros) y comprobó que en los mitos de esos pueblos se repetían motivos arquetipos y patrones (independiente a la cultura o la época e incluso entre pueblos que nunca han tenido conexión entre sí).

Los arquetipos o modelos primordiales son los guía en nuestro interior que nos orienta a vivir o aprender determinadas experiencias que deben llevarnos a la evolución psíquica y espiritual.

Para Jung el gran problema actual es la naturaleza psicológica, no de la psicología entendida sino como disciplina o apenas como una dimensión de la psiquis de la psicologia en sentido incluyente que el le da como la totalidad de la vida y el universo cuando son percibidos y referidos al ser humano ya sea por el consciente, o por el inconsciente personal y colectivo y en este sentido escribió. En mi convicción más profunda que a partir de ahora hasta un futuro indeterminado el verdadero problema es de orden psicológico.

La tierra está enferma porque nosotros estamos enfermos. En la medida que nos transformamos, transformaremos también la tierra. Jung busco está transformación hasta la muerte, ella es uno de los pocos caminos que puede sacarnos de la crisis actual y que inaugurará un ensayo civilizatorio, así como lo imaginaba Jung más integrado con el todo, mas individualizado y espiritual. Jung creía profundamente en el trascendente mundo espiritual es lo espiritual el centro de nuestras búsqueda el que nos permitirá vivir con sentido la fase nueva de la tierra, la fase planetaria y espiritual.

Eric Fromm

Su pensamiento se ve claramente desarrollado en los libros a lo largo de toda su carrera entre todos ellos, resaltan "El Miedo a la libertad "y "El Corazón del Hombre" dos publicaciones que resumen enérgicamente un pensamiento ortodoxo y dismil al de su antigua casa, la escuela de Frankfurt. Posteriormente en la obra titulada Psicoanálisis de la Sociedad Contemporánea Erich Fromm sienta las bases de un nuevo pensamiento lo que para él se define, como el psicoanálisis humanista y que luego sería desarrollado en sus siguientes obras. Su obra El Arte de Amar presenta una precisa y muy bien pensada postura que trata de explicar los instrumentos elementales para alcanzar, conservar y desarrollar un amor verdadero que es en realidad lo que queremos encontrar.

El Arte de Amar es una obra de sentido preciso: el estudio del amor como un arte, Erich Fromm intenta visualizar la posibilidad de lograr entender el proceso del amor como una experiencia artística y por tal, como es usual para poder dominar cualquier arte es necesario que quien pretenda dominar el proceso amatorio deberá conseguir adquirir un manejo total de la parte teórica y práctica del amor, solo así el ser humano presumirá de haber conquistado plenamente  el arte de amar. Fromm abvierte que el problema primordial del amor que todos piensan que el asunto de amar se centra finalmente en ser amado, cuando en realidad el objetivo del amor es en aprender amar.

En el primer capítulo retrata la sensación de enamorarse por primera vez y la capacidad de mantenerse enamorado con la misma fuerza durante todo el tiempo que el sentimiento dure hacia la otra persona. Fromm traduce el pensamiento erróneo del ser humano de no tener nada que aprender del amor en lo que inútilmente se busca un intercambio reciproco de favores, es decir casi un juego comercial en lo que se busca un hombre o una mujer atractiva solamente

Erick Fromm (1900-1980) Origen: Aleman. Psicoanalista, Psicologo Social y Filósofo Humanista, Miembro del Instituto de Investigaciones Sociales de la Universidad de Frankfort, Fromm participo activamente en las investigaciones interdisciplinarias de la escuela de Frankfort hasta que afines de los años 40 rompió con ellos debido a la heterodoxa interpretación de la teoría Freudiana que desarrollo dicha escuela la cual trato de sintetizar en una sola disciplina el psicoanálisis y los postulados del marxismo, fue uno de los principales renovadores de la teoría practica psicoanalítica a mediados del siglo XX. Dos libros son particularmente importante para conocer el pensamiento del sabio alemán. Primero es El Miedo a la Libertad y el segundo El Corazón del Hombre, en ellos se manifiesta inconforme con su pertenencia a una escuela nueva de psicoanálisis, para concluir diciendo que el propone una estructura filosófica de referencia diferente la del humanismo dialectico a pesar de esto se considera que los libros El Miedo a la Libertad, Etica y el Psicoanalisis de la Sociedad Contemporanea presentan también una continuidad en lo que atañe al pensamiento de Erich Fromm además de que está última funda lo que el llama Psicoanálisis Humanista mientras que en Ética y Psicoanálisis sustituye el sistema Freudiano de desarrollo de la libido por uno que se basa en los proceso de asimilación y socialización del individuo. El mismo menciona al inicio de Ética y Psicoanálisis que es menester leer ese libro junto con El Miedo a la Libertad para poder comprender su caracterología.

Fromm dice en el prefacio del Corazón del Hombre que El Miedo a la Libertad fue fruto de su experiencia clínica y de la especulación teórica parta comprender tanto la libertad como a la agresión y instinto destructor. El pensador distingue entre la agresión al servivio de la vida, biofilia, y la necrofilia o agresión al servicio de la muerte.

En el Arte de Amar, Fromm analizo la capacidad de amar y por el contrario, El Corazón del Hombre tiene como eje la enunciación y caracterización de dos sindromes, el decrecimiento (amor a la vida, el de crecimiento y la superación del narcisismo) y el de decadencia (amor a la muerte, a los simbolos incestuosos y el Narciscismo Maligno).

Para Fromm que vivio en plena guerra fría, está es el reflejo del sindrome de decadencia, a pesar del enorme riesgo de muerte prevalece en el odio inspirado en un narcicismo maglino, suicida, se imponen los gobiernos de la superpotencia. A Fromm le interesaba la visión de Thomas Hobbes en el sentido de que el hombre es lobo del hombre pero al mismo tiempo destaca la inclinación humana al

autosacrificio, se pregunta con respecto a esta condición dual si es el hombre lobo o cordero de sí mismo, en busca de una respuesta recurre al nuevo testamento para concluir finalmente que este libro refleja una condición como la otra y concluye que el individuo es a la par lobo y cordero. Sin embargo no todos los hombres han desarrollado de la misma manera ambas condiciones, en la inmensa mayoria impera el cordero en tanto una minoría es dominada por la condición de lobo, pero está minoría ha sabido exaltar la condición de lobo que existe en la inmensa mayoría, pero si la mayor parte de los hombres fueron corderos Porque la vida del hombre es tan diferente de la del cordero? Su historia se escribió con sangre: es una historia de violencia constante en la que la fuerza se uso casi invariablemente para doblegar su voluntad. Extermino Hitler por si solo a millones de judíos. Extermino Stalin por si solo a millones de enemigos políticos. Estos hombres no estaban solo contaban con miles de hombres que mataban por ello y que no solo lo hacían voluntariamente sino con placer.

Son de importancia transcendental sus estudios acerca de la relación que existe entre los sistemas politicos totalitarios y religiones monoteistas,

Según Fromm las religiones monoteistas educan a los individuos a la obediencia ciega a una autoridad superior que pone las normas por enzimas de cualquier razón o discusión

Así el individuo queda reducido a un mero servidor de un Dios todopoderoso, esta mentalidad masoquista adquirida desde la infancia seria la base psicológica que ha hecho que muchos hombres sigan ciegamente a dictadores como Hitler.

Fromm publico antes de morir un libro que supuso un paso adelante a su pensamiento. Anatomía de la Destructibilidad del Hombre plantea la idea de que el hombre se decanta a su vida entre dos fuerzas la biofilia y la necrofilia. La primera es la fuerza que impulsa al ser humano amar la vida y a crear.

Es el reverso tenebroso de esta fuerza. La necrofilia surge cuando el hombre se decanta por el egoísmo conlleva a la soberbia, la codicia, la violencia el ansia de destruir y el odio a la vida, es de destacar el magnífico estudio que hizo Fromm en este libro acerca de la personalidad de Hitler basándose en la teoría biofilia -neofilia.

Erich Fromm es considerados uno de los grandes pensadores en el siglo XX.

El hombre visto desde el punto de Vista Social:

El Ser con otros es una dimensión humana que expresa que el hombre es un ser social; aunque el hombre se presente como una individualidad no puede llegar a desarrollarse como persona sino en relación con los demás. El hombre no es una isla, vivimos en sociedad por necesidad de nuestra propia supervivencia, necesitamos de los demás para llegar a la vida, para sobrevivir, para educarnos para progresar en todo sentido y para transcender por el amor, necesitamos de los demás para ser persona, el hombre está necesariamente orientado hacia los otros solo con ellos pueden cumplir con su destino, el hombre está dotado por naturaleza de facultades y tendencias que lo llevan a vivir en sociedad y lo hace apto para ello Ej: con el lenguaje como medio de intercambiar sentimiento y pensamiento la diversidad de sexo y la atracción mutua. El hombre se realiza en su dimensión en ser como otros en su característica de ser social no en la relación simple con los demás, no en las simples relaciones humanas sino a partir de estas llega a construir e integrar comunidad.

El hombre como ser social, se relaciona con otros y conforman grupos, sin embargo no todos los grupos son comunidad.

Los grupos son comunidades cuando los encuentros entre sus miembros son verdaderamente personales no es encuentro personal simplemente estar al lado de otro o relacionarse con el por interés o por necesidad, hay encuentro personal en un grupo cuando cada uno se preocupa de los otros en cuanto a personas humanas con nombre e historia cuando cada uno se siente responsable de todo el grupo, cuando cada uno se considera comprometido con los demás, a un grupo humano con esa clase de relaciones le llamaremos "comunidad" se entiende entonces así la definición que suele dar de comunidad: grupo humano que tiene algo en común capaz de crear sentimientos de nosotros.

Formar comunidad debe ser el ideal de las relaciones entre los hombres, es una lástima sin embargo que la realidad que presenta nuestra sociedad indica que priman los intereses individuales y egoístas que conducen a una situación de injusticia en donde desaparece el sentido de la igualdad y de compromiso con los demás, el hombre como ser social tiene un compromiso fundamental con los demás y es de construir con ellos verdadera comunidad.

El dialogo es el elemento fundamental para construir comunidad y de formular un compromiso de aplicación de ese elemento en uno de los grupos o ambientes de los cuales usted hace parte. Para que exista una verdadera comunidad es necesario que el hombre se comunique con todos los demás de persona a persona. La comunicación entre las personas debe ser entonces interpersonal. La comunicación  interpersonal es el diálogo, el hombre se realiza como persona en su relación de diálogo con los otros hombres, el diálogo es por tanto: relación entre sujetos.

El hombre se relaciona con las cosas dominándolas, utilizándolas, transformandolas, en una relación sujeto-objeto (hombre-cosa) con las personas se relacionan como entre iguales reconociendo y respetando en ellas la dignidad humana. Es una relación sujeto-sujeto.

Aceptar al otro:

Caracteristericas importante del diálogo es aceptar al otro como es. Pero también esto me exige presentarme como soy yo, sin renunciar a mis propios principios.

Compartir vida:

En el dialogo verdadero se comparte a nivel de vida, esto significa que yo tengo vivencia que comunicar y vivencia que recibir.

Compromiso:

El verdadero dialogo implica y exige compromiso. En el autentico dialogo se dan "YO" y un "TU" que sinceramente buscan formar nosotros, algunos creen que todo intercambio de palabra es dialogo. Esto es falso porque dialogo no es simplemente conversar, muchas veces las palabras no implican necesariamente un compromiso, en cambio la palabra que se pronuncia es un verdadero dialogo si implica compromiso, el verdero dialogo debe llevar a un compromiso de acción que signifique corrección, mejoramiento, progreso.

La autentica comunidad toma sus decisiones por sí misma, esto significa que una verdadera comunidad es autónoma para escoger y eregir lo que considera más acertado y provechoso, la comunidad se diferencia fundamentalmente de las masas. La comunidad vive y se mueve por su vida propia. Las masas de por si son inertes y solo puede ser movida desde afuera.

La comunidad vive de la plenitud de la vida de los hombres que la componen cada uno de los cuales es una persona consciente de su propia responsabilidad y de sus propias convisiones. La masa por el contrario espera el impulso de lo exterior, fácil juguete en manos de cualquiera que quiera explotarla. Ej: Las masas son  creadas por las revoluciones y estas revoluciones toman el poder por la fuerza por lo que son sangrientas y engendran dictaduras donde las clases más bajas como las chusmas y plebeyos cogen el poder, surgiendo dentro de ellos un líder e idolatra de poder que luego convierte las comunidades en masas para dominarlas e inculcarles las ideas y que lo obedezcan estos líderes se convierten en un Dios personal y culto a la personalidad, Dios como Dios no existe para ellos, creando un ambiente ateo, estas revoluciones desarticulan y destruyen las naciones Ej: de revoluciones tenemos muchas a través de la Historia de la Humanidad.

Los miembros de una comunidad piensan en el bien de todos ante de tomar una decisión y de actuar, los integrantes de las masas actúan por impulsos irreflexivos, la mayoría de las veces promovidos y motivados por personas ajenas a la comunidad o no lealmente compartidos con ellas. La comunidad toma sus propias decisiones; se auto determinan, las masas siguen irresponsablemente las decisiones tomadas por otros.

A medida que la comunidad crece como comunidad toma sus propias decisiones se auto determinan con mayor eficiencia, así como la madurez del individuo su madurez se va acentuando en la autodeterminación de sus actos.

Participación y Colaboración:

La participación y la colaboración son elementos fundamentales para construir comunidades y formular un compromiso de aplicación de esos elementos en uno de los grupos que hace parte, la participación y colaboración comunitaria es la intervención de todos en definición, realización del goce del bien común, es la elaboración compartida de objetivos comunes en cuyos logros todos toman parte.

En una verdadera comunidad todos sus miembros deben ofrecer su colaboración al logros de los objetivos y finalidades comunes. Colaborar es trabajar conjuntamente y dentro de las propias posibilidades para realizar una obra común.

Toda actividad de la comunidad es un servicio que se presta y un servicio que se recibe por cuanto en la colaboración comunitaria al mismo tiempo que se da se está recibiendo.

La participación y la colaboración son principios fundamentales para asegurar el desarrollo de una comunidad determinada, no solo porque "la unión hace la fuerza "y con el aporte de todos se obtiene mas fácilmente el objetivo comun, porque se da a cada uno la oportunidad de ejercitar sus capacidades e iniciativas y de asumir activamente sus responsabilidades.

Cuando en una comunidad no se apropicia la participación no se brinda colaboración se origina la pasividad, la indiferencia y la apatia, el individualismo factores estos que destruyen la comunidad.

La participación y la colaboración comunitaria no debe conducir a un paternalismo que lleven a unos pocos a hacerlo todo convirtiendo a los demás en seres dependiente, pero por supuesto tampoco se debe dejar a un lado aquello que ejercen funciones de menor realce e importancia o aquíenes por diversas circunstancias no pueden ofrecer ninguna colaboración.

Solidaridad:

La solidaridad es el elemento fundamental para construir una comunidad y de formular un compromiso de aplicación de ese elemento en uno de los grupos o ambientes de los cuales usted hace parte, la personalización del ser humano se cumple a través y en la relación con los demás; no es un acto aislado o individual.

Se dice que hay solidaridad cuando los hombres se juntan entre sí para buscar un objetivo común y se comprenden y se ayudan mutuamente con verdadero interés hasta construir entre ellos unidad.

La solidaridad nace de la necesidad que cada uno tiene de los demás para su propio perfeccionamiento ya que todos necesitamos de todos para ir creciendo como personas, la solidaridad humana es el valor ético que da sentido a la dimensión "ser con otros", su negación hace imposible la realización del hombre como persona pues como hemos visto, el hombre es un ser social por naturaleza que se va haciendo a cada momento con los otros.

Nuestra realización personal es una ilusión si la dirigimos de manera individualista, nos hacemos personas por los demás, por lo tanto toda organización social que busca conseguir el desarrollo del individuo aisladamente que coloca a los hombres uno contra otro, es una organización social anti-ética, construida contra el hombre, alineante, despersonalizante que debe ser transformada, la solidaridad es un proceso que se va dando poco a poco a medida que los hombres conscientes de sus necesidades, se proponen un objetivo común y donde todos colaboran para conseguirlo. La solidaridad es una obra del hombre y de los hombres que buscan un bien común sobreponiéndose a sus intereses particulares, cuando esto se antepone se destruye la solidaridad y la unidad.

Amor:

El amor es el elemento fundamental para construir comunidad y de formular un compromiso de aplicación de ese elemento en uno de los grupos o ambientes de los cuales usted hace parte.

En el proceso de formación de una comunidad aparece un elemento que es la base y fruto de los demás factores lo impulsa y fluye de ellos: el amor, el amor es el aprecio y el respeto que las personas tiene entre si y que las lleva a unirse y colaborar. El hecho de que el hombre sea un ser necesitado y que descubra que hay otros iguales que él hace que la persona se abra a los demás y los estimen.

A medida que el proceso de la formación de la comunidad el hombre se relaciona mas con sus semejantes los conoce mejor se acrecienta en él, el sentimiento de aprecio y unión. El amor humano, dar no solo recibir. El dar en el sentido del autentico amor produce más felicidad y mas satisfacción que el recibir. En el acto de dar y darse está la expresión de la vitalidad humana.

Una persona que ame da lo que es; da de su alegría da de su interés de su comprensión, de sus conocimientos, al dar así su vida enriquece a los demás y se enriquece a sí mismo.

Se comprende por lo tanto como El amor supone pasos logicos que son conocimiento compresión-dar y darse.

En la comunidad el amor da sentido, facilidad y eficacia a cada uno de los demás elementos y así lo llevan a su pleno desarrollo y los conducen a que conforme una verdadera comunidad humana. A su vez el amor para ser real necesita que los otros elementos de la comunidad se ejerciten porque en ellos se concreta.

Comunidades Humanas:

Sabemos que por circunstancia diversas los hombres tienen la oportunidad de encontrarse, relacionarse y crear agrupaciones de personas que se unen por algún vinculo común, algunas de esas circunstancias son: estudio, trabajo u ocupación, recreación, y el deporte, la vecindad o residencia, las necesidades o problemas similares etc.

Esas circunstancias por las cuales los hombres tienen la oportunidad de relacionarse son la base para el surgimiento de nuevas comunidades, esas circunstancias que son verdaderos llamados a la unidad, deben ser aprovechadas para crear comunidades que propicien la personalización de sus integrantes, recordemos que el hombre no llega a ser plenamente persona sino en comunidad.

Ahora bien de la misma manera que la persona no puede llegar hacer persona en forma aislada sino que debe abrirse y relacionarse con los demas, tampoco las comunidades pueden desarrollarse plenamente sin abrirse a las otras comunidades existentes.

La humanidad toda está llamada a una cierta comunidad comunitaria en donde los hombres se convierten como hermanos y llegan a su realización de manera conjunta y solidaria.

Esta aspiración de formar una comunidad nacional, a nivel de país y una comunidad universal, a nivel de mundo exige formar comunidades en los niveles más pequeño y fundamentalmente a nivel de familia.

La Sociología aparece relacionada con acontecimientos sociales, muchos plantean que el contexto social es el que determina el pensamiento sociológico.

Los fenómenos sociales que van al origen y desarrollo del pensamiento social han sido:

La Revolución Francesa (1789) y la revolución política que le siguio fueron el factor condicionante de la aparación de la sociología. Los efectos perversos de estas revoluciones fueron: caos político, hubo dos puestos, republica e imperio efectos sociales, desintegradores  de las instituciones y efectos económicos llevan a distintos pensadores a preocuparse por conocer e intentar orientar a la sociedad. Los padres de la sociología francesa fueron después de la revolución francesa fueron: Comte y Agusto Durkey, estos intentan conocer las causas de la desintegración para orientar a la sociedad.

La Revolucion Industrial (1760): Nace en Inglaterra y se esparce por todo Europa (Alemania y Francia). Va a cambiar el sistema de producción que transformara profundamente la organización del trabajo y como resultado la organización de toda sociedad. La Revolución Urbana transforma el mundo rural y convierte a 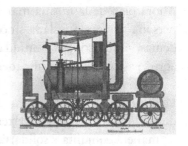 la sociedad en Urbana e industrial. Con la Revolucion Industrial nace un nuevo sistema económico y unas nuevas relaciones laborables de explotación al trabajador, como reacción de esta nueva realidad, pensadores como Engels y Marx van a dar origen a la sociedad radical.

La Revolución Urbana. Es consecuencia de la Revolución Industrial, la industrialización hace que los trabajadores del campo vayan a las ciudades a vivir concentrados en asentamiento urbano, cada vez con mayor densidad demográfica y con  nuevos problemas sociales: masificación, carencia de infraestructura y servicios, contaminación, nuevas relaciones sociales etc. Esta nueva situación creada en las grandes ciudades comienzan hacer objeto de estudio en una época mas tardia.

Las tres revoluciones citadas forman parte de un conjunto de transformaciones que han dado lugar a los cambios más espectaculares de la historia humana que comienza en el siglo XVIII se incrementa en el siglo XIX y continua a lo largo del siglo XX y XXI sin que se pueda predecir el final.

La Sociología, al igual que la Física, Química, Biología y otras disciplinas, surgen dentro de estas importante, proceso intelectual. El origen de la Sociología se enmarco en un contexto definido por las series de arrolladores cambios propiciados por las dos grandes revoluciones que tuvieron lugar en Europa durante los siglos XVIII y XIX; estos transformadores acontecimientos cambiaron de forma irreversible la forma de vida que habían llevado los seres humanos durante miles de años.

El hombre es un animal social, está conocida afirmación no supone necesariamente la existencia de un instinto social congénito en la especies tales instintos son indudables que el hombre, como otros animales tiene características biológicas que le impone la necesidad de vivir en sociedad, al principio como paciente desvalido cuya supervivencia es imposible sin la ayuda de los agentes del grupo de que entra a formar parte, después cuando puede valerse por sí mismo por las ventajas de la cooperación a que inconscientemente se acostumbraba.

De este modo se engendran y se desarrollan paulatinamente los habitos de convivencia que han convertido al hombre en el ser social por antonomasia.

De la cuna a la tumba el hombre se halla determinado en medida cada día mayor por la sociedad en que vive. En la infancia, en la juventud y durante la vida adulta la conducta del ser humano sigue generalmente los causes abiertos por las presiones del medio, desde el mismo momento del nacimiento y aun de antes ejerce su influjo el ambiente social por medio de innumerables instituciones culturales: costumbres, creencias, hábitos de higiene, alimentación, técnicas medicas etc.

Y ese influjo gravita sobre nosotros con fuerza cada vez mayor por la acción de miles de distintos agentes, a medida que se va desarrollando nuestra personalidad, marcando su importancia sobre el modo de ser personal.

La influencia de nuestro medio familiar es la formación de nuestros gustos, creencias apariciones y criterios de valores es avallasadora en los primeros años de vida.

Y a este factor ambiental formativo de la personalidad se le suma después el efecto de la enseñanza, en la escuela, la lectura de libros, periódicos, revistas, el cinematógrafo, la radio y la televisión, el ascendiente en nuestro ánimo de las opiniones y sentimientos de amigos, correligionarios y compatriotas, los intereses económicos y de clase derivado de nuestro negocio o nuestra profesión etc., así desde el principio hasta el final, el hombre medio viene hacer medida creciente en un producto social.

Puede afirmarse sin exageración que el desarrollo de las características mentales que distingue al hombre de los demás animales es un fenómeno cultural producto de la vida social del único animal que habla.

En modo algún o se ha desarrollado tales características, por si sola como el fruto de la simiente sino que son el producto destilado a través de múltiplos procesos de una larga convivencia y un continuado trato con las demás especies durante los cuales se han formado o desarrollado y transmitidos por medio del lenguaje, que como veremos oportunamente es el vehículo de la cultura y el agente por excelencia del desarrollo de la inteligencia humana.

Se ha dicho con razón que el hombre es objeto de estudio más interesante para los hombres deberíamos añadir está sentencia que el estudio adecuado del hombre es el de la sociedad en que vive. Solo entendiendo está sociedad y conociendo la compleja estructura de sus instituciones y los procesos dinámicos que determinan los cambios que en ella ocurren podemos comenzar a comprender la curiosa criatura que es el hombre.

La sociedad ha venido hacer el medio natural del hombre y fuera de ella solo puede vivir un animal o un Dios.

Una de las caracteristicas del ser humano es la sociabilidad, de ahí entonces que no podamos vivir solos sino compañados, rodeados de otras personas formando sociedades, fuera del grupo es difícil conservar y desarrollar la vida, las personas tenemos necesidad de distintas indole que solo no podemos satisfacer. El sabio Aristóteles dijo: El hombre aislado o es un bruto o es un Dios.

Es en el medio social donde hombres y mujeres nos desarrollamos como personas humanas, cada individuo forma parte de númerosas agrupaciones sociales: la escuela, el club deportivo, la junta de vecino, el sindicato la empresa, el grupo religioso, el partido político el centro de alumnos etc.

Distintos propósitos pueden tener las personas cuando formas grupos sin embargo cuando se quiere realizar una tarea en común es preciso converger hacia un fin que sea acordado y aceptado por todos para que este se pueda realizar

Esta idea está presente cuando se forma una sociedad, una organización de personas, cuando las costumbres, la cultura, el entorno geográfico y los lazos afectivos unen a un grupo humano se habla de comunidad de individuos.

Tantos las sociedades como en las comunidades existen normas y reglas que facilitan la convivencia, de no ser así la vida entre varias personas con distintas características, intereses e ideas etc., es difícil de llevar, especialmente cuando se debe respetar los derechos y deberes que cada uno tiene por igual.

Las comunidades son agrupaciones humanas que comparten una cultura y modo de vida en común, normalmente reside en un área determinada, estas agrupaciones como grupos étnicos y lingüístico se forman e virtud de hechos anteriores a una decisión deliberada de personas que las integran como por ej: las comunidades indígenas.

Son consciente que comparte cierta unidad y que pueden actuar colectivamente en busca de una meta, las relaciones entre sus miembros son muy fuertes y con pautas de comportamiento acordadas por tradición, costumbres que tratan de mantener siempre.

Las sociedades son una forma de agrupación humana en la cual sus integrantes se unen según sus intereses comunes quienes determinan los objetivos que desean lograr, para obtener la meta propuesta, la sociedad de personas se organizan establecen normas y procedimientos a seguir, eligen autoridades, se determinan responsabilidades etc.

Hay muchos tipos de sociedades: club deportivo, sindicatos empresas, hospitales, escuelas, municipalidades.

En relación a la sociedad políticamente organizada, han existido entre otras desde la antigüedad la polis griega, el imperio romano, la sociedad feudal y el estado moderno.

Al vivir en sociedad se hace indispensable un orden, un mecanismo que regule la conducta de las personas de tal manera que respeten los derechos y las libertades todos por igual con ello surgen las normas. Las normas es una ordenación de comportamientos humanos según un criterio que conlleva una sanción a no ser cumplida.

Las normas tienen como finalidad establecer cómo debe comportarse la persona es un deber ser u obligación. La sociología se encarga del análisis científico de la estructura y funcionamiento de la sociedades humanas.

Historia de la Sociología:

Los estudios de la sociedad surgieron mucho antes del término o delimitación de las aristas de esta ciencia. La diversidad de usos y costumbres entre las diferentes sociedades, integro a los pensadores de muchas partes del mundo. Ej: Herodoto en el siglo V antes de Cristo efectuó una descripción de pueblo y sus costumbres. Ibn Jaldun acuño la palabra Iim al Urman. La ciencia de la sociedad también creo teorías sobre la sociedad y descubrio las sociedades de Magreb, sin embargo dicho estudio o relato (a excepción de Ibn Jaldun) más bien se podía caracterizar como una mezcla de Historia, Antropología, Psicología, Psicologia Social y Sociología, junto con el análisis del Folklore. Muchas veces debido a un enfoque etnocentrico eran formas en cubiertas o abiertamente prescriptiva de lo correcto o incorrecto de una determinada sociedad con respecto a otra.

Durante la ilustración, lo social y las actividades del hombre cobran gran interés: Escritores como Voltaire, Mostesqueiou, Giambattista Vico se interesan por analizar las instituciones sociales y politicas europeas. Lored Kames inicia, la causa de los cambios sociales tras el surge una corriente conservadora muy interesada en saber las razones de los cambios y estabilida existente de la sociedad, deliberada por Joseph de Maistre y Edmund Burke quienes criticaron mucho las premisas de la ilustración.

La voluntad de crear una física social, esto es un conocimiento indiscutible de la sociedad de la misma forma que la física, apareció el positivismo del siglo XIX. El primero en defender una teoría e investigación científica de los fenómenos sociales fue Henri de Saint-Simon (1760- 1825) a mediados del siglo XIX. Aguste Comte, quien fue secretario de Saint-Simon
entre 1817 y 1823, desarrollo sus teorías bajo las teorías del positivismo. Comte acuño la palabra Sociología en 1824 (del latin Socius, "socio, companero" y el sufijo griego logía "el estudio de ". La primera vez que aparece impresa está palabra es en su curso de filosofia positiva de 1838.

Casi simultanea en Alemania Von Stein (1815-1890),Wissenschaft der Gesellshaft incorporando a su estudio lo que el llamo Movimientos Sociales y la Dialéctica Hegeliana. De esta manera logro darle a la disciplina una visión dinámica. Von Stein es considerado como el fundador de La Ciencia de la Administración Pública.

Alexis de Tocqueville (1805-1859) es también reconocido como uno de los precursores de la sociología por sus estudios sobre la Revolución Francesa y sobre los Estados Unidos. La democracia en América, publicada (1835-1840), analizo las sociedades en general e hizo una comparación entre las sociedades americanas y las sociedades europeas.

La sociología continuó con un desarrollo intenso y regular a principio del siglo XX. Emile Durkheim quien se inspiro en algunas teorías de Agduste Comte para renovar la sociología quería en particular estudiar los hechos sociales como si fueran cosas. Uno de los retos de la sociología era desarrollar como una ciencia autónoma. Durkheim busco distinguir la sociología de la filosofía por un lado o de la psicología por el otro. Se considera como uno de los padres fundadores de la Sociología.

El postulo las bases de una metodología científica para la sociología en particular en la obra "Las reglas del Método Sociológico" (1895) y en La división del trabajo Social (1893). Su metodo reposa esencialmente en la comparación de estadísticas y características cuantitativas buscando de liberarse de todo subjetivismo ligado a toda interpretación cualitativa y a desembarazarce de todos los prejuicios morales o moralizado para comprender los hechos sociales como en su obra "El Suicidio".

Karl Marx ha sido otro pensador que ha tenido una profunda influencia en el pensamiento social y la crítica del siglo XIX. Fue principalmente en Alemania donde desarrolla una teoría mayor de la sociología influenciado posteriormente en otros, en la escuela de Frankflut.

Max Weber, contemporaneo a Durkein tomo un camino diferente empleo la Ciencia Política y la Economia Política, la Filosofía de la Cultura y del Derecho y los estudios religiosos que son según el, todo como la sociología la ciencia de la cultura.

De acuerdo a la tradicion de la filosofía alemana sobre todo Wilhem Dilthey, estas ciencias son diferentes a las ciencias naturales ya que tienen su propio metodo.

Ellas proponen una compresión de los fenómenos colectivos antes de la búsqueda de leyes, (es el metodo comprensivo).

A comienzo del siglo XXI vivimos hoy en un mundo totalmente preocupante, pero llenos de las mas extraordinarias promesas para el futuro, es un mundo pletorico de cambios marcados por profundos conflitos, tensiones y divisiones sociales, asi por los destrutivos ataques de la tecnología moderna al entorno natural.

Sinembargo tenemos posibilidades para controlar nuestro destino y mejorar nuestras vidas, cosas harto inimaginables para generaciones anteriores.

La sociología es el estudio de la vida social humana de sus grupos y sociedades. Es una empresa cautivadora y atrayente, al tener como objeto nuestro propio comportamiento como seres sociales, el ambito de la sociología es estremadamente amplio y va desde el análisis de los encuentros efimeros entre individuos en la calle hasta la investigación de los procesos sociales globales.

La imaginación sociologica nos pide sobre todo que seamos capaces de pensar distanciandonos de la rutina familiar de nuestras vidas cotidiana para poder verla como si fuera algo nuevo.

Sociedad del Conocimiento:

La sociedad de la información y la sociedad del conocimiento son dos concepto que a menudo son utilizados de una manera acritica. La sociedad de la información hace referencia a la creciente capacidad tecnologica para almacenar cada vez mas información y hacerla circular tan rapidamente y con mayor capacidad de difusión. La sociedad del conocimiento se refiere a la apropiación critica y selectiva de la informacion protagonizada por ciudadanos que saben lo que quieren y saben aprovechar la información.

Una sociedad de información es aquella en que la información y el conocimiento tiene un lugar privilegiado en la sociedad y en la cultura de esto se desprende que la creación, distribución y manipulación de la información forman parte estructural de las actividades culturales y económicas. La sociedad de la información es vista como sucesora de la sociedad industrial. Relativamente similares serian concepto de sociedad post-industrial (Daniel Bell) posfordismo sociedad postmoderna, sociedad del conocimiento entre otros (Nobert Wiener) creador de la cibernetica, fue el que anucio al abvenimiento de una sociedad de información cuya base organizativa para el, era la circulación sin traba de la información, a la que consideraba una nueva materia. La noción de la sociedad del conocimiento fue utilizada por primera vez en 1969 por un autor austriaco en literatura relacionado con el "managemenet" o la gestion empresarial llamado Peter Drucker y en el decenio de 1990 fue profundizada una serie de estudio detallados por autores como Robin Mansel o Nico Sethr.

Peter Drucker (1909-2005) origen:Austriaco. Abogado, Literato. Autor de multiples obras reconocidas mundialmente sobre temas referentes a la gestion de las organizaciones, sistema de información y sociedad del conocimiento, area por la cual es reconocido como padre y mentor en conjunto Fritz Machlup. Drucke dejo huellas en sus obras de su gran inteligencia y su incansable actividad. Hoy es considerado ampliamente como el padre del management como disciplina y sigue siendo objeto de estudio en las mas prestigiosas escuelas de negocio.

Para Durcker las nuevas tecnología de la información y la comunicación, que acompañan a la sociedad de la información y la sociedad del conocimiento, están transformando radicalmente las economias, los mercados y las estructuras de la industria los productos y servicios, los puesto de trabajo y los mercados laborales. El impacto es mayor según el, en la sociedad y en la política y en conjunto, en la manera que vemos al mundo y nosotros mismo.

No olvidemos que nos encotramos en el 2012 en los albores de los modelos de empresa mal llamada multinacional transnacional, que atravieza frontera que se extenderia por todo el globo como paradigma de la economia mas avanzada. Durcker se intereso por la creciente importancia de sus empleados que trabajan con sus mentes mas que con sus manos. Le intrigaba el hecho que determinados trabajadores llegasen a saber mas de ciertas materias que sus propios superiores y colegas, aun teniendo que cooperar con otros en una gran organización.

Drucker organizo y explico como dicho fenómeno desafiaban la corriente del pensamiento tradicional sobre el modo en que deberian gestionarse las organizaciones.

A lo largo de su carrera Drucker se intereso por las organizaciones sin animo de lucro y adoptar su pensamiento a la tarea de mejorar la tarea en que se administraban hospitales, iglesias o escuelas y organizaciones de la sociedad civil en general, como cristiano devoto los valores de un líder a su eficacia como gestor del desarrollo social sostenible. Darck era llano, sencillo visionario y vital. Reconocía que su perfil no era el de economista ni ejecutivo, su mayor interés son las personas lo mas impotantes.

Durcker siempre se menciona como investigador y autor sobre el tema de liderazgo, pero en algunas puede considerase al propio Durcker como unos de los lideres más influyentes del siglo XX ya que definió cierta cosmovisión de todos los administradores de empresas, administradores públicos, administradores de organizaciones sin ánimos de lucros y de todos los ejecutivos de markenting del mundo entero.

Durker escribió una serie de libros a través de la trayectoria de su vida entre ellos tenenos:

El Fin del Hombre Económico. (1939)

El Futuro del Hombre Industrial (1942)

El Concepto de Coorporacion (1946)

La Nueva Sociedad (1950)

La Practica de Management (1954)

Los Límites del Mañana (1959),

La Dirección por Objetivos (1964), El Ejecutivo Efectivo (1967), La Era de la Discontinuidad (1969), El Management del Futuro. (1993), La Sociedad Post-Capitalista (1999) y otros más.

La sociedad post- capitalista es una sociedad del conocimiento. En un sistema capitalista "el capital" es el recurso de producción critico y está totalmente separado y hasta en oposición ante el trabajo. En esta sociedad donde estamos dirigiendonos muy rápidamente es el saber y no el capital el recurso clave. No puede ser comprado con dinero ni creado con capital de inversión. Explica con amplitud la economía emergente, la economía del conocimiento su protagonista (el trabajador del conocimiento) las implicancias para las organizaciones.

Un análisis de la transformación mundial que tiene lugar desde la edad del capitalismo a la sociedad del conocimiento. La obra la sociedad postcapitalista, la obra destaca la necesidad de generar una teoría económica que colocara al conocimiento en el centro de la producción de la riqueza, al mismo tiempo señala que lo más importante no es la cantidad del conocimiento sino su productividad. En este sentido reclama para una futura sociedad, para una sociedad de la información en la que el recurso básico seria el saber de la voluntad de aplicar conocimiento para generar más conocimiento debería basarse en un elevado esfuerzo de sistematización y organización.

Aclaremos que el tema de la obra se centra en las transformaciones que afectan estructura, política, económica y social donde el autor expone que el paisaje político, económico, social y moral del mundo han cambiado aunque todavía estamos en medio de una gran transformación que no se completara del todo, una decada mas también de la descripción de los importantes o principales cambios en el ámbito social en el de la organización política y en el conocimiento asegurando los cambio sociales en muchas partes ya están aconteciendo respecto a las transformaciones políticas solo podemos suponer como se realizara o plasmara en la practica y conforme al conocimiento solo nos queda plantear los desafios a los que se enfrentan.

La sociedad Industrial incorporo nuevas formas de pensar los procesos económicos y sociales, las teorías económicas relacionaban las nociones de tierra, capital y trabajo. El capital era el recurso de producción critico capital y trabajo eran concepto totalmente separados y está en oposición a medidados de los70 la convergencia tecnológica da lugar al progresivo desarrollo de la computadora cuando esas tecnológica se traslada de lo militar a lo civil los efectivos en la sociedad se hacen evidente el futuro ya está aquí y es digital gran parte de los elementos de nuestra vida analógica son convertidos en uno y ceros, nace el paradigma de la red el intercambio de objetos mutuos al intercambio de información y la gestión de la información pasa a ser vital en los procesos económicos a diferencia de la materia constituida por átomos los bit no se pierden circulan y se reutilizan constantemente. A principio de los 90 Peter Drucker introduce la noción de la sociedad del conocimiento la información interpretada se transforma en conocimiento y ese conocimiento es el recurso clave es más importante que la tierra, el trabajo y el capital. Aparecen nuevas formas de mecanismos de integración de individuos, de nuevas formas de identidad personal a partir de una red, el conocimiento de los patrones genecticos operan sobre la salud la alimentación y el medio ambiente.

La sociedad post-capitalista es una sociedad del conocimiento y quien tenga conocimiento de gestión sobre los procesos tienen la producción. El conocimiento puede relocalizar procesos y conseguir capitales en cualquier parte de mundo inconectado.

El conocimiento reside en la persona y no debe ser comprado por dinero ni creado por capitales de inversión se extiende a todas las áreas de la actividad humana y determina dos nuevas clases sociales trabajadores del conocimientos y los trabajadores tradicionales de servicio el trabajo tradicional pasa hacer mercadería las ganancias estan asociadas a la ignovación y son ganacias de poco alcance.

La ingnovación tiende asimilarse rápidamente al medio el estado de salud normal de la economía es el desequilibrio no hay nuevas teorías económicas que abarquen la magnitud de la globalización las categorías tradicionales de análisis están cambiando y hoy existe solo practicas con su marco teórico aun en formación.

Estamos en el inicio de una segunda revolución de la información y no es una revolución tecnológica no se está produciendo allí donde los cientificos de industria de la informacion de la informática cree que está: está nueva revolución está cambiando la percepción del espacio y del tiempo dimensiones fundamentales de la experiencia humana: no se trata de nuevas maquinas de técnicas, software o velocidad, es una revolución de conceptos enfrentamos un periodo en el que tendremos que aprender muy rápidamente a conseguir e interpretar información, la sociedad del conocimiento cambiara por completo las estructuras sociales las formas de comportarnos y dirigirnos.

La sociedad de la información y la sociedad del conocimientos existen diferencias fundamentales entre estos dos conceptos: la información por sí sola no resuelve casi ningún problema mientras que el conocimiento se puede concebir como información utilizada en forma comprensiva.

La información y el conocimiento cruzan los distintos espacios sociales transformándole porque modifica la relaciones sociales que a su vez pueden potenciar o bloquear el desarrollo de nuevas formas productivas.

El conocimientos se ha convertido en el principal insumo productivo que ha desplazado así al capital y al trabajo, de esta forma se perfila como el motor fundamental del cambio y en el crecimiento económico y en el nuevo contexto global, en consecuencia el bienestar de las personas y la capacidad de competir de las empresas depende el alto grado de la ciencia y la investigacion antes de disponibilidad de recursos naturales eso significa que para cualquier país la posibilidad de potenciar el desarrollo nacional basado en el capital humano de sus habitantes radica en la posibilidad de capacidad de dotarlos de herramientas investigativas de impulsar la creatividad y la ignovación entre otros aspectos se trata entonces está nueva era del conocimientos de invertir en las personas, hay un aspecto que hay que tener en cuenta esa capacidad para producir a partir del conocimiento se puede ver acentuada en algunas naciones que tradicionalmente han tenido abceso a la tecnología.

El hombre visto desde el punto de vista Espiritual:

El hombre es en esencia espíritu y por tanto está interconectado a todas las leyes del cosmo en el cual está evolucionado hacia el infinito donde ha pasado está pasando y pasara por los distintos cambios, transformaciones de comienzo y fin dando lugar de un nivel inferior a un nivel superior, este va ha ser afirmado y negado para luego tener un resultado mejor y ser nuevamente negado y afirmado por el infinito de su existencia, dando lugar a niveles superiores.

La Dialéctica son las leyes del movimiento donde se aplica en todos los fenomenos existenciales desde lo más simple a lo mas complejo.

Las Leyes de la Dialéctica son:

La Ley de la Unidad de Lucha de Contrario: Tesis y Antítesis dando lugar a una nueva Sintesis.

La Ley de los Cambios Cualitativos y Cuantitativo.

La Ley de la Negación en la Negación: Lo nuevo es negado por lo viejo y lo viejo es negado nuevamente en lo nuevo. La vida es negada por la muerte y la muerte es negada por la vida por lo que todo lo que tiene comienzo tiene fin y todo lo que tiene fin tiene un nuevo comienzo superior y mejor que lo anterior. Esto se aplica en todas las leyes del cosmo y de la existencia tanto en lo Físico, Químico, Biologico, Social, Espiritual y en todas las cosas que conocemos y que no conocemos, es la ley de todos los movimientos del Todo.

Que es el Espíritu:

El espíritu en la antigüedad se decía que es el principio sustancial al lado de otro principio material, el cuerpo, el espíritu seria la parte inmortal, inteligente con capacidad de transcendencia. Convive un determinado tiempo con la parte mortal, opaca y pesada. La muerte separa una parte de la otra con destinos diferentes, el espirtu para el mas allá, la eternidad y el cuerpo para el mas acá, el polvo cósmico, esta visión es dualista y nos

explica la experiencia de unidad que vivimos. Somos un todo completo y no una suma de partes.

La concepción moderna dice: el espíritu no es una sustancia sino el modo de ser propio del ser humano, cuya esencia es la libertad; somos seres de libertad, porque plasmamos la vida y el mundo, pero el espíritu no es exclusivo del ser humano ni puede ser desconectado del proceso evolutivo. Pertenece al creador cosmológico. Es la expresión más alta de la vida, sustentada a la vez por el resto del universo.

La concepción contemporánea fruto de la nueva cosmología, dice: el espíritu posee la misma antigüedad que el universo, antes de estar en nosotros estaba en el cosmo. El Espíritu es la capacidad de inter-relación que todas las cosas guardan entre sí. Forman urdimbres relacionales cada vez mas complejas, generando unidades siempre más altas. Cuando los dos primeros topquarkes empezaron a relacionarse y a formar un campo relacional allí estaba naciendo el espíritu.

El Universo está lleno de espíritus porque es reactivo y autoorganizativo. En ciertos grados todos los espíritus participan del espíritu. La diferencia entre el espíritu de la montaña y el espíritu del ser humano no es el principio sino el grado. El principio funciona en ambos, pero de forma diferente.

La singularidad del espíritu humano es reflexivo y autoconsciente; por el espíritu nos sentimos insertados en el Todo a partir de una parte que es el cuerpo animado y por eso, portador de la mente

El nivel reflejo del espiritu significa subjetividad que se abre al otro, se comunica y así se autotranciende gestando una comunión abierta, hasta con la suprema Alteridad. Definiendo: vida consciente, abierta al todo, libre, creativa, marcada por la amorosidad y el cuidado, eso es concretamente el espíritu humano.

Espíritu es relación y vida su opuesto no es materia y cuerpo sino muerte y ausencia de relación, pertenece también al espíritu el deseo de encapsularse y rechazar la comunión con el otro. Pero nunca lo consigue totalmente porque vivir es forzosamente a con-vivir: aun negándose no puede dejar de estar conectado y de conectarse.

Esta compresión nos hace consciente del vinculo que liga y religa todas las cosas. Todo está envuelto en el inmenso proceso complejísimo de la evolución atravesando por todas las etapas con el espíritu que emerge, cada vez bajo formas diferentes, inconsciente en una y consciente en otras.

En está acepción espiritual es toda actitud y actividad que favorece la relación, la vida, la comunión, la subjetividad y la transcendencia, rumbos a horizonte cada vez más abiertos. Al final espiritualidad no es pensar en Dios sino sentir a Dios como el vinculo que pasa a través de todos los seres, intercontinentadolos y constituyéndolos a nosotros y al cosmo.

Como puede lo finito comprender lo infinito? El espíritu, chispa divina, nuestra más preciosa herencia del poder divino, un rayo del sol central-el verdadero Ego; las palabras no pueden expresarlo nuestra mente no puede aprenderlo, es el alma del alma para entenderlo debemos entender a Dios, el espíritu es una gota en el océano espiritual, un grano de arena en los bordes del infinito, es una partícula de la llama sagrada. Es algo dentro de nosotros que es la causa de nuestra evolución a través de todas nuestra fatigosas edades, fue lo primero en ser y lo último y será lo último en alcanzar la conciencia completa.

Cuando el hombre alcance una plena conciencia del espíritu, estará tan por encima del hombre que en la actualidad tal ser es inconcebible al intelecto. Confinado dentro de muchas capas de materia ha esperado incluso un pequeño reconocimiento a través de las largas y penosas eras y se conforma con esperar más hasta que llegue completamente a la conciencia. El hombre acendera muchas etapas de desarrollo desde hombre hasta arcángel antes que el espíritu se reivindique totalmente.

El espíritu es eso dentro del hombre cuyo mas intimo acercamiento al centro está mas próximo a Dios. Es solo en algún preciso momento ocasional que estamos consciente de la existencia del espíritu dentro de nosotros y en tales momentos estamos consciente de llegar a la horrible presencia de lo desconocido, esos momentos pueden venir cuando uno está entregado a profundo pensamiento religioso, mientras que lee un poema que lleva un preciso mensaje del alma a alma en alguna hora de aflicción cuando nos ha faltado toda ayuda humana y cuando las palabras humanas parecen burlas en un momento cuando todo parece perdido y sentimos la necesidad de una palabra directa de un ser superior a nosotros, cuando llega ese momento nos dejan una paz que después nunca nos abandonan completamente y somos en la vida seres transformados.

En el momento de la iluminación o el del alborear de la Conciencia Espiritual sentimos también la presencia real del espíritu, en esos momentos nos sentimos consciente de nuestra relación y conexión con el centro de la vida, por medio del espíritu, Dios se revela al hombre.

Nunca nació el espíritu ni nunca dejara de ser. Nunca hubo tiempo en lo que no fuera, sueño son el principio y el fin, sin nacimientos, muertes y mudanzas permanece el espiritu por siempre, la muerte no lo toca aunque aparezca muerta la cosa que mora.

No podemos por mucho tiempo más en este tema que abruman a uno, las palabras parecen demasiado pobre para emplearlas con relación a él, aunque escribiéramos volúmenes de nuestras subdesarrollada concepción del asunto; el espíritu es la parte más elevada del Ego, el propio Ego.

La Conciencia Espiritual:

La Conciencia Espiritual se va desarrollando gradual y lentamente y aunque no pueda sentir un aumento firme de conocimiento y conciencia espiritual, puede no haber experimentado ningún cambio marcado ni sorprendente. Otros han tenido momentos de lo que se conoce como "Iluminación" cuando parecian elebados casi fuera de su estado normal y donde parecía pasar a un plano superior de conciencia o ser que los dejaba más adelantado que nunca antes, aunque no pudieran devolver a la conciencia un recuerdo claro de lo que habian experimentado mientras que estaban en el estado exaltado de la mente, esas experiencias le han llegado a muchos, la creencia religiosa en diversas formas y grados y generalmente han sido asociado con algún grado de la particular creencia religiosas practicada por las personas que experimentan la iluminación, pero los ocultista avanzados reconocen todas estas experiencias como diferentes formas de una misma cosa, el alborear de la Conciencia Espiritual, el desarrollo de la mente Espiritual, algunos de estos escritores, también le han llamado Conciencia Cósmica el cual es un nombre muy apropiado ya que la iluminación por lo menos en su forma superior lo pone a uno en contacto con la totalidad de la vida, alto, baja, grande o pequeña, buena o mala.

Estas experiencias varian materialmente de acuerdo al desarrollo del individuo su entrenamiento previo su temperamento etc., pero ciertas características son comunes a todos, el sentimiento más común es el de poseer un conocimiento casi completo de todos los tiempos casi la Omnisciencia. Este sentimiento solo dura un momento y al principio lo deja a uno en agonía de volver a lo que ha visto y perdido. Otro sentimiento normalmente experimentado es el de una certeza de inmortalidad un sentido de ser real y la certeza de siempre haber sido y de estar destinado a ser siempre.

Otro sentimiento es el intervalo total desaparición del temor y la adquisición de un sentimiento de certeza convicción y confianza que está más allá de la compresión de aquellos que nunca lo han experimentado

Santa Teresa de Jesús (1505-1582) origen: Española. Doctora de la Iglesia Católica, Mística, Escritora Española, fundadora de las Carmelitas

Descalzas rama de la orden de nuestra señora del Monte Carmelo (o Carmelitas) Fue fundadora de más de veinte conventos en España muy luchadora por sus ideales cristianos. Escribió varios libros entre ellos El Camino a la Perfección, Concepto del Amor de Dios y Castillo Interior o Las Moradas, también escribió La Vida de Santa Teresa de Jesús cuyos originales se encuentran en la biblioteca del Monasterio de San Lorenzo del Escorial, Libros de las Fundaciones, Libros de las Constituciones. También escribió poesías, escritos breves y escritos sueltos sin considerar una serie de obra que se le atribuye, escribió más de 409 cartas publicadas en distintos epistolarios.

Entonces lo envuelve a uno en un sentimiento de Amor, un Amor que lo encierra a uno para toda la vida desde los aquellos encarnados cercanos hasta aquellos de los lugares más remoto del universo desde aquellos a los que consideramos puros y santos hasta aquellos a quienes el mundo recuerda como viles, malos y absolutamente indignos. Todos los sentimientos de auto rectitud y condena parecen esfumarse, y el amor de uno como luz del sol derrama todo por igual independientemente a su grado de desarrollo o bondad. Para algunos estas experiencias han llegado como una profunda y reverente, forma de sentimiento que toma completa posición de ellos durante unos momentos o por mucho mas tiempo, mientras que a otro le ha parecido un sueño que han tenido conciencia de una elevación espiritual acompañado de una sensación de estar rodeado de una luz o luminosidad brillante que todo lo penetra, algunos se le ha manifestado ciertas verdades en formas de símbolos cuyo verdadero significado no se le aclara, quizás hasta mucho después.

Cuando está experiencia ha llegado a uno lo deja en un nuevo estado de mente y después nunca vuelve a ser el mismo hombre: aunque la agudeza del recuerdo se halla desgastado queda una cierta memoria que mucho después demuestra ser fuerte consuelo y fuerza sobre todo cuando flaquea su fe y se agita como una caña por los vientos de opiniones contradictorias y especulaciones del intelecto, el recuerdo de la experiencia es una fuente de renovada fuerza un puerto de refugio hacia donde el alma cansada vuela para resguardarse del mundo enterior que no la comprende.

Estas experiencias normales se acompañan también con un sentimiento de intensa alegría parecen predominar en la mente en ese momento.

Pero no es la alegría de una experiencia ordinaria, es algo que no puede ni soñarse que no se haya experimentado es una alegría cuyo recuerdo causara escozor en la sangre y palpitaciones en el corazón cada vez que la mente recuerda la experiencia, como ya hemos dicho viene también una sensacion de iluminacion intelectual imposible de describir.

En las viejas escrituras de los antiguos filósofos de todas las razas, en las canciones de los grandes poetas, de todos los pueblos en las oraciones de los profectas de todas las religiones y tiempo podemos encontrar huellas de está iluminación que ha llegado a ellos, este desarrollo de la Conciencia Espiritual. No tenemos espacio para enumerar los números casos, uno lo ha contado de una manera, el otro de otra, pero todos prácticamente comentan la misma historia.

Todo el que haya experimentado está iluminación a una pequeña escala, reconocerá enseguida la experiencia en la que cuenta la canción o en la predicación del otro aunque pueda mediar siglo entre ellos, es la canción del alma que una vez que se ha escuchado no se olvida jamás, aunque sea tocada por el rudo instrumento del semibarbar o por el refinado instrumento del músico talentoso hoy en día sus acordes simplemente son reconocidos, desde el antiguo Egipto viene la canción, de la India en todo los tiempos desde la antigua Grecia y Roma, desde los santos del cristianismo temprano, desde los monasterios católicos, de las mesquita Maumetanas, desde los filósofos chinos, de las leyendas de los héroes – profetas de los indígenas americanos siempre es el mismo acorde y crece mas y mas alto por tanto más que lo adopten y agreguen sus voces o el sonido de sus instrumentos al gran coro.

Esta gran alegría de iluminación sera suya cuando llegue el tiempo apropiado, cuando llegue no desmaye y cuando se vaya no lamente su perdida, vendrá de nuevo, manteniendose vivo ascendiendo cada vez más en la vida hacia su verdadero Ego y abriéndose a su influencia.

Este siempre deseoso de responder al toque de la Mano Oculta, no hay que temer porque siempre tienen con ustedes al verdadero Ego que es una chispa de la llama divinia y que será una lámpara a sus pies para mostrarles el camino.

La transformación que se centra en la apertura, contacto y profundización de la conciencia espiritual ocasionado por cambios cuánticos que te llevaran a una transformación personal, física, mental, emocional te cambiara de modo de ver, sentir y vivir tu propia vida. La verdad se revela en la percepción interna, una revelación que espera ser descubierta, no como un conocimiento sino como una vivencia misma de su mensaje, cuando el conocimiento que guarda es experimentado entonces es comprendido y es ahí donde se recibe realmente la revelación.

Abriremos el alma, la conciencia y el corazón para cambiar nuestras vidas y unirnos a la realidad multidimensional, al mundo espiritual, al equilibrio y a la felicidad interior.

Nuestro espíritu nos ha inspirado hemos sentido la llamada al cambio y esto ha supuesto un gran revuelto interior. Nunca hemos nacido en pecado somos almas en infinita evolución nos hemos encarnado en distintos personajes para podernos experimentar en la dualidad, es en esta forma en la que hemos podido evolucionar, todos somos amados y todo tiene un sentido todo encaja incluso en los peores momentos ha sido una oportunidad para crecer para tener una nueva respuesta, para manifestar lo que somos realmente, somos divinos en esencia y venimos a aprender y perfeccionarnos.

La Evolución Espiritual:

La Evolución Espiritual comienza desde lo más simple a los más complejo en los fenómenos existenciales. Ese es el verdadero sentido u objetivo de la existencia de la vida la evolución espiritual que es infinita, venimos y nos vamos de un lugar para luego retornar nuevamente a ese lugar pero de una forma mucho mas avanzadas y perfeccionada y así sucesivamente pero siempre a niveles y escalas superiores de sabiduría y perfección.

El proceso de evolución ha perseguido y continuara durante infinidad de futuro siglos. De las más densas formas de materia se desenvuelven otras un poco menos densa y así sucesivamente es más sutil cada forma evolucionada. De las mas sencillas formas elementales se desenvolvieron, otras cada vez mas complicadas que resultan las combinaciones.

El proceso evolutivo no es más que el retorno al hogar, el ascenso después del descenso, no una creación sino un desenvolvimiento, descendieron o involucionaron los principios como tales principios, asciende los centros individuales derivados por evolución de dichos principios, la materia se plasma en forma más sutil con mayor subordinación a la energía que por su parte denota mayor grado de mentalidad aunque hay mente en las más densas materia, así debe ser porque lo que emana de una cosa ha de contener los elementos de su causa.

La evolución continuara por eones de eones, se van manifestando superiores formas de vida y todavía más superiores, según adelanta la evolucion, no solo evoluciona la forma material sino que también hay evolución mental y espiritual con el propósito de que el Ego tras las experiencias de muchas vidas alcance el punto en que reconozca su verdadera naturaleza y se concenza que su esencial identidad con la Única Vida y el Absoluto Espíritu.

El hombre es producto de toda una serie de transformaciones y cambios a través de su proceso evolutivo, partio desde los más simple de la vida y seguirá hacia los más complejo, partimos de que hemos sido organismo unicelulares a travesando por toda una serie de evoluciones en la escala evolutiva ej: hemos pasado por los tres reino: mineral, vegetal y animal y dentro de animal por peces, reptiles, aves y mamíferos y dentro de los mamíferos los primates, somos primates superiores, aunque somos divinidad pero tenemos que pasar por todo una serie de cadenas en la escala evolutiva, nuestro espíritu necesita de está experiencias para complementarse.

El hombre primitivo aunque muy poco superior en inteligencia a los animales tenía la distinta característica de la individualidad osea, la conciencia de Yo soy Yo que separa al bruto del hombre, para mejor compresión de la conciencia individual y que difiere de la de los animales se ha de considerar que los animales tiene en mayor o menor grado conciencia de su cuerpo físico y sus deseos, sentimientos, emociones, afectos necesidades y acciones son resultados de los impulsos provenientes del plano físico. Los animales conocen pero no conocen que conocen, no han llegado a la etapa en que puedan pensar en sí mismo como un Yo y razonar sobre sus pensamientos y operaciones mentales, la conciencia de los animales es análoga a la de un niño de pecho que siente y conoce lo que necesita pero todavía no tiene conciencia de sí mismo ni es capaz de meditar ni reflexionar.

La conciencia individual del hombre primitivo era muy débil un poco mayor que la conciencia física de los monos antropoides, pero se había individualizado y ya no podía perderla. El hombre primitivo podía pensar y hablar individualmente porque se había individualizado.

Esta alma animal animada de un cuerpo algo más perfecto que el de los cuadrumano; pero la nueva conciencia fue capaz de pulir el cuerpo grosero y comenzar el ascenso. Cada generación iba mejorando físicamente en punto a evolución física, y a medida que el alma requería cuerpos mejor adaptados a su desenvolvimiento espiritual, evolucionaban los cuerpos en correspondencia a la demanda, porque la demanda mental del alma era siempre la causa del mejoramiento de la forma.

El alma del hombre primitivo reencarnaba casi inmediatamente despúes de la muerte del cuerpo físico, porque de indole física eran casi todas las experiencias adquiridas, muy escasa la de orden mental y nulas casi por completo la de indole espiritual, el alma del hombre primitivo pasaba por muy pocos intervalos por una serie de vida terrestre, pero en cada reencarnación progresaba algún tanto como resultado de las experiencias adquiridas en la encarnación anterior, así fue el desenvolvimiento de la humanidad. Hubo suficiente números de almas en grado de evolución superior al de la generalidad, para construir subrazas que favorecen el adelanto del género humano.

La ley de la Reencarnación impele constantemente a la humanidad hacia cada vez mayor perfeccionamiento. Los egos más adelantados de una raza pasan a nuevos y mejores escenarios de actividad y aun los atrasados no permanecen largo tiempo en su atraso, porque la incesante mudanza de circunstancias y ambiente despierta sus dormidas energías y los estimulan a nuevo esfuerzo y actividad. De esta suerte todo el género humano recibe constantemente el estímulo hacia la natural herencia de su perfección. Hay que tener presente que a mayor grado de conocimiento, poder y a más favorables oportunidades corresponde también mayor grado de responsabilidad. Según adelanta el ego en la evolución espiritual tiene mayor albedrío para escoger entre el bien y el mal.

En las primeras razas el ego no estaba lo bastante evolucionado para ejercer su libre albedrío y por lo tanto era menor su responsabilidad; pero cuando el ego adelanta y se vigorizan sus facultades hay que esperar de él mayores cosas, porque el poder entraña responsabilidad.

El hombre está actualizando facultades latentes que le llegan nuevas percepciones de las capitales verdades de la existencia ya no podrá alegar ignorancia. En la actual etapa de vida en nuestro planeta está empeñada una formidable batalla entre las fuerzas del materialismo y las del espiritualismo y las gentes andan divididas entre uno y otro bando sobre la transental cuestión de la espiritualidad contra la sensualidad. Pero el resultado no es dudoso; lo superior triunfara siempre de lo inferior.

En un bando milita una gran masa de gentes que consideran la presente vida física como la única realidad y se burlan de toda idea acerca de la vida futura como si fueran cuerpos de viejas, estas gentes piensa en satisfacer sus sensuales apetitos y el gusto de los bajos deseos de la mente instintiva. Una selecta minoría es la levadura que ha de vivificar la masa de la humanidad a su debido tiempo.

Ya se manifiesta la obra que han alcanzado la conciencia espiritual aun los que no comprenden el significado de la palabra espiritualidad van abandonando los hombres, viejos ideales gastados credos y vetustos dogmas y anhelantes buscan aquí y allá algo que sienten que les es necesario pero cuya inhdole desconocen. Tienen hambre de paz sed de conocimiento y buscan satisfacción por todas partes. No solo sucede así en virtud de la ley de evolución sino que también denota el poder del amor de los adelantados egos que han pasado a los planos superiores de existencia y son ya a manera de ángeles y arcángeles.

El ego reencarna empujado por sus deseos o más bien por la esencia de sus deseos, renace porque anhela uteriores experiencias y ocasionales desenvolvimiento, nacen en determinado ambiente porque desea experimentarlos. El proceso es tan natural y científico como la atracción de los átomos.

El ego entraña ciertos elementos de deseo y atracción y atrae a si determinadas condiciones y experiencias y a su vez se ve atraído por ellas. Tal es la ley de la vida en el cuerpo físico y fuera de él. No hay injusticia en la ley es la esencia de la justicia porque da a cada quien lo necesario para satisfacer sus legítimos deseos y les proporcionan las experiencias a propósito para extinguir las que le mantienen rezagado y cuya extinción posibilitara su ulterior progreso.

Si un hombre está poseído del desordenado apetito de riquezas materiales la ley Karmica le incitara a renacer en condiciones en que se vea rodeada de riquezas y lujos hasta la saciedad y le invade el deseo de huir de ellos y anhelar más altas y satisfactorias cosas. Cuando el ego alcanza cierto grado de espiritualidad y perfeccionamiento es consciente de sus reencarnaciones y entonces reencarna con pleno conocimiento, muchos están ahora entrando en esta etapa y tiene parcial conciencia de sus pasadas vidas lo cual también implica que conjeturan la proximidad de su renacimiento, pues son paralelas ambas fases de conciencia.

Mientras que el hombre se mantenga apegado a las cosa materiales, renacerá en condiciones en que le sujeten las cosas materiales, únicamente cuando se libre de semejante apego, renacerá con toda libertad, algunos transcienden el apego material por el recto pensamiento y la madura reflexión, mientras que otros han de trascenderlo por el hastio que al fin ha de causarle la posesión de los objetos deseados. Cuando el ego reconoce que son ilusorios los bienes materiales y meros incidentes de la personalidad sin conexión algún a con la individualidad, entonces solo se desprende de ellos como de gastada vestidura y sigue adelante por el sendero de perfección.

El alma humana es inmortal y ha de ir ascendiendo indefinidamente de etapa en etapa por la vía de la evolución. La muerte no es más que el símbolo físico de un periodo de descanso del alma, semejante al dueño del fatigado cuerpo y se ha de recibir con placentera gratitud. La vida es continua y tiene por objeto la progresiva evolución del alma. Estamos ahora en la eternidad lo mismo que estaremos siempre.. Nuestra alma puede existir tanto en el cuerpo físico como fuera de el aunque la encarnación es necesaria en la actual etapa nuestro desenvolvimiento.

Cuando lleguemos a superiores planos de existencia, encarnaremos en cuerpo más delicados que los que ahora usamos, así como en pasados tiempos encarnábamos en cuerpo casi increíblemente mas rudos y groseros que lo que hoy día tenemos. La vida es algo más que una terrenal existencia de setenta años es una sucesión de vidas terranas en escala ascendente y lo que llamamos hoy en día nuestro ser personal no es más que la esencia de las experiencias de las muchísimas vidas pasadas.

El ego evoluciona firmemente de las groseras a las delicadas formas de manifestación y así seguirá evolucionando en el futuro. El Universo contiene muchos mundos donde morar el ego y después puede pasar a otro universo superior, tiene el infinito ante sus pasos. Maravillosas promesas y posibilidades entraña el destino del alma humana y nuestra mente es incapaz ni de soñar lo que le aguarda. Nuestros hermanos mayores nos ayudan constantemente en muchos sentidos. Nos tienden sus sumiblemes manos y nos libran de graves tropiezos en el sendero de evolución, aunque apenas nos damos cuenta del recibido auxilio. Existen planos incomparablemente superiores al físico, seres de inefable gloria y magnificencia que un tiempo fueron hombre como nosotros. Han adelantado tanto en el sendero comparado con el hombre vulgar, parecen ángeles y arcángeles así como estos exaltados seres fueron en un tiempo hombres, así los hombres de ahora serán algún día como ellos con el transcurso de la evolución espiritual.

En todas las épocas, en todos los climas, entre todos los pueblos han vivido, exististe, jugaste tu papel y moriste, en cada vida ganaste experiencia, aprendiste tus lecciones, te beneficiaste de tus errores creciste te desarrollaste y te desenvolviste y cuando abandonaste el cuerpo y entraste al periodo de descanso entre encarnaciones tu recuerdo de la vida pasada gradualmente se desvaneció pero dejo en su lugar el resultado de las experiencias que adquiriste en ellas. Así como no recuerdas mucho sobre determinado día o semana, veinte años atrás aun cuando las experiencia de ese día o semana hayan dejado huellas indelebles en tu carácter y hayan influenciado desde, entonces todas tus acciones así mientras puedas haber olvidado los detalles de tus previas existencias aunque hayan dejado su impronta, en tu alma y tu vida diaria sea ahora lo que es en razón de aquellas experiencias pasadas. Después de cada vida hay una especie de condensación de las experiencias y de resultados, el verdadero resultado de la experiencia va a formar parte del nuevo yo, del yo mejorado que después de algún tiempo busca un nuevo cuerpo donde reencarnar. Pero en muchos de nosotros no hay una total pérdida de memoria de las vidas pasadas a medida que progresamos llevamos con nosotros algo más de conciencia cada vez y hoy muchos de nosotros tenemos recuerdos ocasionales de remembranzas de alguna existencia pasada.

El hombre siempre ha vivido y siempre vivirá, lo que llamamos muerte no es sino ir a dormir para despertar a la mañana siguiente, la muerte es una pérdida de conciencia temporal y la vida es continua y su objetivo es desarrollo, crecimiento y desenvolvimiento, que estamos en la eternidad ahora tanto como siempre estaremos, ahora tenemos cuerpo porque lo necesitamos cuando hayamos progresado hasta cierto punto no necesitaremos la clase de cuerpo que ahora tenenos y seremos liberados de ellos.

En cuanto a los seres humanos que vivien hoy en el mundo han pasado muchas vidas anteriores y en formas de inferior condición se esforzaron arduamente en seguir el sendero, y ahora muchos de ellos alcanzan la etapa de conciencia espiritual en que por vez primera ven claro su pasado y su porvenir, todos hemos vivido como hombres de cavernas, como salvajes y barbaros. Quienes habrán sido guerreros, otros eruditos y ocultista medievales, príncipes y mendigos hemos vivido en la India, Persia, Egipto, Grecia y Roma y ahora muchos están desempeñando su papel en la civilización occidental, asociados con quienes fueron sus compañeros en pasadas vidas.

La tierra es uno de los pertenecientes planetas a nuestro sistema solar todos los cuales están íntimamente conectados a los demás en está gran ley de la evolución espiritual. Grandes oleadas de vida pasan rápidamente por la cadena llevando especies tras especies de un planeta a otro a lo largo de la cadena. Cada especie permanece en un planeta durante un cierto periodo y luego al haberse desarrollado, pasan al planeta superior siguiente en la escala de la evolución para encontrar allí condiciones más apropiadas para su desenvolvimiento. Pero este progreso a otro no es circular, es en espiral girando y girando en cada curva.

Supongamos un alma conducida a unos de los planetas de nuestra cadena planetaria en un estado de relativo sub-desarrollo en el crecimiento espiritual ocupando un lugar bajo la escala de la evolución. En númerosas encarnaciones el alma adquiere la experiencia que le llega a esa etapa y luego es conducida hacia el siguiente planeta más alto en la cadena junto con el resto de la especie en particular y reencarna allí, en este nuevo hogar ocupa un plano francamente mas adelantado que el que ocupaba anteriormente constituyendo toda la especie el núcleo de una nueva especie allí siendo algunos los pioneros, mientras que otros le seguirán más tarde, pero aun está etapa avanzada (comparada con el planeta que acaba de dejar atrás) puede ser muy inferior en la escala del progreso a la de otra especie lleva junto con ella misma, al mismo planeta, algunas de las especies las mas insignificante en el punto de evolución en esta tierra pueden haber estado mucho más cercana a las más elevadas etapas de desarrollo en el último planeta habitado por ellos y aun así han progresado significativamente con el cambio las mas altas de un planeta inferior tal vez esten menos desarrollado que las mas bajas de otro que estan más adelantado a lo largo de la cadena planetaria. Nuestra especie está atravesando un importantísimo periodo de evolución espiritual de una etapa inconsciente a una consciente.

Resumen

El hombre como tal es un problema puramente filosófico donde cada cual tiene su punto de vista pero la mejor manera de enforcarlo es mediante la dualidad de materia y espíritu al mismo tiempo, por lo que podemos decir que el hombre es una entidad espiritual de origen divino, biopsicosocial donde todas sus necesidades, motivaciones y dinamica de la vida obedecen a esas propiedades naturales que el hombre presenta.

El objetivo fundamental del hombre es la evolución porque siempre ha estado y estará en evolución infinita pero a la vez viviendo etapas finitas que lo van llevando al desarrollo y perfeccionamiento cada vez mayor y superior en la cadena infinita de la evolución.

El alma ha existido por los siglos abriéndose su camino absendente a través de las innumerables formas desde las mas inferiores o simples y las superiores o complejas siempre progresando, siempre desenvolviéndose a través de las incontables eras en muchas formas y fases pero siempre cada vez mas alto.

Hay muchas formas de vidas muy inferiores al hombre que no podemos concebirlas y hay niveles de vida tan por encima de nuestro actual plano de desarrollo que nuestra mente no tienen idea.

Imaginemos una serie de millones de círculos concéntricos, cada circulo simboliza una etapa de la vida y cada circulo, según se van acercando al centro común, representa formas de vida cada vez mas superiores hasta que el hombre se convierten en Dios y aun sigue perfeccionándose las formas de vida de modo inimaginable. Pero que es el centro? El Absoluto y hacia ese centro nos encaminamos.

Más allá de nuestros planos hay otros superiores, relacionados con nuestro planeta, de inconcebible esplendor. Igualmente hay muchos planos pertenecientes a otros planetas de nuestra cadena y millones de otros mundos y cadenas de universos como hay cadenas de planetas y mayores grupos de cadenas de universos y así sucesivamente en ascencional escala de inconcebibles alturas.

Una infinidad de infinidades de mundos nos aguardan. Nuestro planeta y nuestros sistemas planetarios y todos los sistemas solares que explora el telescopio son granos de arena en el fondo del ingente océano.

El hombre puede exclamar? Que soy yo, pobre mortal, perdido en medio de tan estupenda grandeza? Se le responde que es un alma viviente, cuya hipotética aniquilación entrañaría la de todos los universos que no pueden existir sin el alma humana, pero el hombre volverá a preguntar: Que hay más allá, cual es el centro de todo cuanto existe, El Absoluto.

Capítulo III

Los Siete Principios del Hombre

Nuestro verdadero Yo es una chispa del
espíritu que toma diversos revestimientos
para la manifestación de diferentes formas
de conciencias estos revestimientos son los 7
cuerpos del ser humano.

Los siete principios del hombre se indican a continuación:

7.- El Espíritu.

6.- La Mente Espiritual

5.- El Intelecto.

4.- La Mente Instintiva

3.- Prana o Fuerza Vital

2.- Cuerpo Astral.

1.- Cuerpo Físico

Revisaremos brevemente la naturaleza general de cada uno de estos 7
principios, para que el estudiante pueda comprender futuras referencias
a ellos.

1.- El Cuerpo Físico:

De todos los siete principios del hombre, el cuerpo físico por supuesto
es el más evidente. Es el más bajo en la escala y la manifestación más
cruda del hombre, lo cual no significa que lo físico deba ser descuidado
o despreciado. Por el contrario es un principio necesario para el

crecimiento del hombre en su presente etapa de desarrollo, es el templo del espíritu viviente y debe cuidarse y atenderse cuidadosamente para hacerlo un instrumento más perfecto. No tenemos sino que mirar a nuestro alrededor para ver como los cuerpos físicos de diferentes hombres muestran los diversos grados de desarrollo que se encuentran bajo control mental.

Es deber de cada hombre desarrollado entrenar su cuerpo al grado más alto de perfección para que pueda ser utilizado ventajosamente: el cuerpo debe conservarse en buena salud, condición y entrenarse para que obedezca las ordenes de la mente y no para gobernarla como es el caso con tanta frecuencia, el cuidado del cuerpo bajo el control inteligente de la mente es una importante rama de la filosofía Yoga conocida como" Hathas Yoga". El cuerpo físico está compuesto de celulas, que contiene dentro de sí una vida en miniatura que controla la acción, estas vidas son realmente partículas de mente inteligente de cierto grado de conocimiento lo cual le permite realizar apropiadamente su trabajo. Por supuesto que estas particulas de inteligencias están subordinada a la mente central del hombre y obedecen prontamente las ordenes del cuartel general, enviadas consciente o inconscientemente. Estas inteligencias celulares muestran una adaptación a su trabajo particular. La acción selectiva de las celulas que extraen los nutrientes necesarios y rechazan lo que no requieren, es un ejemplo de está inteligencia. Los procesos de asimilación y desasimilación, etc., muestran la inteligencia de las células tanto separada como colectivamente en grupos, la curación de las heridas, la precipitación de las células hacia los puntos donde mas necesitan y cientos de otros ejemplos conocidos por los estudiantes de fisiología.

El átomo es algo viviente que tiene su propia vida independiente; estos átomos se combinan en grupos con algún fin y manifiestan inteligencia de grupo mientras sigan siendo un grupo; a su vez estos grupos se combinan de nuevo y forman cuerpos de naturaleza más complejas que sirven como vehículo para las formas superiores de conciencia.

Cuando la muerte llega al cuerpo físico las células se separan y se diseminan instalando entonces lo que llamamos descomposición, las fuerzas que han unido las celulas se retiran y quedan libre para recorrer su propio camino y forman nuevas combinaciones, algunas entran en el cuerpo de las plantas de los alrededores y eventualmente vuelven a encontrarse en el cuerpo de un animal; otras permanecen en el organismo de las plantas, otras permanecen en la tierra durante algún tiempo pero la vida del átomo es cambio, incesante y constante, la muerte no es sino un aspecto de la vida y la destrucción de una forma material no es sino el preludio de la construcción de otra.

2.- El Cuerpo Astral:

El segundo cuerpo o principio del hombre no es tan bien conocido como su hermano físico, aunque está estrechamente conectado con este y es su exacta contraparte de apariencia. Está compuesto de materia de una calidad más fina que la que compone nuestro cuerpo físico, pero es materia al fin.

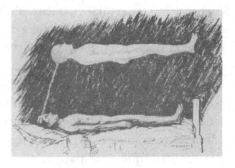

Para tener una idea más clara de lo queremos decir llamaremos su atención sobre el agua que se manifiesta en diversas formas bien conocidas. A cierta temperatura el agua se conoce como hielo una sustancia dura y solida a temperatura un poco mayor asume una forma mejor conocida a la que llamamos agua y a una temperatura aun mayor escapa en forma de vaho que llamamos vapor, aunque el verdadero vapor es invisible al ojo humano y solo se hace aparente cuando se mezcla con el aire y su temperatura baja un poco, entonces se vuelve visible al ojo y lo llamamos vapor.

El cuerpo astral es la mejor contraparte del cuerpo físico y bajo ciertas circunstancias puede separarse de el ordinariamente la separación consciente es un asunto extremadamente difícil aunque en persona de cierto grado de desarrollo psíquico el cuerpo astral puede separarse y amenudo viaja a larga jornadas. Para la visión clarividente el cuerpo astral se mueve exactamente con su contra parte, el cuerpo físico y unido a el por un delgado cordón sedoso. El cuerpo astral perdura algún tiempo después de la muerte De la persona a la que pertenece y bajo ciertas circuntancias es visible a las personas vivas y se le llama fantasma. Hay otros medios los cuales los espíritus de aquellos que han fallecido pueden manifestarse, en tales casos el cascaron astral que se ve algunas veces después que se desprende del alma fallecida no se trata más que de un cadáver de materia más fina que su contraparte física, en tales casos esto no posee vida alguna ni inteligencia y no es más que una nube vista del cielo y que tiene cierto parecido con la forma humana. Es un cascaron nada mas, el cuerpo astral de una persona agoniza a veces se proyecta por un notable deseo y en ocasiones es visto por amigos y parientes los cuales están en sintonía. El cuerpo astral es ordinario al ojo humano pero es percibido bremente por aquellos que tienen el poder clarividente, bajos ciertas circunstancias el cuerpo astral de una persona viva puede ser visto por amigos y otros pero las condiciones mentales de las personas y el observador tiene mucho que ver en el asunto.

Los ocultistas entrenados y desasrrollado pueden proyectar conscientemente su cuerpo astral, pueden hacerlo aparecer a voluntad pero tales poderes son raros y solo se adquieren después de que se alcanza una cierta etapa de desarrollo.

El adepto ve el cuerpo astral que se eleva del cuerpo físico cuando la hora de la muerte se aproxima. Se le ve suspendido sobre el cuerpo físico al que está unido por el delgado hilo, cuando el hilo se rompe la persona muere y el alma se lleva con ella el cuerpo astral que a su vez será descartado como ante lo fue el cuerpo físico.

Debes recordar que el cuerpo astral es una calidad más fina de materia y que es apena un vinculo para el alma así como lo es el físico y que ambos son descartados en el momento oportuno`, el cuerpo astral como el físico se desintegra después de la muerte de la persona y las personas de naturaleza psíquicas a veces ven alrededor de los cementerios los fragmentos que se disuelven en forma de luz violeta.

3.- El Prana o Fuerza Vital:

El Prana es la energía universal, también llamada fuerza vital, está fuerza vital se encuentra en todas las formas de la vida desde la ameba hasta el hombre desde las formas mas elementales de la vida vegetal hasta las formas mas elevada dentro de la vida animal. El Prana lo satura todo, se encuentra en todo lo que tiene vida y esa vida está en todas las cosas en cada átomo la aparente ausencia de vida, en algunas cosas seria un grado menor de su manifestación. Prana está en todas partes y en todas las cosas, prana no es el ego, sino una forma de energía utilizada por este en su manifestación material.

Cuando el ego se separa del cuerpo físico es lo que llamamos muerte, prana al no estar bajo el control del ego responde solo a las ordenes de los átomos individuales o grupo que han formado cuerpo físico y cuando este se desintegra y retorna a sus elementos originales cada átomo lleva consigo suficiente prana como para permitirle formar nuevas combinaciones y el prana sobrante se devuelve al gran almacén universal de donde proviene. Prana está en todas las formas de materia y aunque no es materia es la energía o fuerza que anima la materia.

Prana es la fuerza que actúa en la curación magnética, muchas curaciones mentales y tratamientos en ausencia de lo que muchos llaman magnetismo humano es realmente Prana. La respiración nos ayuda a aumentar el prana en el sistema y distribuirlo por el cuerpo fortaleciendo cada parte y órgano y estimulando cada célula. Puede ser dirigido para aliviar el dolor en uno mismo y en otros enviando a la parte afectada un suministro de prana extraído del aire, y puede proyectarse a distancia para afectar a otras personas.

El pensamiento del que proyecta envía y colorea el prana recogido para un propósito y este se aloja en el organismo psíquico del paciente, como las ondas de (Marconi) es invisible al ojo humano con excepción de ciertas personas que han logrado un alto grado de poder clarividente, atraviesa los obstáculos interpuestos y busca a la persona armonizada para recibirlo, esta transferencia de prana bajo la dirección de la voluntad es el principio subyacente del intercambio de pensamiento, telepatía etc. Uno puede rodearse de un aura de prana, coloreado de fuerte pensamiento positivo lo cual le permite resitir las ondas adversas de pensamientos de otros y vivir sereno dentro de una atmósfera de pensamiento antagónicos e inarmónicos.

4.- La Mente Instintiva:

En este plano de función mental lo compartimos con los animales inferiores, al menos en su forma más baja en el primer plano de función mental alcanzando en la escala evolutiva. Sus fases más bajas se situan en linea donde la conciencia es apena evidente y se extiende desde este lugar oscuro de la escala hasta manifestar un alto grado de conciencia en comparación con sus etapas inferiores de hecho cuando empieza a solapar el quinto cuerpo o principio, es difícil distinguirlo de las formas más bajas de este.

El primer albor de la mente instintiva puede verse incluso en el reino mineral, luego en el reino vegetal se desarrolla mas diferenciada y superior en la escala, llegando a algunas familias superiores de plantas a mostrar una forma rudimentaria de conciencia. Luego en el mundo de los animales inferiores se ven manifestaciones conscientes de mente instintiva desde la inteligencia casi vegetal de las formas más bajas hasta alcanzar un grado casi igual al de las formas inferiores de la vida humana. Entre los hombres vemos solapar gradualmente sobre el quinto principio, el intelecto hasta las formas más elevadas del hombre actual vemos el quinto principio, el intelecto, al mando hasta cierto punto y subordinado a él, sabia e imprudentemente, el cuarto principio o cuerpo, la formas más elevadas del hombre lleva consigo el cuarto principio, la mente instintiva y la utiliza en diversos grados o es utilizada por ella. La mente instintiva le es sumamente útil al hombre en esta etapa de su desarrollo, de hecho sin ella no podía existir como ser físico y si la comprendiera pudiera hacer su más valioso servidor, pero pobre de él si le permite permanecer al mando o usurpar prerrogativas que corresponde a su hermano superior, el hombre todavía es una criatura en crecimiento. Ha alcanzado su fase actual de crecimiento luego de una penosa jornada; pero aun es apena la salida del sol y el día pleno está todavía lejano, el quinto principio o cuerpo, el intelecto se ha desarrollado, hasta un cierto grado especialmente entre los hombres más avanzado de hoy en día pero para muchos el desdoblamiento apenas comienza. Muchos hombres no son más que animales y sus mentes funcionan completamente en el plano instintivo; todos los hombres de hoy en día, en excepción hechas por algunos pocos individuos altamente desarrollados, necesitan estar en guardia para que de vez en cuando la mente instintiva no ejerza indebidamente su poder sobre ellos cuando se descuidan. A medida que el animal iba progresando a lo largo de la escala evolutiva se le hicieron necesaria ciertas cosas de manera que la maravillosa inteligencia, que moraba subconsciente en la mente instintiva se desplego hasta que pudo hacerse cargo de la situación para enfrentarla, despertó en el bruto para su preservación el instinto de lucha y está acción de la mente instintiva muy buena para su propósito y esencial para la perseveración de la vida animal, todavía está con nosotros y de vez en cuando se proyecta en nuestra mentalidad con sorprendente fuerza, todavía hay mucho en nosotros del viejo espíritu animal de lucha aunque no la hemos arreglado para controlarla y mantenerla reprimida, gracias a luz obtenida de nuestro desarrollo de las facultades superiores. La mente instintiva enseño al animal como construir sus nidos, como emigrar para el próximo invierno y miles de otras cosas. La mente instintiva es un almacén extraño, está llena de cosas recibidas de variedad de fuentes. Contiene muchas cosas que ha recibido a través de la herencia otras que se ha desarrollado en ella semillas que fueron sembrada al momento del impulso primario que inicio la vida en el camino otras cosas que ha recibido del intelecto incluyendo sugerencias de otros así como ondas de pensamientos enviadas por otras mentes y que hallaron alojamiento en sus rincones.

La Mente Instintiva es el asiento de los apetitos, pasiones, deseos, instintos, sensaciones, sentimientos y emociones del mas bajo orden que se manifiesta tanto en el hombre como en los animales inferiores, este es el más material de los tres principios mentales y el más apropiados para unirnos más ampliamente a la tierra y a las cosas terrenales.

No estamos condenados a las cosas materiales o terrenales, ellas están bien en su lugar pero en su desarrollo el hombre crece para ver estas cosas solo como un medio para un fin único, un paso hacia la evolución espiritual.

Los bajos instintos no fueron implantados en su naturaleza por el diablo los recibiste honestamente, ellos se incorporan en el proceso de evolución como algo apropiado y correcto pero han sido ampliamente superados y ahora pueden ser dejados atrás: no tenga temor en esta herencia del pasado puede apartarla y subordinarlas a cosas superiores a medida que avance a lo largo del camino no lo desprecie aunque lo pises con los pies ellos son los pasos con que has avanzado tu estatura presente y sobre los que todavia alcanzaran mayores alturas.

5.- El Intelecto:

Llegamos al principio o cuerpo mental que distingue al hombre del bruto, los primeros cuatros principios se comparten con las formas de vida inferior pero cuando el quinto principio comienza a desplegarse ya el ha alcanzado un logro importante en el camino de la superación y siente la condición humana manifestándose dentro de el.

Con el advenimiento de la autoconciencia, el hombre comienza a formarse el concepto del yo empieza a compararse con otros y a razonar sobre ellos acumula acervo mental y saca conclusiones de lo que encuentra en su mente, comienza a pensar en sí mismo, a analizar, a clasificar, separar, deducir etc. A medida que progresa empieza a pensar en cosas fuera de él e incluye sugerencias nuevas y frescas en su mente instintiva, comienza a  contar con su propia mente en lugar de aceptar ciegamente lo que emanan de la mente de otros comienzan, a crear por sí mismo y ya no es un mero autómata mental.

La auto-conciencia es algo fácil de comprender pero difícil de definir. Con el desarrollo del intelecto vino el principio de todos los maravillosos logros de la mente humana de hoy en día, pero por grandes que sean estos logros no son nada frente a lo que todavía está ante la especie. De victoria en victoria progresara el intelecto y en su desarrollo a medida que comienza a recibir cada vez más luz del próximo principio más alto la mente espiritual lograra cosas que todavía no puede ni soñar.

La importancia de la auto-conciencia puede reconocerse mas rápidamente cuando despierta en un ser una vez que el yo ha sido sentido y reconocido, comienza el verdadero despertar de la vida del alma a la conciencia del yo, ésta es la etapa donde el yo-bebe empieza su existencia, despierta. Antes de ese tiempo ha permanecido dormitando vivo pero no consciente de sí mismo y ahora ha llegado el tiempo del parto y del nacimiento, el alma tiene que enfrentar nuevas condiciones y tiene muchos obstáculos que superar antes de alcanzar la adultez espiritual. Tendrá que sufrir muchas experiencias, estará obligada a enfrentar muchos retos: pero el proceso sigue, sigue y sigue.

A veces pueden haber reveses y hasta puede parecer que retrocede pero tales obstáculos pronto son vencidos y el alma reanuda su jornada, no hay ningún retroceso verdadero en el camino y por lento que el progreso pueda parecer, cada uno de nosotros avanza resueltamente, cuanto más alto es el desarrollo del intelecto en un hombre mayores son las profundidades de las bajas pasiones apetitos y deseos que le son posibles, realmente crea nuevos deseos animales o más bien construye sus propios edificios sobre las bases de los animales.

Permite a tu naturaleza superior estar en guardia y rehusa ser retrasado a la vida animal por la que ya has pasado. Manten tu mirada en alto, la naturaleza animal puede ejercer una fuerza hacia abajo, pero la mente espiritual te dará una mano y te sostendrá si confías en ella, el intelecto está entre los dos y puede ser influenciado por cualquiera o por ambos, elige tu opcion tu ayuda está dentro de ti buscarla y rehusa ser arrastrado hacia el fango de la mente animal, manifiesta el yo dentro de ti y se fuerte. Eres un alma inmortal y avanzas sin parar hacia cosas aun mayores.

6.- La Mente Espiritual:

El sexto principio, La Mente Espiritual ha sido considerada por algunos escritores "la mente supraconciente" termino que es bastante bueno ya que distingue entre la más baja mente subconsciente o mente instintiva, la mente consciente o intelecto y ella misma fuera del reino de la conciencia humana ordinaria, es algo muy diferente a la mente más baja o instintiva.

Sri Ramakrishna (1836-1856) Origen: Hindu. Fue un místico a quienes muchos hindúes lo consideran u avatara o encarnación. Desde 1856 ejerció como sacerdote de un templo de la diosa Kali y recibió instrucciones para alcanzar la iluminación. Durante doce años practico ejercicios espirituales bajo la guía de maestros de las mas diversas formas y orientación religiosa incluidos cristianismo y el Islam.

Afirmo que por cada uno de estas vías había alcanzado la iluminación (Samadhi), por lo que afirma que los seguidores de todas las religiones, podrían lograr la experiencia de la "Realidad última" si su entrega a Dios fuera lo suficientemente intensa.

Sus discípulos más importante fueron Swamis Vivekananda y Swamis Brahmanda. Que difundieron su mensaje a través del Oriente y Occidente.

Swami Vivekananda (1863-1902) Origen: Hindu. Nacido con el nombre de Narendranath Datta. Fue un pensador, místico y líder religioso indio, discípulo del gran místico Ramakrishna. Propagador de la escuela advaita del vendatam en occidente y fundador de la organización Ramakrishna Missión en 1897 y de la orden monástica Ramakrishna Math en 1899. Asistió a Chicago en 1893 para participar en el Parlamento Mundial de las Religiones en el que fue orador.

Tras el Congreso se dedico a difundir su mensaje por varias ciudades de los EE.UU. y escribió diversos libros sobre el mensaje de la escuela Vendata: introdujo simultáneamente el Yoga y el vendata en los Estados Unidos e Inglaterra con sus conferencias, seminarios y discursos privados de filosofía vendatina. Vivekananda fue el primer religioso hindu en viajar a Occidente.

Paramhansa Yogananda (1893-1952) Origen: Hindú: Fue un yogui y gurú hindu. Fue un importante propagador del Yoga en Occidente particularmente del método llamado Kriya Yoga. Introdujo a muchos occidentales a las enseñanzas de la meditación y muchos conocieron por primera vez la filosofía oriental en su famoso libro Auto-Biografía de un Yogui Contemporáneo. En 1920 se embarco hacia los Estados Unidos, invitado a participar como delegado representante de la India en el Congreso de Liberales de la Religión que se celebro dicho año en Boston. Ese mismo año fundo la sociedad Self-Realitation Fellowship y dio conferencias durante varios años por la región de la costa este de los EE.UU. emprendiendo una gira de conferencia en 1924 a la que asistían miles de personas. El principal objetivo de la sociedad (SRF)fue diseminar las distintas practicas y filosofía Yoga, especialmente KriyaYoga Mientras que la existencia real de la mente espiritual se ha hecho, se manifiesta solo a un número limitado de la especie humana hay muchos que estan siendo conciente de algo superior dentro que conducen a los pensamientos, deseos, aspiraciones, hechos superiores y más nobles, un número aun mayor que recibe un débil deslumbre de la luz del Espíritu y aunque ellos no lo saben son influenciados por él en mayor o menor grado.

De hecho, la raza entera recibe algunos de sus beneficiosos rayos, aunque en algunos casos la luz está tan debilitada por los densos obstáculos materiales que rodean al hombre que su penumbra espiritual es semejante a la oscuridad de la noche, pero el hombre siempre está desarrollando y desechando envoltorio tras envoltorio aproximándose lentamente a su hogar. En el futuro la luz brillara plenamente para todos.

Todo lo que consideramos, bueno, noble y grande en la mente humana proviene de la mente espiritual y gradualmente se despliega en la conciencia ordinaria. Todo lo que ha recibido el hombre en su evolución y que tiende hacia la nobleza el verdadero sentimiento religioso, la humildad, humanidad, justicia, bondad, amor, altruista, misericordia simpatía, ha llegado hasta el a través del lento desarrollo de la mente espiritual, de esta manera ha penetrado en el, el amor a Dios y su amor al hombre, a medida que prosigue su desarrollo se amplía su idea de justicia, tiene más compasión sus sentimientos de fraternidad humana, se incrementa su idea de amor crece y aumentan todas las cualidades que los hombres de todos los credos se consideran buenos y puede resumirse como el esfuerzo practico por hacer realidad las enseñanzas de aquel gran maestro espiritual, que enucio está gran verdad.

"Y amaras al Señor, tu Dios, con todo tu corazón, con toda tu alma, con toda tu mente, y con toda tu fuerza". Y "Amaras al próximo como a ti mismo".

A medida que la conciencia espiritual del hombre empieza a desarrollarse, está comienza a tener un permanente sentido de la realidad de la existencia del poder supremo y creciendo paralelamente descubre que el sentido de fraternidad de relación humana le va entrando gradualmente en la conciencia. El intelecto enseña el valor de la bondad y del amor porque el hombre no se vuelve amable o amoroso por el frío razonamiento, al contrario se vuelve amable y amoroso porque surge de ciertos impulsos y deseos provenientes de algún lugar desconocido que le hacen imposible actuar de manera distintas sin sentir incomodidad y dolor, esos impulsos son tan reales se hacen más númerosos y muchos más fuertes.

A medida que el hombre se desarrolla espiritualmente siente su relación con toda la humanidad y comienza amar más a su prójimo. Le hiere ver a otro sufriendo y cuando le hiere lo suficiente intenta hacer algo por remediarlo. Cuando transcurre el tiempo y el hombre desarrolla el terrible sufrimiento que muchos seres humanos padecen hoy en día será imposible por la razón de que el desarrollo de la Conciencia Espiritual de la especie hará que el dolor sea sentido tan severamente por todos, que la raza no podrá soportarlo e insistirá para que las cosas se remedien. De los recodos mas internos del alma viene una propuesta por seguir la más baja naturaleza animal y aunque podamos apartarlas durante algún tiempo se hará cada vez más persistente hasta que nos obligue a considerarla. La vieja historia que cada persona tiene dos consejeros uno en cada oído que le susurra que siga las enseñanzas superiores y el otro que la tienda a seguir el camino más bajo.

El intelecto representa el yo consciente de la persona promedio, este yo tiene por un lado la mente instintiva que lo arrastra hacia los viejos deseos de lo antiguo, de si mismo, los impulsos de la vida menos desarrollados del hombre animal o inferior cuyos deseos estaban en fase más baja de desarrollo, indigna del hombre en progreso. En el otro lado la Mente Espiritual enviándole al intelecto sus impulsos de desdoblamiento y esforzándose por atraer la conciencia hacia el mismo para ayudar al desdoblamiento y desarrollo del hombre y para hacerle dirigir y controlar su naturaleza inferior.

La lucha entre la naturaleza superior e inferior del hombre ha sido advertida por todos los observadores minucioso de la mente y los caracteres humanos y muchas han sido las Teorías, pero la verdad que conocen todos los sabios es que la lucha entre dos elementos de la naturaleza del hombre no exactamente belicoso pero cada uno siguiendo su propia línea de esfuerzo mientras que el yo es desgarrado y triturado en sus esfuerzo por ajustarse.

El Ego está en una fase de transición de conciencia y algunas veces el forcegeo es bastante doloroso, pero el hombre en crecimiento se eleva a tiempo por encima de la atracción de su naturaleza inferior y el alborear de la Conciencia Espiritual le permite entender el verdadero estado de cosas y le ayuda afirmar su dominio sobre ego inferior y asumir una actitud positiva hacia el, mientras que al mismo tiempo se abre a la luz de la Mente Espiritual y se mantiene en actitud negativa hacia ella sin resistir su poder.

La Mente Espiritual es también la fuente de la "inspiración" que ciertos poetas, pintores, escultores, escritores, predicadores, oradores y otros han recibido en todos los tiempos y aun hoy reciben, está es la fuente donde el vidente obtiene su visión y profetiza su prevision. En su trabajo muchos se han concentrados en los altos ideales y han recibido de esta fuente raros conocimientos atribuyéndolos a seres de otro mundo desde los ángeles y espíritus hasta el propio Dios; pero todo esto viene del ser interior era la voz de su Ego era su voz la que hablaba.

No queremos decir con esto que al hombre no le llegue ninguna comunicación de otras inteligencias, lejos de eso sabemos que las inteligencias superiores a menudo se comunican con el hombre a través del canal de la mente espiritual, pero mucho de lo que el hombre ha atribuido a inteligencias externas realmente ha venido de el mismo y mediante el desarrollo de la conciencia espiritual, el hombre puede lograr una gran relación y contacto con esa parte superior de su naturaleza y llegar así a tener un conocimiento que el intelecto ni se ha atrevido a soñar.

Cuando el hombre aprende sobre la existencia de su Mente Espiritual y comienza a reconocer sus dictados y directrices fortalece sus vínculos y comunicación con ella y en consecuencia recibe una luz de mayor brillantez. Cuando aprendemos a confiar en el espíritu este responde enviándonos destellos más frecuentes de iluminación y esclarecimiento. A medida que uno se desarrolla en la Conciencia Espiritual se apoya mas en está Voz interior y puede distinguirla mas fácilmente de los impulsos de los planos inferiores de la mente.

Aprende a seguir las directrices del Espíritu y a permitirle que te tienda una mano guía, muchos de nosotros hemos aprendido a conocer la realidad del ser "llevado por el Espíritu". Aquellos que han experimentado está conducción no necesitan decir nada mas porque ellos reconocerán exactamente lo que quiera decir. Los que todavía no lo han experimentado deben esperar hasta que le llegue el momento, porque no pueden describirlo, no hay palabras para hablar de estas cosas que están más allá de las palabras.

El Aura Humana:

El tema de la constitución del hombre está incompleto sin una referencia a lo que los ocultistas conocen como el Aura Humana, esto constituye una de las partes más interesantes de las enseñanzas ocultas, y se encuentra referencia a ellas en las escrituras ocultas y tradiciones de todas las razas. Se ha creado considerable equivocación y confusión con respecto al Aura Humana y la verdad se ha complicado por las diversas especulaciones y teorías que han escrito sobre el asunto. Esto no debe sorprendernos si recordamos que el aura solo es visible para aquellos que tienen poderes psíquicos altamente desarrollados. Alguno con cierta visión inferior que les permite ver algunas de las manifestaciones más tosca de la emanación que constituye el aura, pensaron y enseñaron que lo que ellos veían era todo lo que podía verse; mientras que la verdad real es que tales personas han visto solo una parte del todo, mientras que el resto está reservado para los de mayor desarrollo.

Cada uno de los siete principios de que el hombre está compuesto irradia una energía que es visible a los sentidos psíquicos desarrollados de alguno de nuestras especies. La energia que irradia es semejante a las radiaciones conocidas como "Rayos X" y al igual que estos es invisible al ojo humano que ordinariamente no posee. Algunas de las formas más ordinarias del Aura son visibles a aquellos que tienen un grado relativamente poco desarrollado de poder psíquico mientras que las formas superiores se hacen visibles cuando las facultades psíquicas alcanzan poder, hoy en día hay relativamente pocos encarnados que hayan visto que emana del sexto principio la Mente Espiritual.

El Aura del séptimo principio, el Espíritu solo es visible a aquellos seres muy por encima en la escala de la raza humana tal como la conocemos.

El Aura que emana el quinto principio más bajo puede ser visto por muchos de nosotros que hayamos desarrollado poderes psíquicos siendo determinado por nuestra claridad de visión y rango de vista por el grado particular de desarrollo que hayamos alcanzado. Cada cuerpo o principio irradia energía, que combinada constituye lo que es el Aura Humana. El Aura de cada principio, removiendo lo demás ocuparía el mismo espacio como si estuviera llena por el Aura de todos o de cualquiera de otros principios, las diversas Auras de otros principios interpenetran en las demás y por tener diferentes vibraciones, no interfiere una de otras. Cuando hablamos del Aura hablamos del Aura completa del hombre visible al que tenga vista psíquica. El Aura que emana de algún principio en particular nos referimos distintamente a este principio.

El Aura Humana es la atmosfera protectora de toda persona, es una energía sutil, es el conjunto de cuerpos sutiles que poseen los seres humanos, además del físico, estos cuerpos de leve densidad aparecen a veces de distintos colores para el observador causal, el Aura se compone de siete niveles y cada uno de ellos corresponde a uno de los vortices enegeticos del cuerpo humano (chakras) o centros magnéticos, el Aura muestra los colores del Alma y los valores del ser del espíritu divino que mora en el interior de cada persona. En el Aura se puede observar el estado de salud y las cualidades o defectos de cada persona, podemos decir que viendo tu Aura te diré quién eres, el cuerpo áurico tiene forma ovalada por eso suele llamarle el huevo áurico y tiene un mínimo de 10 cm de espesor llegando a unos 60 cm y en seres muy desarrollado espiritualmente pueden llegar a una extensión impresionante, el aura vital como un cuerpo energético que es, se satura de los pensamientos u energía, las vibraciones negativas como odio, envida, rencor, te satura el aura de negatividad, se dice que el Aura está muy sucia y pesada, la persona se queja de su mala suerte esta irritable impaciente, significa que esa aura debe de limpiarse. Debemos saber trabajar sobre nuestro campo energético, detectando y equilibrando las zonas de nuestra Aura, descubriremos un poco mas de nosotros mismo y sobre aquellas esferas de nuestra realidad si bien hasta ahora desconocemos, no dejan de incidir notablemente en nosotros.

Las Facultades Extrasensoriales del Ser Humano:

La Percepción Extrasensorial es la habilidad de adquirir información por medios diferentes a los sentidos conocidos, gusto, vista, tacto, oido, equilibriocepción y propiocepción. La percepción extrásensorial le llaman sexto sentido vendria tras los cincos sentidos clasicos

Todos los seres humanos tenemos, ciertas capacidades que se escapan a nuestros cinco sentidos llamadas capacidades extrasensoriales, sin embargo son algunos pocos los que pueden o no manejarlas a voluntad. En este caso de ciertas personas dotadas de ciertos dones que se alejan de la priori de nuestro entendimiento más básico como son los videntes, los psíquicos los telepatas.

En el mundo animal las capacidades extrasensoriales funcionan integradas íntimamente en la naturaleza, Ej: Las aves, mamíferos, reptiles etc, abvierten antes que nadie que se aproximan catástrofe de la naturaleza, tales como huracanes, terremotos, maremotos etc... Es como a través de un radar interno que algo está a punto de suceder que va en contra de su supervivencia y tienen la motivacion de huir del lugar para refugiarse en zonas más seguras.

Se ha comprobado que el hombre civilizado debido a su inercia diaria a perdido la finura de sus cincos sentidos, en comparación con el hombre primitivo. Cuantas veces se ha oído decir que una persona ciega tiene un oído finísimo? La ausencia de un sentido reorganiza los otros y en pro de la supervivencia del individuo se agudizan los sentidos restantes, y así el hombre actual acostumbrado a una vida cada día mas y mas complicada laboralmente con factores ambientales que perjudiquen su progreso espiritual, tal como el stress, la exigencia profesional, los fanatismo, falta de valores morales y espirituales etc., habrá atrofiado casi su inexplorado sexto sentido es decir, habría apartado casi todo aquello que podía conformar su parte paranormal por no saber o por no poder ejercitarlo adecuadamente.

Entre las facultades extrasensoriales o facultades paranormales tenemos:

La Telepatía, Clarividencia dentro de esta tenemos la Clarividencia Simple, La Clarividencia Especial, La Clarividencia del Pasado, Clariviendica del Futuro, La Telequinesis, la Levitación etc.

La Telepatía es la facultad que tiene el hombre de la comunicación de mente a mente de una manera diferente a los cinco sentidos a lo que la ciencia material limita al hombre. El hombre tiene otros sentidos y facultades que aquello que la ciencia material considera, además de los cinco sentidos físicos, poseen cinco sentidos astrales contraparte a los sentidos físicos que opera en los planos astrales y mediante los cuales puede oír, oler, ver, gustar e incluso sentir sin utilizar los organos fisicos normalmente asociados a estos sentidos. Además de esto tienen un sexto sentido especial mediante el cual percibe los pensamientos que emanan de las mentes de otros aun cuando estas otras mentes puedan encontrarse lejos en el espacio.

Hay un gran punto de diferencia entre este sexto sentido físico especial y los cinco sentidos astrales. La gran diferencia esta, los cinco sentidos astrales son contraparte de los cinco sentidos fisicos que funcionan en el plano astral tal como los sentidos físicos actúan en el plano físico, habiendo un sentido astral que corresponde a cada órgano físico y aunque la impresión astral no se reciba a través del órgano físico llega a su conciencia a través de sus líneas,, tal como lo hace la impresión recibida a través de los canales físicos. Pero este sexto sentido físico en especial tiene un órgano físico a través del cual recibe las impresiones, como una contraparte astral igual que tiene los demás sentidos físicos tiene un órgano tan realmente como son la nariz, ojo, oído a través del cual recibe verdaderas impresiones "telepáticas" ordinarias y que es utilizado en todo los casos incluidos bajo la denominación de "telepatía" la contraparte astral se utiliza en el plano astral en ciertas formas de clarividencia aunque es a través del órgano físico telepático que el cerebro recibe la vibración u ondas de pensamientos, que emanan de las mentes de otros.

Enclavado en el cerebro cerca de la región del craneo, casi directamente encima del tope de la espina dorsal, se encuentra un pequeño cuerpo o glándula de color gris- rojiso y de forma de cono unido a la base del tercer ventrículo del cerebro delante del cerebero. Es una masa de materia nerviosa que contiene crepúsculo parecido a las celulas nerviosas y que contiene también partículas carcareas, a veces llamadas arena cerebral. Este cuerpo es conocido por la ciencia física occidental como Glándula Pienal o Cuerpo Pienal habiéndosele adjudicado el termino pienal a causa de su forma que recuerda a la de una piña. Pero los científicos occidentales se hallan totalmente perplejos respecto a la función, propósito y uso de este órgano del cerebro (porque es un órgano). En sus libros de textos despachan el asunto declarando solemnemente "la función del cuerpo pienal no es comprendida "y no se hace ningún esfuerzo en saber la presencía y los propósitos de los "Corpúsculos parecidos a las celulas nerviosas" o la arena cerebral. Sin embargo algunos escritores destacan que este organo es más grandes en los niños que en los adultos o mas desarrollados en las mujeres adultas que en los hombres adultos una observación muy significativa. Durante los siglos los yoguis han sabido que este cuerpo pineal es el órgano a través de cual el cerebro recibe impresiones por medio de la vibraciones causadas por pensamientos emitidos, por otros cerebros en otras palabras es el órgano de la comunicación "telepática". No es necesario para este órgano tener una apertura exterior como la tiene la nariz, el oído o los ojos porque las vibraciones del pensamiento penetran en la materia de la consistencia del cuerpo físico tan fácilmente como las vibraciones luminosa penetra el vidrio, o las radiaciones de rayos X, atraviesa madera y piedra, etc. La imagen más aproximada del carácter de las vibraciones del pensamiento se encuentran en las vibraciones enviadas y recibidas en la "telegrafía inalámbrica". El pequeño cuerpo pineal del cerebro es un instrumento receptor de la telegrafía inalámbrica de la mente. Cuando uno piensa, coloca en el eter circundante vibraciones de mayor o menor intensidad que irradia en todas las direcciones así como las ondas de luz irradian de sus fuentes; estas vibraciones al golpear el órgano telepático en otros cerebros, causan una acción cerebral que reproduce el pensamiento en el cerebro del destinatario, de acuerdo con la circunstancia este pensamiento reproducido puede pasar al campo de la conciencia o permanecer permanente en la Mente Instintiva. La telepatía puede ser considerada como la recepción de una persona consciente o inconsciente de vibraciones u ondas de pensamientos emitidas consciente o inconscientemente por las mentes de otros, así la transferencia deliberada de pensamientos entre dos y más personas es Telepatía y lo mismo es la absorción de una persona de las vibraciones de pensamientos de la atmosfera enviada por otros pensadores sin ningún deseo de alcanzarla. Las ondas de pensamientos varían en intensidad y fuerza. La concentración por parte del remitente o receptor o de ambos intencifican la potencia del envió y la exactitud y claridad de la recepción.

El pensamiento es de origen atómico y se transmite a través del éter en forma de ondas a grandes distancias donde hay un cerebro que lo envía y otro que lo recibe que es el receptor esos pensamientos que enviamos o recibimos lo proyectamos en nuestra imaginación

Clarividencia:

La clarividencia es una forma de percepción paranormal, en apariencia independiente de la actividad sensorial o racional de un sujeto de carácter objetivo. La clarividencia es un percepción sensorial o un razonamiento consciente o inconsciente entre el estado psicofísico de un individuo o su conducta de un suceso objetivo. En el caso de la clarividencia se tiene un conocimiento directo del acto psíquico se puede ver lo que está ocurriendo, y lo que puede ocurrir, de una manera inmediata y con perfecta claridad. El hombre tiene dentro de el facultades que le permite "sentir" vibraciones que no son registradas por sus órganos físicos sensoriales, ordinarios. Cada sentido físico tiene su correspondiente sentido astral que están abiertos a las vibraciones las interpretan y las transmiten a la conciencia humana. De esta manera la vista astral le permite al hombre recibir las tenues vibraciones astrales desde una enorme distancia; recibir estos rayos a través de objetos sólidos: percibir formas de pensamientos en el éter. El oído astral permite recibir vibraciones astrales sonoras desde enorme distancia y sutiles vibraciones que aún persisten después de transcurrido un largo tiempo. Los otros sentidos astrales corresponden a los demás sentidos físicos. Todas las personas tienen sentidos astrales pero solo unas cuantas lo han desarrollado para poder utilizarlo conscientemente. Algunos tienen ocasionalmente chispazos de percepción astral pero no estan conscientes de la fuente de sus impresiones solo saben que algo entro en su mente y a menudo desdeñan la impresión como de una fantasía inútil.

La Clarividencia Simple o la visión telescópica astral el clarividente consiente o inconscientemente organiza un tubo astral que lo conecta con la escena distante. Por este método las vibraciones de la luz llegan mas fácilmente a él y las impresiones externas se inhibe o se cancelan para que la mente reciba las impresiones del punto enfocado. Estas impresiones que llegan al clarividente, son ampliadas por su facultad telescópica y entonces son percibidas claramente por la visión astral.

Clarividencia del Pasado:

La Clarividencia Temporal o del Pasado en cuanto a recordar eventos del pasado no es una facultad rara entre los ocultistas avanzados de hecho puede ser considerada como común entre tales personas. Y esa misma facultad, imperfectamente manifiesta, se encuentra entre muchos psíquicos ordinarios que ni siquiera están enterado de la naturaleza que tiene este poder.

Entre está clase de persona la clarividencia temporal es más o menos satisfactoria porque es imperfecta y engañosa, por causa que se verán a continuación. Los ocultistas saben que nada desaparece y que en los planos superiores de la materia hay en existencia archivos impresederos e inalterables de cada escena acto y pensamiento y cosas que alguna vez existieron u ocurrieron en la vida. Estos archivos akasicos no están en el plano astral sino en un plano mucho más alto, pero se refleja en el plano astral así como el cielo y las nubes se reflejan en el lago y el observador que no puede ver el propio cielo ni puede ver su contraparte del agua y tal como su visión puede distorsionarse por las ondas y olas del agua así mismo la visión astral de estos archivos del pasado se convierten en impresiones distorsionadas e imperfectas a causa de la perturbacion de la luz astral.

Estos archivos akasico contiene la memoria de todo lo que ha pasado como si fuera un libro, pero solo la inteligencias más avanzadas tienen libre asceso a estos archivos al menos tienen la facultad de leerlos.

Pero muchos han adquirido un menor o mayor grado de poder que les permite leer más o menos claramente en los reflejos de estos archivos en los planos astrales. Aquellos que han desarrollado temporal pueden ver estos reflejos de los archivos como si fueran escena que realmente está ocurriendo delante de ellos tal como uno escucha las voces de personas que han desencarnados hace mucho tiempo y tal como otros podran escuchar nuestras voces cuando haya pasado muchos siglos.

En el cerebro de cada ser humano hay millones de células y cada una conviene en los archivos de algún evento pasado o pensamiento o acción. No se pueden encontrar estos archivos en un microscopio ni por pruebas químicas y sin embargo están allí y puede utilizarse.

En el recuerdo de cada acción, pensamiento o hecho permanece en el cerebro durante toda la vida aunque su dueño no siempre sea capaz de traerlo a la memoria.

Pueden ustedes hacerse una idea del archivo akasico de este ejemplo? En la gran memoria del universo están registrados y guardados los archivos de todo lo que ha sucedido antes de aquello que tiene abseso a los archivos que pueden leer y lo que pueden ver la reflexión astral de los archivos pueden leer con mayor o menor exactitud y habilidad.

Clarividencia del Futuro:

La Clarividencia del Futuro o visión del futuro, algunos pocos tienen la facultad de ver más cerca las cosas que causan estas sombras o reflejos mientras que la mayoría tiene un grado de poder psíquico que les permite ver con su visión astral estos reflejos pobres, distorsionados e inciertos por causas de las olas y ondas de los cuerpos del lago de luz astral. Hay planos más elevados de poder por medio de los cuales en cada época algunos han podido ver parcialmente el futuro pero tales poderes están mucho más allá de las escalas o facultades del plano astral que aunque maravilloso para el ocultista inexpecto, no es juzgado tan favorablemente por aquellos que han avanzado mucho por lo largo del camino.

Clariaudiencia:

La Clariaundiencia es oír en el plano astral por medio de los sentidos astrales, la clarividencia es igual a ola Clariaundiencia la única diferencia es que se usa un órgano astral diferente. Algunos clarividentes son también Clariaudentes mientras que a otros le falta la última facultad mencionada; por otro lado otros oyen por Clariandiencia pero no ven la luz astral. La Clariaudiencia es una manifestación algo más rara que la clarividencia.

La Telequinesis:

Es el poder psíquico que tiene una persona de mover objetos con su mente, al unir su campo aurico con ellos. El desarrollo de esta habilidad se podía desarrollar mediante entrenamiento psíquico, utilizando la energía psíquica emitida por el cerebro, la telaquinesis es una rama de la Kinesis, la cual trata de la manipulación del plano fisico mediante la energía psíquica.

La Levitación:

Es el efecto de un cuerpo u objeto que se halla en suspensión estable en el aire, sin ayuda de otro objeto físico en contacto con el primero que sustenta al que levita o flota.

Los Chakras:

Los chakras son los centros psíquicos del cuerpo que rigen distintos aspectos de la vida, desde el cocix hasta la coronilla, están distribuidos en los plexos, redes formadas por varios filamentos nerviosos y vasculares entrelazados. Interconectados entre si no se trata de  punto fijo sino de centros donde la chakra gira en sentido contrario a las agujas del reloj se dice que el chakra está cerrado y ocasiona dificultades y bloqueo en el área de la vida regida por ese chakra.

A través de la introspesion y la meditación sobre los chakras se intenta mantener el flujo ascendente de la energía desde el chakra base o Muladhara para sanar enfermedades y mantener la salud física, incrementar el conocimiento de uno mismo, mejorar la propia vida de sus distintos aspectos y lograr una evolución espiritual que aporte paz mental y serenidad.

La energía de los chakras puede purificarse y desbloquearse, mediante la meditación y respiración, utilizando vibraciones sonidos o imágenes para activarlas. En una clase de Yoga o una sesión shiatsu o de reiki se equilibra con la energía de los chakras.

Primer Chakra: Muladhra significa Fundación. Ubicado el plexo pélvico, entre el ano y los genitales su nombre alude al nacimiento de un triple sentido: nacimiento físico, manifestación de la conciencia única en forma humana (Conciencia de la Divinidad del hombre) y morada de cundalini, "serpiente" en reposo en la base de la columna que es la fuerza de la energía.

La conducta de los niños está motivada, por el primer chakra, búsqueda de satisfacer las necesidades basicas: sueños, alimentos,, abrigo, seguridad, echar raíces,, establecer las leyes de su mundo, aprender regular la satisfacción de sus necesidades, se trata del nacimiento la supervivencia física, el conocimiento del mundo físico que los rodea y su identidad en el. Por eso, una persona motivada por el primer chakra está centrada en sí misma.

Segundo Chakra: Svadhisthana significa (El lugar donde mora el ser y está ubicado en el plexo hipogástrico, en la zona genital. La procreación, la familia y la fantasía tiene sus motivaciones en este chakra donde también comienza la inspiración de crear.

La conducta típica del segundo chakra es la de preadolescente: Imaginación, socialización, deseo de sensaciones fisicos y fantasias mentales. Entra en acción la sensualidad mientras la persona evoluciona hacia una nueva conciencia del cuerpo físico.

Tercer Chakra: Manipura Ubicado en el plexo solar (en el ombligo) significa "La ciudad de la Gemas". Los aspectos de este chakra son la visión, la forma, el color y el ego

La conducta en el tercer chakra se corresponde con la de un adolecente la motivación de la energía en este chakra impulsa a la persona a construir su identidad en el mundo a desarrollar su ego, a obtener reconomiento y poder personal.

 Cuarto Chakra: Anahata Sinifica: "El no golpeado" y está ubicado a la altura del corazón, en el plexo cardiaco. El aspecto clave de este chakra es lograr el equilibrio entre los tres chakras que hay por arriba y los tres que hay por debajo. En la primera juventud se vibra con el chakra anahatra, tomando conciencia del karma y de los aspectos de la propia vida. Aquí, la persona se vuelve dueña de sí misma gana sabiduría y fuerza interior, se equilibran las energías femeninas y masculinas. Quien está centrado en el cuarto chakra ha logrado evolucionar mas allá de las limitaciones de su entorno controlando sus perturbaciones emocionales.

Quinto Chakra: Vishuddha, ubicado en el plexo de la carotida a la altura de la garganta, su nombre significa: "puro". Quien mediante la meditación entra en el quinto chakra se convierte en el dueño de todo su ser y dejan de ser una perturbación, las contracciones del mundo, los sentidos y la mente. En este chakra se busca el verdadero conocimiento y conduce al nacimiento del ser humano al estado divino, ya que encarna la conciencia cósmica.

Sexto Chakra: Ajna Es el tercer ojo ubicado entre el entreojo, en el plexo medular que representa la conciencia. Su nombre significa "Autoridad, mando, poder ilimitado". Quien medita en el sexto chakra elimina su impureza y entre en la séptima puerta, Soma. En este estado, el yogui controla su mente y su repiración, por lo que alcanza la realización al salir la dualidad en la que queda atrapada la conciencia humana y unirse a la conciencia divina.

Séptimo Chakra: Soma Significa: "Necta, la luna", y es la conexión con la conciencia cósmica. Ubicado en la coronilla en este chakra se produce la integración de la personalidad con todos los aspectos de la vida (física, emocional, y mental) y de la espiritualidad.

La Reencarnación:

La Reencarnación es una idea de las más antigua de la humanidad y en tiempos pasados fue general creencia de los pueblos cultos, hoy en día creen en la reencarnación la mayoría de los habitantes de nuestro planeta y muchas de las religiones actuales lo aceptan tambien.

La doctrina de la reencarnación y su inseparable compañera la ley del Karma constituye la piedra angular de la filosofia del yoga y todos los sistemas filosóficos del Oriente.

En el Bhagavad Gita aparece la doctrina de la reencarnación: Krisha le dice a Arjuna:

"Así como el alma residente en el cuerpo material pasa por las etapas de infancia, juventud, virilidad y vejez, así a su debido tiempo pasa a otro cuerpo y en otras encarnaciones volverá a vivir y desempeñar nueva misión en la tierra."

La Reencarnación es la creencia según la cual, al morir una persona su alma se separa momentáneamente del cuerpo y después de algún tiempo toma otro cuerpo diferente para volver a nacer en la tierra. Por lo tanto los hombres pasarían por muchas vidas en este mundo.

Porque el alma tiene que reencarnar? Porque una nueva existencia debe pagar los errores o ignorancias en la presente vida o recoger el premio de haber tenido una conducta honesta, el alma está en continua evolución, y las sucesivas reencarnaciones le permite progresar hasta alcanzar la perfección.

Esta ley que obliga a reencarnar es la de un destino inevitable es llamada la ley del Karma. El cuerpo no es más que una túnica caduca y descartable que el alma teje por necesidad.

Cuando se comprende la enseñanza de la reencarnación varia completamente el concepto de la vida. Ya no se identifica el hombre con su cuerpo físico ni con los demás cuerpos de su constitución. Considera su cuerpo como una vestidura que habrá de llevar mientras la necesite, pero que desechara con el tiempo para tomar otra mejor adecuada a sus nuevas necesidades. Si intelectualismo este concepto de la reencarnación nos preguntamos Quien me lo prueba? Decimos simplemente no sé. Pero cuando la vivenciamos o sentimos en nuestro interior en nuestra vida actual empezamos a creer en ella.

En occidente son pocos los capaces de recordar algo más que fragmentos de sus vidas pasadas en la India es muy diferente que los individuos espiritualmente evolucionado recuerden con toda claridad las vicisitudes y pormenores de encarnaciones pasadas y la prueba del despertamiento de esta memoria no causa extrañeza, hay una tendencia hacia la reencarnación consciente, en la India los individuos recuerdan claramente sus vidas pasadas al llegar a la pubertad, cuando el cerebro está lo suficientemente desarrollado para apresar el conocimiento encerrado en las profundidades del alma. La memoria individual de lo pasado está recluida en lo intimo de la mente, de la misma manera que muchas vicisitudes de la vida presente se mantienen ocultas en la subconsciencia para resurgir cuando alguna circunstancia a asociación de ideas transfieren al campo de la memoria en las apariencias de olvidadas vivisitudes.

Guillermo Knigth en la Fortnigh-tely Review dijo:

"La memoria de los pormenores del pasado es absolutamente imposible, el poder de la memoria, aunque relativamente grande, es muy limitado., Olvidamos la mayor parte de una experiencia luego de pasada y debemos ser capaces de recordar los pormenores de los años pasados y encontrar todos los perdidos eslabones de la conciencia de la presente vida, antes de poder recordar las de las vidas pasadas. Al nacimiento a proceder necesariamente el cruce del rio del olvido, aunque subsiste la capacidad de nuevas adquisiciones y las acumuladas riqueza de antiguas experiencias determinan la indole de las nuevas."

Cuando el hombre llega a cierto grado de espiritualidad ya no reencarna inconscientemente sino que ve con toda claridad el tránsito de una esfera a otra esfera de vida, con la vivida memoria de todas las vidas pasadas.

Las reencarnación tiene algunas ventajas, en primer lugar nos concede una segunda, tercera e infinita posibilidad. Sería injusto arriesgar nuestro futuro de una sola vez, angustiaría tener que conformarnos con una sola existencia, a veces mayor triste y dolorosa. La reencarnación en cambio, permite empezar de nuevo.

El tiempo en una sola vida no es suficiente para lograr la perfección necesaria. Estas exigen un largo aprendizaje que se va adquiriendo poco a poco. Ni los mejores hombres se encuentran, al momento de morir, en tal estado de perfección. La reencarnación en cambio permite alcanzar esa perfección en otros cuerpos.

La reencarnación ayuda a explicar ciertos hechos incomprensibles como por ejemplo que algunas personas sean mas inteligentes que otras que el dolor está tan desigualmente repartidos entre los hombres. La simpatía o antipatía entre las personas, que algunos sean desdichados o la muerte precoz de un niño. Todo esto se entiende mejor si esta pagando deuda o cosechando meritos de vida anteriores.

La reencarnación está vinculada al concepto del Karma según el cual cada uno paga por su buen o mal comportamiento en sus próximas reencarnaciones. El alma que tenga un buen Karma "transmigrara" encarnándose en un ser superior quien tenga un mal Karma encarnara como un ser inferior, ya sea por ejemplo una vaca o una cucaracha. En las sucesivas reencarnaciones el alma podría evolucionar hacia la perfección hasta convertirse en espíritu puro que no necesita mas reencarnaciones. Entonces se sumerge para siempre en la eternidad.

Los proponentes de la reencarnación creen que el alma es eterna pero no la persona. El alma habita en un cuerpo y cuando este se gasta se consigue otro. El alma no es individual sino que forma parte de "Dios", o Brama.

El objetivo en los ciclos de reencarnaciones es pagar culpas de vidas anteriores y purificar el alma del mal hasta llegar a la iluminación, lo cual le hace posible quedar en el "Todo", el "Alma Mundial". Conocerse como parte de ese "Todo" es señal de iluminación.

La creencia en la reencarnación comienza en la India en el siglo VII antes de Cristo. Eso significa que no es tan antigua como la fe de los judíos o de los sumerios, Egipcios, Persas, y Chinos. Ninguno de estos creían en la reencarnación y por eso edificaron magnifica tumbas.

El Budismo apareció en la India en el siglo V antes de Cristo y adoto la creencia en la reencarnación más tarde paso a Grecia y Roma. Algunas religiones también adotaron está explicación humana a los problemas que no podían entender. Tubo adeptos entre algunos filósofos griegos.

En nuestro tiempo se encuentran entre las enseñanzas de las sociedades teosóficas, los gurús indios, los psíquicos y el movimientos de la nueva era por el cual han importado muchas creencias orientales

El Karma:

El es la acción de causa y efecto, de acción y reacción. Se refiere a las complicadas afinidades entre lo bueno y lo malo que el ego experimenta durante sus encarnaciones y se manifiestan en las características de determinadas vidas con aditamentos enmiendas o alteraciones pero siempre ganosas de expresión y manifestación de donde se sigue que cada uno de nosotros en la vida presente depende lo que fue y de cómo obro en sus vidas pasadas.

La operación del Karma denota perfecta justicia, no se castiga por nuestros pecados como es vulgar creencia sino que nuestros mismo pecados nos castigan. No se nos premia por nuestras buenas acciones, sino que el premio esta en las buenas acciones y en las cualidades adquiridas por haber obrado bien en pasadas vidas. Así es que somos nuestros propios jueces y verdugos. En nuestra vida presente estamos acumulando buen o mal Karma que forma parte integrante de nuestro ser y demandara manifestación y expresión en vidas futuras.

Cuando creamos mal Karma engendramos un monstruo que roera nuestra vitalidad hasta que nos libremos de sus garras por la adquisición de las opuestas cualidades, cuando creamos buen karma por el estricto cumplimiento del deber, las buenas acciones realizadas sin apetencia de premio y con desinteresada simpatía, entonces nos elaboramos las hermosas vestiduras con que nos engalanaremos en futuras vidas. El pecado es el hijo de la ignorancia y de la incomprensión de nuestra naturaleza y que hemos de aprender la lección hasta advertir la insensatez y el error de nuestra pasada conducta y evitar la reinsidencia. Los efectos resultantes de nuestros pecados se aferran a nosotros hasta que nos fatiguen y aflijan, buscando entonces su causa en nuestros corazones. Al descubrirlo, las aborrecemos y las arrojamos como cosas nauscabunda y en adelante nos vemos libre de ellas.

Actualmente nos aprovechamos de las lecciones que aprendimos en pasadas vidas y estamos aprendiendo nuevas lecciones. Si las aprendemos bien, recibiremos su beneficio, mientras que si decimos las palabras de sabiduría que nos ofrezca o no queremos aprender bien la lección, no tenemos más remedio que volver a la escuela de este mundo y repetir la lección hasta grabarla en nuestra conciencia

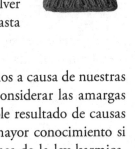

Difícil es darnos cuenta de que somos lo que somos a causa de nuestras pasadas experiencias. Cuando seáis capaces de considerar las amargas experiencias de la vida presente como el inevitable resultado de causas pasadas establecidas pero que nos proporciona mayor conocimiento si reconocemos el bien subyacente de las operaciones de la ley karmica, entonces nos percatamos del que el dolor no es una injusticia ni un castigo sino la benéfica actuación de la ley que, aparenta obrar mal tiene su mira puesta en el ulterrimo bien.

La vida es una sabia escuela de aleccionaminento, hay en ella muchas aulas y escuelas de progreso, de agrado o por fuerza hemos de aprender las lecciones, repugnamos el aprendizaje, habremos de volver una y otra vez a la tarea hasta aprenderlo. Nada de lo aprendido se olvida por completo, la lección deja indeleble huella en nuestro carácter cuya gradual formación es obra de la ley del karma, sin que en nada intervenga lo que los ignorantes de la ley llaman casualidad. El hombre cosecha lo que siembra, es hoy consecuencia de lo que fue en su última vida y en la próxima será lo que se está haciendo en la presente. Cada cual es su propio juez y verdugo, su propio recompensador. Pero el amor de Dios no cesa de conducir al hombre hacia la luz de la verdad y abre su alma al conocimiento que agota y quema el Karma y le capacita para liberarse del grave peso de causa y efecto.

Cualquier acto sea malo o bueno tiene consecuencia, si practicamos el bien las consecuencias serán buenas para nosotros, si tenemos una mala conducta las consecuencias serán malas para nosotros también. No existe acción sin causa ni tampoco causa sin acción. Si pesamos nuestras acciones en una balanza, el plato de nuestras buenas acciones está más pesado el resultado será un Darma, que es una recompensa por las buenas acciones que realizamos.

La palabra Darma significa también realidad o virtud, si ocurre lo contrario, si el plato de las malas acciones está más pesado el resultado será un Karma para nosotros, osea sufrimiento, dolor, adversidades. La palabra Karma significa acción. Podemos entenderla como acción y consecuencia. Comprender integralmente la ley del Karma es indispensable para orientar el navio en nuestra existencia en forma positiva y edificante. El Karma es una ley de compensación y no de venganza, el karma es una medicina que nos aplica para nuestro propio bien, desgraciadamente la gente en vez de inclinarse reverente al eterno Dios viviente protestan o blasfeman, se justifica así mismo se disculpan y se lavan las manos como Pilato.

Cuando protestamos no se nos modifica el Karma sino que se vuelve más duro y más severo, reclamamos felicidad a conyugue cuando hemos sido adultero en está o en vidas anteriores, pedimos amor cuando hemos sido despiadado o crueles: solicitamos comprensión cuando nunca hemos dado comprensión a nadie. Anhelamos dichas inmensas cuando hemos sido origen de muchas desgracias. Hubieramos querido nacer en un lugar hermoso y con muchas comodidades, cuando en vidas anteriores no supimos brindar un hogar. Queremos que nuestros hijos nos obedezcan, cuando jamás supimos obedecer a nuestros padres. Nos molestan terriblemente que nos calumnien, cuando siempre hemos sido calumniadores hemos llenado de dolor al mundo, es decir reclamamos lo que no hemos dado. Es posible que hayamos sido malvados y crueles en vidas anteriores, por eso merecemos lo peor y suponemos que se nos debe dar lo mejor.

Cuando la ley cósmica le va a cobrar alguna persona algún Karma, primero lo somete a juicio interno, si tiene Darma es decir si ha hecho buenas obras, no sufre ningún padecimiento, pero si no tiene capital cósmico, paga con dolor. Generalmente cuando la ley nos cobra, siempre pensamos que somos inocentes, que no debemos nada. Hay alguien que blasfema contra la justicia calificándola de injusticia, pero siempre debemos recordar que la ley a nadie da lo que no se merece. A quien nos da según nuestras obras.

Hay algunos que nacen en colchón de plumas con todas las comodidades para prepararse intelectualmente y llevan estilo de vida, para muchos envidiables; otros no tienen la misma suerte, pero tampoco sufren en lo económico. Sin embargo hay otros que sufren espantosamente y deben bendingar para subsistir, hay millonario que padecen de enfermedades incurables y no pueden comer los que le gusta, por una ulcera u otra dolencia. Hay muchos pobres que tienen una salud formidables, la ley cobra a cada quien según su falta.

Tipos de Karma:

Karma Colectivos: El que le cobra a varias personas cuando tienen karmas individuales similares. Los reúnen y sufren un accidente, una inundación, peste, epidemias, catástrofe etc..

Karma Nacional: Castigo que sufre una nación, Ej: un terremoto, una guerra civil etc...

Karma Individual: Es el castigo de cada ser humano de sus malas obras cometidas en está o en vidas anteriores Ej: Uno nace ciego, otro huérfano, tuberculosis, cáncer, lepra, deformaciones siameses. Dice un proverbio de Salomon "Lo que el hombre sembrare, eso segara.

Karma-saya: Cuando una pareja tiene relaciones sexuales, por está unión comparten entre sí Karma y defectos, está queda unido en el libro del Karma, es un ligamento astral, sexual y Karmico para futuras vidas.

La Vida después de la Muerte:

Muchos o la gran mayoría de los seres humanos se han preguntado porque vivo porque nací y porque voy a morir, que hay después de la muerte, para muchos la muerte es el fin de todo y venimos a este mundo a vivir lo mejor posible a tener el máximo de deseo y caprichos hacer felices a ganar dinero a tener una abundante vida sexual y sentirnos bien las 24 del día. Tener el máximo disfrute y el mínimo de sacrificio. Pero la vida en realidad no es eso, la vida es algo muy profundo que solamente nuestro gran maestro el "dolor" nos enseña lo que es en realidad la vida. La vida no es más que un aprendizaje que debemos aprender y comprender a través del tiempo, de nuestros fracasos, de nuestros errores y de nuestra ignorancia. A través de las enseñanzas de la vida, nos liberamos de nuestra ignorancia la cual tenemos todos los seres humanos.

Por lo que a través del tiempo y de las distintas reencarnaciones inconsciente que tenemos, vamos ganando en sabiduría y nos liberamos lentamente de nuestra gran ignorancia, empezamos a comprender que la vida es infinita y simplemente todos son ciclos de nacimientos y muertes, donde vivimos ciclos finitos o limitados de principio y fin, pero a la vez viajamos hacia el infinito donde no hay fin, siempre hemos existido y siempre existiremos por los siglos de los siglos, comprendemos que lo finito es un complemento de lo infinito, los pares opuestos se complementan.

No hay muerte, solo hay vidas con mucha fases y modalidades, a una de las cuales le llaman muerte los ignorantes, nada muere realmente aunque todo experimente un cambio de forma y actividad. Nunca nació el espíritu ni nunca dejara de ser, sin nacimiento ni muerte ni mudanza permanece el espíritu por siempre. La muerte no lo toca, aunque aparezca muerta la casa en que mora. La muerte o destrucción, aun el mas significante no es mas que un cambio de forma o condición de energía y actividad. La muerte no es más que un aspecto de la vida y la destrucción de una forma material, es el preludio de la construcción de otra, la verdad se encuentra en el mundo interior de cada persona en su vida espiritual y no la vida externa física, y así por dentro y no por fuera se ha de buscar el alma.

La mente concreta solamente se puede relacionar con objeto físicamente materiales; la mente superior, subjetiva o intuicional, se relaciona con objetos psíquicos o espirituales. La mente concreta se relaciona con el cuerpo y la intuitiva con el alma de las cosas, por lo mismo hemos de buscar el conocimiento respectivo en la región apropiada de nuestro ser.

La mente concreta es finita, limitada y en tercera dimensión, nuestra mente trabaja en base a causas y efecto por lo tanto no puede entender ni aceptar los conceptos o las cosas infinitas.

El alma está sujeta a una cadena sin fin de reencarnaciones, el mundo terrestre es una de las tantas escuelas que de tiempo en tiempo se instala en el cosmo y muchas de ellas son moradas de grado inferior. El alma humana subsitara millones de eones después de esta tierra y millares como ella se hallan desintegrado y restituida su materia a la sustancia originaria de que procedieron.

La mayoría de los seres humanos, han de pasar muchas reencarnaciones terrestre antes de llegar a la liberación, también es cierto que cuando el alma llega a su etapa de evolución espiritual en que ya no hay lazos terrestres entonces es imposible que por un momento vuelva obligadamente a la tierra.

Hay muchas almas en los planos superiores que se esta desprendiendo de las ligaduras terrenales porque han entrado en la etapa final de la evolución humana. Cuando el alma comprende la verdadera naturaleza de las cosas terrenales ya no siente el mas mínimo apego a ella, muere entonces el deseo y el alma alcanza su liberación espiritual, remonta vuelo a las superiores esfera de existencia.

"Mientras no sea consciente de la ley infinita de morir y volver a ser, eres meramente vago invitado de un mundo oscuro."Ghoete.

El día en que el ser humano sea consciente de la grandeza de su destino sabra desprenderse mejor de todo aquello que lo empequeñece y rebaja. Sabrá gobernar y gobernarse según las leyes que rigen su propia vida y vivir en armonía dentro de una sociedad que también adelantara en el tiempo sus leyes y formas de proceder en su cumplimiento.

Muchos son aun los seres humanos que rechazan la idea de la vida después de la muerte, por el concepto limitado que contiene de tiempo y espacio, ya que al estar su mentalidad formada en la creencia de una sola vida humana que acaba con la muerte, y que con ella termina todo les asusta la idea de vivir una y otra vez, aferrándose en su ignorancia a lo conocido y tradicional.

El hombre al morir no inmediatamente se percata del hecho. Y solo después de ver a su doble yaciendo inanimado allá abajo y cuando se convence que no puede comunicarse se da cuenta, que su alma salió del cuerpo. A veces en caso de un accidente, cuando la separación con el cuerpo es instantánea e inesperada, el alma no reconoce su cuerpo y piensa que ve a otra persona, parecida. La visión doble y la imposibilidad de comunicarse crean un fuerte golpe en el alma, ella no está segura de si es realidad o sueño.

Tenemos infinidades de testimonios de personas que han estado en la muerte temporal y atestiguan que conservaron enteramente su yo junto con las capacidades, intelectivas, sensitivas y volutivas,  notaban que la vista y el oído se agudizaban el pensamiento es nítido y extraordinariamente energético y la memoria se aclara, personas que han perdido algunas de sus facultades a causa de una enfermedad o de la edad siente la recuperación. El hombre comprende que puede ver, oír, pensar etc... sin órganos corporales. Es notable que un ciego de nacimiento al salir de su cuerpo, vio todo lo que hacían los médicos y las enfermeras con su cuerpo y luego conto con todo detalle lo que pasaba en el hospital. Al volver al cuerpo volvió a ser ciego. Los medicos y psiquiatras que indentifica las funciones de los pensamientos y sentir de los fenomenos químicos-eléctricos del cerebro, les seria útil tomar en cuenta estos datos actuales reunidos por los médicos-reanimadores para poder entender correctamente la naturaleza del hombre.

Habitualmente la muerte está precedida de las enfermedades y sufrimientos, al salir del cuerpo el alma se alegra de no sentir más el dolor, la presión la asfixia, en cambio percibir que el pensamiento trabaja claramente y los sentidos están más apaciguados, el hombre se identifica con su alma su cuerpo le parece como algo secundario y ya innecesario, así como todo lo material. Salgo y mi cuerpo es una funda vacía explicaba un hombre que paso la muerte temporal. El miraba la operación de su corazón como un observador ajeno, el intento de reanimar su cuerpo no le interesaba en absoluto. Aparentemente el mentalmente se despidió de la vida terrenal y estaba listo para comenzar una nueva vida. Sin embargo le quedaba el amor de sus parientes y la preocupación de su hijos.

Después de ver su cuerpo y lo que le rodea algunos pasan al mundo puramente espiritual, hay casos que obviando o no notando la primera fase llegan directamente a la segunda. El pasaje al mundo espiritual algunos lo describen como un viaje por un espacio oscuro que recuerda a un tunel, al final del túnel llegan a una luz superterrenal.

Ocurrió en un hospital de Frankfurt, en Alemania, Noviembre 27 del 2007 a las 2:27 pm. Allí una paciente Karin Fisher, un ama de casa de 32 años, fue sometida a una intervención quirúrgica, considerada por los médicos de regular dificultad iban a corregirle una válvula defectuosa que tenía implantada en el corazón. Sin embargo algo paso en la operación, de pronto su estado empeoro y tras una serie de complicaciones las doce personas que rodeaban la mesa de cirugía, entre médicos, cirujanos y enfermeros no pudieron salvar la vida su paciente fue así después de cuarenta y cinco minutos de intervension, Karin Fisher dejo este mundo, pero no lo hizo de una manera común si no para sorpresa de muchos dejo tras sí una prueba que habría revolucionado el mundo de la medicina y la ciencia. Al morir el alma de Fisher, habría sido nada menos que fotografiada.

Peter Valentin medico que asistio a esa cirugía, decidió realizar algunas fotografías de la operación para que luego pudiera servir como didáctica para los alumnos de medicina, estas fotografías las que días después revelarían a este escéptico hombre de ciencia aquella verdad que siempre le pareció imposible de que pudiera suceder, al revisar las tomas que había realizado en la operación noto que una de las fotografías, justo aquella que se tomo en el momento exacto de su fallecimiento se demostraba, con total claridad como una forma humana y transparente se eleva hacia el techo de la sala de operación con los brazos abiertos como símbolo de ascensión.

Su primera impresión es que alguien le había jugado una broma, que de alguna manera alguien había realizado un montaje, debido a esto es que Valentin llevo esto a un experto para que descubriera el engaño, pero sin embargo las conclusiones del perito fueron claras, la foto era autentica y real. Una vez, tanto aquel experto como otros tanto certificaron la autenticidad de la fotografía, el médico acudio al parroco del hospital, el mismo acredito también que aquella era la imagen fidedigna de un alma humana. El religioso de inmediato convenció para que divulgue la noticia y tal fue el estruendo de la misma, que está llego a los oídos del Vaticano, que de inmediato pidió la fotografía, para hacerles sus propios exámenes.

Según se cuenta fue el propio Juan Pablo II quien se mostro muy interesado en llevar a cabo la investigación del caso hasta la fecha no ha habido respuesta de la Santa Cede aunque se comenta que las primeras impresiones de los científicos de la Iglesia fueron positiva para el fenómeno.

Uno de los estudiosos de la materia que recibió la fotografía es el Doctor Frank Mueller, científico alemán que se dedico a investigar exhaustivamente el insólito documento. Es la primera que se obtiene la imagen, del alma humana. Su conclusión fue rotunda, es la prueba que faltaba, que muchos han buscado desde siempre, no hay truco posible puesto que los mejores expertos han estudiado las fotos durante varias semanas, con aparatos más sofisticados y el mayor interés.

Para el doctor Mueller, está claro que siempre haya gente escéptica que se niegue a creer en su evidencia, pero tampoco ellos tienen una idea convincente, que explique la presencia de la imagen sobre el papel, es una cuestión de extremo, una vez mas lo inexplicable, tiene su papel revelante. No cabe lugar a mas estudios. La Ciencia ha demostrado que es una fotografía autentica, sin trucaje de ninguna especie, ahora solo queda aceptar las cosas como son sin darle más vueltas.

Pero mientras tantos, muchos han sugerido que podría tratarse de la foto más importante obtenida jamás. Otra prueba de la inmortalidad del alma.

Pensadores que creen en la Vida después de la Muerte:

Isaac Newton (1642-1727) Origen: Ingles. Físico, Matemático, Astrónomo. Formulo las tres Leyes Fundamentales del Movimiento, Inercia, Dinámica, Acción y Reacción y la ley Gravitacional. Fue también un gran Alquimista, le gustaban los textos antiguos egipcios donde encontró mucha sabiduría.

Aceptaba la vida después de la muerte.

Thomas Edison (1847-1931) Origen: Estados Unidos. Fue un Empresario y Prolífico inventor que patento más de mil inventos, contribuyo a darle tanto a los Estados Unidos como Europa, los perfiles tecnológicos del mundo contemporáneo, la industria eléctrica, sistema telefonico, el fonógrafo y otros. Aceptaba la vida después de la muerte.

Jose Marti (1853-1895) Origen: Cubano. Filósofo, Poeta, Periodista, Escritor y Apóstol Nacional de Cuba. Fue unos de los grandes pensadores del siglo XIX. Fue Mason con el grado 30 de la Masonería Maestro Mason. Marti dijo: La muerte es una forma oculta de vida. "La Tumba es Vía y no Termino". "La Muerte no es un fin sino una Vía" quiso decir: Camino hacia otras vidas.

Aceptaba la vida después de la muerte.

Max Plank (1858-1947) Origen: Alemán. Padre de la Física Cuántica. Premio Nobel de Física en 1918. Fue Profesor en varias Universidades en Alemania. Dotado de una extraordinaria capacidad para las Artes, Ciencias y Letras..

Aceptaba la vida después de la muerte.

Carlos Gustavo Jung (1875-1961) Origen: Suizo. Médico Psiquiatra., En 1907 conoció a Sigmund Freud donde empezaron los dos en una gran colaboración pero luego a través de su Obra Símbolo del Libido en 1912 empezaron las divergencias entre su pensamiento y el de Freud. En 1913 se produjo la separación definitiva. Aceptaba la vida después de la muerte.

Mihio Kaku (1947-) Origen: Estado Unidos. Físico Teórico. Profesor de la Universidad de Harvard. Ha escrito algunos libros que han sido Best-Seller. Es uno de los grandes científicos de los Estados Unidos y tiene fama mundial.

Acepta la vida después de la muerte.

Steve Job (1955-2011) Origen: Estados Unidos. Fue un gran Empresario y Magnate en el Sector Informático y de la Industria de Entretenimiento en los Estados Unidos. En el año de su muerte su fortuna era aproximadamente 8,300 millones de dólares era el número 110 dentro de los hombres más ricos del mundo. Era Budista. Acetaba la vida después de la muerte y la reencarnación.

Resumen

El hombre presenta siete cuerpos o principios cada una con sus características especificas y sus grados vibratorios y energéticos. Donde cada uno juega un papel importante en el desenvolvimiento del ser humano a través de los ciclos de evolución el cual se encuentra Ej: El Cuerpo Físico, El Cuerpo Astral, El Prana o Fuerza Vital, El Cuerpo Mental Inferior o Mente Instintiva, El Cuerpo Mental Superior o Intelecto, El Cuerpo Mente Espiritual o Buddico y El Espíritu o Cuerpo Atmico.

Mencionamos a personas de un grado espiritual sumamente extraordinario como Santa Teresa de Jesús de Ávila Doctora de la Iglesia Católica, Santo Tomas de Aquino Doctor también de la Iglesia Católica, escribió "La Suma Teológica" es su Obra más famosa en la teología medieval y su influencia posterior sobre todo en el catolicismo, es un manual para la educación teológica.

Tenenos también a grandes gurú y sabios orientales como Sri Ramakrihna., Swami Vivekananada, Paramhama Yogananda todo ellos trajeron a Occidente sus enseñanzas del Oriente, trayendo el Yoga a principio del siglo pasado en los años 20.

Hablamos también del aura de la persona y de algunas facultades extrasensoriales que tiene el ser humano por naturaleza como por ej: La Telepatía, la Clarividencia, la Telequinesis, la Levitación, los Chakras que son importantes para nuestro desarrollo y perfeccionamiento espiritual y para mantener mejor salud y paz mental.

También hicimos algunos análisis de la reencarnación, donde se explica que la reencarnación es una de las maravillas de las leyes divina por la cual se hace comprensible para la humanidad tantas preguntas sin respuestas como las desigualdades que existen en nuestro planeta-escuela que es la tierra. A la vez manifiesta una nueva comprensión de Dios mucho más extensa que provee de cuantas oportunidades necesita a través de distintas vidas para adquirir conocimiento y evolucionar regresando junto a Él para vivir eternamente.

 El Karma que está muy relacionado con la reencarnación, el karma es la relación causa -efecto que trae a este mundo cada persona de sus vidas pasadas y tiene que pagar o compensar para eliminar ese karma, el Karma puede ser bueno y hacemos buenas acciones o Karma malo si hacemos malas acciones y es a través de él y la reencarnación que aprendemos las grandes lecciones que necesitamos aprender para nuestra evolución y perfeccionamiento para nuestras vidas futuras.

Y concluimos con la Vida después de la muerte donde se ha comprobado científicamente a través de distintos testimonios y fotografía que tenemos un espíritu o alma que al momento de morir sale de nuestro cuerpo físico para seguir los distintos ciclos que necesita a través de un tiempo determinado para volver nuevamente a un nuevo individuo mas evolucionado y mejor confeccionado, para seguir su plan divino planificado por la mente universal o Absoluto.

Capítulo IV

El Absoluto

> Dios es un ser absolutamente infinito una
> sustancia que consta de atributos infinitos cada
> uno de las cuales experimenta su esencia eterna
> e infinita.

-Spinosa

El Absoluto desde el punto de vista intelectual, es el concepto más profundo en todo el dominio de la filosofía que está más allá de la comprensión intelectual, es el problema fundamental de la Filosofía y la Religión, nunca se sabrá verdaderamente lo que es en sí, porque pertenece a otras dimensiones en las cuales nuestra constitución tridimensional y nuestros cinco sentidos, nos limitan a comprender lo que es el Absoluto; nosotros mismo somos las primeras limitaciones para comprender toda una serie de fenómenos existentes y no existentes para el ser humano, el Absoluto ocupara siempre la atención de los filósofos del futuro.

El Absoluto es el verdadero núcleo de nuestro ser, así como la causa fundamental y base del Universo en el cual participamos, es la fuente de todos aquellos principios y de todas las causas que existen, la causa de todas las causas es transcendental y no está al alcance del ser humano, El Absoluto es el equilibrio entre los pares opuesto, armonía y la totalidad perfecta donde están entrelazados todos los universos o cosmos existentes, el Absoluto es el concepto más profundo en todo el dominio de la filosofía.

En el corazón del Universo, existe una realidad última que está en perfecto equilibrio y que tiende a restaurar el equilibrio donde y cuando sea perturbado. Hay muchas leyes y fenómenos naturales que indican la existencia de una perfecta estabilidad y equilibrio, en el corazón del universo y la neutralización de cualquier causa de perturbación mediante los primeros cambios y reajustes.

El Absoluto es el principio y fin, es una síntesis perfecta y armonica de todos los pares opuestos posibles y contiene en formas integradas todos los principios, cualidades, es el objetivo más elevado al que puede aplicarse a investigar el intelecto.

Al tratar está concepción tan profunda e inagotable, todo cuanto es posible una por una ciertas ideas que arrojen alguna luz sobre sus diversos aspectos. Estas ideas son como las piezas de un rompecabeza; cada pieza, tomada aisladamente, puede significar poco o nada, pero cuando las yuxtapone adecuadamente, una tras otras, comienza a aparecer una escena de la que logramos una súbita y completa vislumbre en nuestra mente y vemos no solo el sentido de las piezas ya que ha sido colocado, sino que alcanzamos a tener ya una imagen aunque pálida, de aquellas piezas que aún faltan.

La Historia del Pensamiento Filosófico desde los primeros filósofos antiguos, modernos, contemporáneos y actuales han sufrido una serie de cambios y transformaciones con respecto a los distintos criterios, conceptos y opiniones de Dios o el Absoluto.

Los primeros filósofos de la antigüedad como Tales de Mileto pensaba que el Absoluto era el Agua, Anaximandro, el apeiron, y para Anaximenes el aire. Para Pitagora se presenta bajo el rango de una propiedad numérica de la realidad concebida como armonía, la naturaleza entera como compuesto de lo limitado (relativo) y lo ilimitado (absoluto) las cuales al entrar en relacion, engendran armonía. Heraclico da un paso más y en su proceder da una característica Metafísica: sitúa el Logo como figura representante y rector de la realidad, el Todo es uno es divisible e indivisible, engendrado e ingendrado, mortal e inmortal, Logo y eternidad.

Platón: El Absoluto es la cima de lo real de lo verdaderamente existente se halla según Platón lo Uno, el verdadero ser es uno aunque nada inspira que haya seres distintos, aunque todo ser es uno no es lo uno. La esencia del Absoluto es el bien y este gobierna al universo e infunde al hombre a su propia razón, este bien es inmanente y transcendente a las cosas.

Aristóteles dijo: El carácter Absoluto de la causa primera se manifiesta en su condición de primer motor que mueve sin ser movido. Esta causa primera es el principio absoluto de las series de causas, para Aristóteles se identifica como el ser acto puro. Si existiese un ser capaz de mover y de producir pero no estuviese acto no habrá movimiento ya que lo que posee potencia podría también no pasar del acto por lo tanto debe existir un principio de tal naturaleza que su sustancia sea el acto y solo el, acto.

Santo Tomas de Aquino dijo: El ser Absoluto, Dios, un ser infinitamente perfecto, completísimo, acto puro, realísimo, la inteligencia misma. La existencia de Dios se fundamenta sobre el principio de casualidad como elemento metafísico, objetivo, real, transcendente y absoluto, la realidad eterna, la suprema inteligencia.

Renato Descartes dijo: El Absoluto no es solamente su propia razón de ser sino también su propia causa, se engendra a sí mismo, su esencia produce su existencia, es la sustancia infinita, inmutable, independiente, eterna, omnisciente, omnipresente, omnipotente y por lo cual yo mismo y todas las otras cosas que existen han sido creadas y producidas.

Spinoza dijo: El Absoluto o Dios es la causa eficiente de todas las cosas.

Kant dijo: El Absoluto es una exigencia de la razón humana en un doble sentido; de un lado como elemento incondicionado que no es objeto de conocimiento objetivo y que actúa como idea reguladora; el otro lado es la cosa en si inaccesible a la experiencia y al conocimiento teórico exigido por la razón humana como condición última del conocimiento objetivo.

Hegel, plantea: El Absoluto es el concepto, la idea, el pensamiento.; la sustancia universal de todos los fenómenos. La Lógica y la Metafísica se superponen mientras la idea forma suprema de la evolución del concepto gracias a su discurrir dialectico se hace naturaleza. Dios y mundo se confunden y en cierto modo, se necesitan mutuamente. Todo lo que es razón es realidad y todo lo que es realidad es razón. Plantea la relacion que hay en lo finito y lo infinito, el infinito es, el todo o la totalidad de lo real; la filosofía de Hegel plantea que el

Absoluto que también se llama Idea se manifiesta evolutivamente bajo las formas de naturaleza y espíritu. Existe un Espíritu Absoluto que rige las condiciones de un Espíritu Secundario que es la naturaleza, plantea la relacion que hay entre espíritu y la naturaleza; su filosofía pasa por ser la maduración y la unidad de todo pensamiento previo; la belleza verdadera es el espíritu o sea La Idea; Hegel se basa en la dialéctica o lucha de contrarios, es el punto culminante del idealismo alemán con la filosofía hegeliana finaliza y articula todo los movimientos del pensamiento pasado obtiene todos los momentos del desarrollo del pensamiento superado y unificado; Hegel fue la máxima expresión del idealismo Alemán.

Cristo es la piedra angular donde reposa el edificio de la iglesia, la verdad absoluta de la manifestación de Dios al hombre, la histórica figura que con su encarnación revela la total integridad del rostro de Dios al ser humano. Cristo es el verbo Dios hecho Hombre.

Si a Cristo se le deja de predicar como absoluto en su Iglesia se le deja de entender como el sacramento de salvación que guía al hombre con la ayuda del espíritu a través del tiempo y de la historia

Urge una filosofía creativa abierta a lo transcendente que no persiga crear ideologías sino proponer ideales para los cristianos por ende la noción el Absoluto es aun más ambiciosa percibir a Dios que nos ama y nos destina a ser testigo de sus compromisos con el hombre ser consciente, racionales y creyentes de que Cristo es universal concreto: El Absoluto necesario.

La concepción del Absoluto como un estado superintergrado, en el cual todos los principios etc. Están presente en una condición de armonía. Hermes Trimegistus dijo: "Dios es un circulo cuyo centro está en todas partes y cuya circunferencia en ninguna parte".

El Abosoluto y sus componentes vitales, producen concecuencias en el resto de lo creado en un movimiento continuo o perpetuo en donde se apoya la construcción del progreso individual y colectivo a mas grado de evolución y desarrollo mayor es la disposión de afianzamiento de los componentes vitales a medida que se asciende en la escala de lo sublime mayor será la capacidad creadora sustentadora e impulsadora de cada componente vital ya que el Absoluto, provoca desde su primera creación una cadena infinita de reproducción de vida.

El Absoluto siempre ha existido y siempre existirá todo cambia pero nada se pierde todo lo creado se transforma constantemente evoluciona y se perfecciona y constituye en sí mismo un cambio único, estos resultados son siempre positivos porque traen como consecuencia un progreso, es importante comprender que todas las reacciones parten de un substrato que ya existe y que, una vez manifestada las partes mas pequeñas estan constituidas de "vida"; por lo tanto, vibran con una determinada frecuencia y estan integradas por un a su vez por un todo armónico que se ejecuta y se auto reconstruye, en el que cada elemento está íntimamente ligado con el TODO, de tal forma que cualquier movimiento, cualquier acción tiene una repercusión en el Todo, Todo está en equilibrio y armonía, Todo lo creado constituye en sí mismo una forma de energía que fluye constantemente y que nunca se acaba, sino que cambia en intensidad y frecuencia, tenemos que tener muy claro que solo existe una realidad que es la realidad creadora que es el Absoluto.

El Absoluto es el todo de lo creado y de lo no creado, de lo manifestado y de nuestras propias limitaciones sensoriales que no pueden percibir, nunca ha tenido un principio ni un fin siempre ha existido y siempre existirá, todo interactúa entre sí, se combina y se integra estructuralmente dentro de un mismo plano a la vez los planos se interpenetran mutuamente formando cada vez realidades más complejas y especificas las cuales poseen vida en sus diferentes formas.

Si observamos en general, que un fenómeno de cualquier naturaleza una vez que su proceso ha comenzado, prosigue ganando importancia en forma creciente hasta que llega a su culminación, comenzando entonces el proceso inverso, esto es el proceso de decadencia o declinacion, este también va ganando en Intensidad que se asimila o bien desaparece del domineo de la manifestación o reaparece con un impulso renovado, este proceso se verifica en todos los niveles desde el nivel que el átomo vibra en un movimiento armónico simple hasta el nivel de los sistemas manifestados, que nace, crece, culmina, declina y desaparece.

La existencia de Dios como problema, no se presenta del mismo modo al teólogo y al metafísico, al investigador y al expositor o docente. El teólogo parte de la existencia de Dios conocida por revelación y aceptado por fe, reflexiona últimamente sobre fe. El metafísico empieza indagando la exigencia resolutiva del conocimiento de ser en cuanto ser, y termina nombrando a Dios en conformidad a los atributos que descubre en El al encontrarlo.

La palabra Dios (en latin Deus) parece proceder de la raiz, aria, drive implica la idea de luz, luminosidad, usualmente por Dios se entiende con mayor o menor precisión según la cultura teológica de quien emplea la palabra, El Ser Optimo, ordenador del universo y transcendente al mismo ser personal providente, principio y fin de todo.

El Concilio Vaticano primero preciso cuidadosamente el sentido que dan los católicos al termino de Dios frente a las posiciones ateas y panteistas. El tema de la existencia de Dios se presenta como problema en dos sentidos y momentos distintos en primer lugar en el sentido de la demostrabilidad que suponen o implican dos cosas que la existencia de Dios no es un dato evidente, simplemente observable, en ese caso sería mostrable, no demostrable y que no siendo evidente en sí, se puede llegar a su conocimiento por vía de demostración o por conocimiento científico. En segundo lugar supuesto la posibilidad de indagar su existencia que el problema de la demostración o realización de aquella posibilidad.

Esto nos revela que todas las cuasas que actúan en el mundo tienen el carácter de causa segunda, es decir de causas a causada, y que todas las cosas que obran son contingente, o no tienen en si misma la causa de su ser. Es preciso buscar la causa primera, causa de sí misma que implique el ser de cuánto y la actuación de todas segunda que en sucesión o en simultaneidad obran en el mundo.

Si lo que conocemos ante todo, las cosas finitas, y si está no tienen en si misma su causa o razón de ser, será necesario que exista una causa o razón suprema, si está causa fuera incognoscible o si no existiera habría que declarar fracasado la empresa humana de saber y la filosofía como ciencia de las causas últimas. La búsqueda de la causa primera que explique el ser y el obrar contingente de todas las cosas de este mundo es precisamente la búsqueda de Dios, puesto que por ser Dios entendemos El o Ser que es causas de sí mismo y origen primero de cuanto existe:

a) Algunos muy escasos de la historia del pensamiento niegan su existencia son los llamados ateos quizás los más característicos de la historia, o sea los modernos marxista. Una forma especial de ateísmo en el panteísmo que identifica a Dios con el conjunto del universo y le niega un carácter  personal y distinto del mundo., Tal es el caso de Spinoza. En el (siglo XVII) que conocemos y los antiguos estoicos.

b) Otros autores declaran que Dios es incognoscible, es decir que nada podemos saber de su existencia, son estos los agnósticos, que niegan que Dios exista sino solo el que podemos llegar a su conocimiento, cabe citar entre ellos a Kant y los antiguos epicurios.

c) Un tercer grupo de pensadores creyentes de la existencia de Dios existe y que de algún modo podemos conocerlo pero entre ellos hay también distintas posiciones.

1-) Un grupo dice que Dios se conoce de un modo directo e inmediato no por la demostración racional.

2-) Otro grupo por la fe no por la razón, la fe es para ellos el método de saber.

3-) Otro grupo plantea que Dios se conoce racionalmente

Cientificos creyentes en Dios:

Nicolas Copernico (1473-1543) de origen Polaco: Astrónomo. Planteo formalmente la Teoría Heliocéntrica en oposición a la Geocéntrica y escribió sobre los movimientos de la tierra y la distancia entre el sol y las estrellas. Fue Católico

Fernando de Magallanes (1480-1521) de origen Portugués: Navegante y Geógrafo se intereso por la Cosmografía y la elaboración de mapas y por medio de ellos se convenció de que podía circunnavegar la tierra. Su viaje fue la primera vuelta alrededor del mundo aunque murió en el camino y fue la demostración física de que la tierra era redonda, eliminando la hipótesis de su planicidad. Fue Católico

Domingo de Soto (1494-1570) de origen Español: Científico y Teólogo apoyo a Fray Bartalome de las Casas en defensa de los indígenas americanos. Escribio Fisica, Logica y Filosofía fue el primero que estableció que un cuerpo en caída libre sufre una aceleración constante, base fundamental de los estudio de Galileo y Newton. Fue Profesor de Teología en la Universidad de Salamanca. Fue Católico

Galileo Galilei (1564-1642) de origen Italiano: Astrofísico-Matemático Invento un Telescopio con el que observo, la Luna, satelites de Jupiter, la Fase de Venus, se ocupo de númerosos problemas físicos como la temperatura, imanes y bombeo de agua. Fue Católico.

Joannes Kepler (1571-1630)de origen Alemán: Astrónomo Matemático. Se dedico a estudiar las leyes de movimiento de los planetas y descubrió la trayectoria elíptica de las órbitas planetarias, formulo las que hoy todavía se conocen como las tres leyes de Kepler. Fue Luterano.

BlaisePascal(1623-1662)deorigenFrance:Matemático,Físico, Filósofo y Teólogo. Matemático de primer orden y considerado precursor de la computación escribió sobre Geometria Proyectiva Teorica de las Probabilidades. Ideo el triangulo Aritmético también llamado Triangulo de Pascal. Fue muy religioso y fe cristiana.

Isaac Newton (1643-1727) de origen Ingles: Matemático, Físico, Filósofo y Teólogo. Descubrió las leyes de la Gravitación Universal y las leyes de la Mecánica Clásica, demostró las leyes que rigen el movimiento de la tierra y de los demas cuerpos celestes. Desarrollo paralelamente con Leibniz el Cálculo Diferencial e Integral, se intereso por la Alquimia. Fue Cristiano y estudioso de la Biblia.

Gottfried Wilhilm Leibniz (1646-1716)de origen:Alemán Matemático, Filósofo y Político. Invento el Calculo Integral y Diferencial de manera independiente de Newton pero con una notación mas practica, hizo descubrimiento sobre la energía cinetica, diseño propelas impusadas por el viento, bombas de agua, máquinas de minerías, prensas hidráulicas, incluso el motor de vapor. Fue Cristiano.

Antoine Laurent de Lavoiser (1723-1794) de origen France. Químico Considerado el Padre de la Química Moderna hizo la distinción entre elemento y compuesto, estudio oxidación y dio una explicación de la combustión. Hizo sus primeros experimentos de Química Cuantitativa, sentando las bases para el principio de conservación de la masa. Trabajo como cobrador de impuestos durante la monarquía que le acarreo ser asesinado por los revolucionarios franceses durante el terror. Fue Católico

Gregorio Mendel (1822-1884) de origen Austriaco: Naturalista. Considerado el padre de la genética, descubrió las leyes de Mendel que rige la herencia genética, al hacer experimentos con cruces de plantas de chicharos estableció así los principios de la transmisión de caracteres en la herencia. Fue Católico de la orden San Agustin.

206

Louis Pasteur (1822-1895) de origen Francés: Químico y Microbiólogo. Descubrió el proceso de Esterilización de alimentos llamado hoy Pasteurización en su honor. Su famoso descubrimiento es la vacuna contra la rabia probada exitosamente en un niño. Expuso su teoría germinal de enfermedades infecciosas dando nacimiento así a la Medicina y Microbiología Moderna. Fue un gran Católico.

Max Planck (1858-1947) de origen Alemán: Físico. Fue fundador de la Teoría Cuántica, al introducir la teoría de la misma y desarrollo la constante que lleva su nombre que se usa para calcular la teoría del fotón. Descubrió La Ley de la Radiación Calórico que explica el espectro de emisión de un cuerpo negro. Premio Nobel en 1918 por la Teoría Cuántica. Fue Luterano.

Alexis Carrel (1873-1944) de origen France. Medico Premio Nobel 1912. Fue investigador de la técnica de transplantes e invento una técnica de cirugía vascular que permite unir vasos sanguíneos muy pequeño. Diseño un corazón artificial y un antiséptico con su propia formula.. Sus servicios Médicos fueron muy valiosos durante la primera guerra mundial. Fue un gran católico

Albert Einstein (1879-1955) de origen Alemán. Físico-Matemático. Premio Nobel de Física en 1921 Efecto fotoeléctrico y a sus contribuciones a La Física Teorica, fiel creador de la teoría de la relatividad y se considera el padre de la bomba atómica. Aunque fue un hombre muy pacifista, y es considerado como el hombre de ciencia más grande del siglo XX. Fue Creyente en Dios. (Dios no juega a los dados)

Niels Bohr (1885-1965) de origen Danes Físico. Premio Nobel en 1922 por su investigación sobre la estructura atómica concibió un nuevo modelo atómico basados en órbitales cuantificados, su modelo es básico para la mecánica cuántica participo en el equipo Estado Unidences científico que construyo la

primera bomba atómica. En la postguerra apoyo intensamente el desarme nuclear. Fue Luterano.

Werns Karl Heisenberez (1901-1976) de origen Aleman: Premio Nobel en Física 1933. Por el descubrimiento de las formas nalotropicas de hidrógenos. Invento la mecánica cuántica matricial y desarrollo El famoso "Principio de Indeterminación" bajo el régimen nazi dirigió un proyecto de fisión nuclear pero deliberadamente nunca termino. Hizo investigación sobre partículas, rayos cósmicos y los núcleos atómicos. Fue Luterano

John Von Neumann (1903-1957) de origen Húngaro: Trabajo en el proyecto Manhattan y en la construcción de la bomba de hidrogeno. Hizo contribución en la Física Cuántica y en la computación,. Probó que la mecánica cuántica funciona con una lógica matemática distinta a la de la mecánica clásica; ideo la Arquitectura Von Neumman que hoy usan las computadoras modernas. Fue Católico

Wernher Von Braun (1912-1977) de origen Alemán. Físico, Ingeniero Mecánico Aeroespacial Muy interesado en el desarrollo de cohetes espaciales, diseño, el cohete V-2 usado por los nazis. Trabajo en sistema de guías para misiles y por su importancia fue llevado a EE.UU. Después de la guerra trabajo en la NASA en el desarrollo de los cohetes Saturno, uno de los cuales llevo al hombre a la Luna. Fue Luterano.

Otros puntos de vista sobre el Absoluto:

Que es la Realidad?

Observando el mundo que percibimos vemos grandes masas a las que la ciencia le ha llamado materia. También podemos observar la energía en sus distintas manifestaciones. Los seres vivos en todas sus formas de vida desde lo más elemental como los animales unicelulares hasta el hombre. Los investigadores de ciencia llegaron al punto que no tiene nada mas la materia, se une en si mismo y se desconoce la dirección de la energía. El intelecto no comprende el secreto de las formas vivientes sus manifestaciones son muy sutiles en su apariencia, podriamos llamar realidad a este fenómeno que puede estar permanente. Cada cual interpreta la realidad desde su punto de vista y no deja de reconocerla, la realidad es única y no puede haber otra. Podria decirse que es la gran incógnita del Universo.

La filosofia, ciencias y religiones nos explican que el mundo de los fenómenos es un mundo de sombras, tras lo cual existe una única Realidad, asi mismo. El intelecto afirma que la única realidad es la vida que anima toda manifestación de forma de fenómenos existenciales, habrán emanado de una única realidad nos dice que la única realidad es la única vida que animan todas las manifestaciones, formas de vidas y que todas las aparentes formas materiales y modalidades de energía han de haber emanado de una única realidad.

No puede haber más que una Realidad un ser único a lo que llamamos Absoluto. Los Sabios avanzados dicen que la materia, energía y mente según las conocemos son fenómenos relativos de algo mucho más fundamental y perturbable que antiguamente los sabios le llamaban Espiritu. El Espíritu no se puede describir, aunque podemos decir que es "la esencia de la vida", la existencia, la vida universal, es la realidad única

El Absoluto transciende toda experiencia humana por lo cual el hombre no puede medir el infinito. Según Spinoza definir a Dios es negarle porque todo intento de definición equivale al de limitar o hacer finito a lo infinito. Definir una cosa es identificarlo con otra. Donde esta lo otro que se puede identificar con el infinito? El Absoluto no se puede explicar en términos relativos, no es algo aunque contiene en si la realidad subyacente en todas las cosas. Al Todo no se le puede atribuir cualquier aparente forma de existencia.

El Absoluto trasciende todas las manifestaciones tales como las conocemos y sin embargo estas provienen de Él y están en su naturaleza: porque lo que está en lo manifestado está en el manifestador; la materia y la energía son inferiores a la mente, por lo que el concepto del Absoluto es semejante al de la mente. Por lo que el Absoluto es una mente infinita con potenciales y facultades.

Comprendemos que la vida infinita no muere, no hay causa externa a Él ni puede originarse de la nada, porque siempre ha existido y siempre existirá, no tiene principio ni fin.

La eternidad es incomprensible para el hombre aunque comprende que tiene que aceptar que es una característica del Absoluto. La limitación esta en el intelecto, al observar a través del tiempo, causa y efecto. Estos son fenómenos relativos sin lugar en el Absoluto. La mente concreta no pertenece al Absoluto porque es finita y limitada.

El hombre comprende que el Absoluto es infinito e ilimitado, no hay nada que lo limite. El Absoluto se encuentra en todas partes. Las partículas sub-atómicas y el universo son del mismo tamaño desde el punto de vista del Absoluto. El espacio y el tiempo son representaciones empleadas por la mente observando los fenómenos finitos. Cuando el hombre transciende su razón el espacio y el tiempo son conceptos contrarios impuesto por la mente humana que han sido recibidas por las impresiones exteriores.

El Absoluto no tiene principio ni fin, por dondequiera está el centro y la circunferencia y el momento es la eternidad.

El Absoluto ha de ser omnipotente según el razonamiento de muchos, porque no existe posibilidad que haya otro poder ni podemos imaginar otro poder que límite al Absoluto. Suponemos que el Absoluto ha establecido, las leyes universales, no conocemos otro legislador con mayor potencial energético en el universo.

Según la razón el Absoluto es omnisciente, según el intelecto que contiene todo conocimiento y sabiduría, porque aparte del Absoluto no pueden existir diferentes formas relativas de vida, manifiestan mente, sabiduría y conocimiento que deben haber procedido del Absoluto, de acuerdo a las leyes por El mismo establecidas, de lo contrario no fuera omnisciente ya que no existe realmente nada aparte del Absoluto. El Absoluto conoce todo sin pensar y no adquiriré conocimientos como lo realiza el hombre.

Las superiores enseñanzas nos dicen que los pensamientos de Dios cuando se manifiestan objetivamente son la creación de todas las cosas creadas por sus pensamientos. El Absoluto conoce que la auténtica parte de su creación es parte de El manifestado por medio del pensamiento, el pensamiento es el origen de todos los fenómenos.

Todas las fuerzas del universo y sus leyes son manifestaciones de la voluntad del Absoluto. El Absoluto está en todas partes aquí y allá está en todos los centros de conciencia. El Absoluto es actividad y creación. El está en los sentimientos de lo creado, está presente en todos los sufrimientos de la humanidad y no son condenados por El. Son cosas necesarias que tienen que pasar para el desarrollo de la evolución infinito por lo que tienen que pasar todos.

Los constituyentes de la personalidad humana y sus relaciones con las demás personalidades están contenidas en el Absoluto. Todo el amor humano está con el amor del Absoluto, su presencia se manifiesta incesantemente en la vida humana. Sin embargo buscamos sus pruebas existenciales en el mundo exterior.

La vida del Absoluto es la única vida existente, es un ser verdadero que vive en nosotros. El Absoluto es el todo con sus infinidades de existencias de vida son la apariencias de su voluntad. No podemos explicar lo que es el Absoluto solamente el concepto de vida nos da la concepción de la naturaleza externa y el amor que es la parte interna por lo que todos los fenómenos existenciales son viviente y que nada desaparece, la muerte es simplemente un cambio de la forma material, la vida está en todo, según enseñan los antiguos sabios en diferentes escalas de manifestación y expresión aun en las más densas formas minerales y las partículas sub-atómicas constituyentes de está formas.

La vida Universal nace del Absoluto no hay una sola vida, la vida universal cubre las manifestaciones y es autentica vida. El Absoluto es lo verdadero cada individuo es conciencia del Absoluto.

El hombre no tiene capacidad de discernir la verdadera esencia del Absoluto que es para siempre no tiene causa pero tiene que aceptar la existencia de está sustancial Realidad. Es primera en el origen de las causas no puede tener otra causa y está es infinita, no viene de nada y nada la limita. El Intelecto de una manera u otra se halla en si mismo todo lo que se manifieste, ha de estar en la verdadera Realidad que es el Absoluto.

Dios no es el Universo El existe separado e independiente del Universo, el Universo pertenece a Él. Sea cual sea el concepto de Dios. Lo verdadero es que por muchos nombres con que se califique y por muchas equivocaciones que lo encierre.

La verdad es que Dios está en todo y todo está en Dios, así nos lo dice el intelecto lo confirman los iluminados y tal es la superior enseñanza transmitada a la humanidad por cuantos recorrieron el sendero de la perfección. En consecuencia todo es mente y la mente es todo, esto es, la mente infinita y no la infinita manifestación a que los psicólogos llaman mente.

La Mente del Absoluto su contenido es infinito y dentro de el están todos los fenómenos existenciales de toda vida, el universo entero. Dios está en todo nos los dice la razón y las superiores enseñanzas la propagan a la humanidad, estos sabios pasaron por el sendero de la perfección por lo que todo es mente infinita. A través del Intelecto hemos observado todas las manifestaciones y propagación del Absoluto son originados por la mente universal o mente del Absoluto. En el hombre lo real es el Espíritu cubierto por pensamientos y por personalidades cambiantes. El Espíritu es el alma del alma, no es creado ni cambia ni desaparece. Es lo real y verdaderamente existencial. La manifestación del Absoluto habita en El. Sin que las limitaciones finitas del hombre pueda describir. El Absoluto ha de ser siempre el uno, como afirman los sabios, no pueden haber dos seres perfectos. Todos los seres limitados han de marchar hacia la perfección por el camino de la vida con todas sus enseñanzas, este es la sola vía adecuada para los seres finitos, y ni aun el Absoluto puede hallarse sin dejar de ser el.

No es el Absoluto un ser material de que emanen seres materiales. Es una sustancia llamada mente proveniente de un ser Espiritual pero elevada al infinito grado de absoluta perfección y poder. El Absoluto nunca está en reposo,. Cuando hablamos del universo, nos referimos al conjunto de millones de sistemas solares y galaxias de que tenemos algún conocimiento.

Las enseñanzas superiores nos dicen que nuestro sistema solar es uno de los millones de sistemas que pueblan el espacio y que depende de sistemas superiores y este de otro así sucesivamente hasta el infinito. Dijo un sabio: "Bien sabemos que el Absoluto no descansa de crear y destruir universos en su infinita mente, y aunque entre creación y destrucción transcurran millones de Eones, son como el parpadeo de un ojo para el ser Absoluto".

La ciencia moderna afirma hoy la teoría de los periodos rítmicos de cambios como absenso y descenso, de evolución y disolución. Sostiene que en remotisimos tiempos se comenzó un movimiento de evolución absendente que hasta hoy en dia marcha y que de conformidad con las leyes naturales llegan a un tiempo en que la evolución alcance el punto cenix y empiece entonces a descender hasta caducar. Continuara un largo tiempo de reposo al que ha de suceder un nuevo periodo o creadora actividad.

La evolución debe finalizar en equilibrio se debe señalar que existe un estado de reposo, luego vendrá un estado de renovación o de actividad. Los ritmos en su totalidad transforman las distintas fases de evolución y disolución. En el Absoluto se presenta cada vez más evolucionados los egos que presentan más evolución o apariencias de manifestación. La materia y lo mental evolucionan a la par. Las almas se desarrollan disponiendo de cuerpos apropiados para continuar la evolución.

El objetivo es que estemos consciente de la relación existente entre nuestro espíritu y el espíritu absoluto para proseguir y escalar a escalones de vidas superiores que nada ni nadie puede comprender.

Dicen los instructores: "Los hombres evolucionan en superhombres; los superhombres en cosas superiores: y esas cosas superiores en algo todavía superior. Desde el más pequeño átomo de existencia que encierra vida hasta el Absoluto, se extiende una infinita escala de existencia; y sin embargo el Absoluto está en todo y todo está en el Absoluto."

La voluntad de Dios está siempre activa en toda vida. Las leyes naturales están hechas por El, en su imagen mental. Son las leyes naturales del universo, así como otros universos tienen otras leyes. Pero El no está sujeto a ley alguna Él en sí mismo es la ley.

Observamos que todo los pares opuestos osea, lo simple y lo complejo todo está contenido en la mente del Absoluto. Seres espirituales, ángeles, todo pertenece al universo y el universo está en la mente del Absoluto. En la ley todo sigue adelante en sentido asendente por la trayectoria de la evolución. Todo va hacia el bien. Estamos sólidamente sostenidos en la mente del Absoluto.

Verdaderamente lo que existe es Espíritu que es el Absoluto. De Él se origina la imagen o formas de pensamientos de nuestro universo, originándose por el pensamiento o imagen del principio mental, del que procede el principio de energía y de este el de materia. Este proceso es continuo e involuntario de creación y terminado este proceso empieza el de evolución, durante el cual se van formando centro o unidades individuales, el impulso evolucionario tiene por objetivo el reconocimiento por parte del ego del interno espíritu. Según el ego va eliminando distintos tipos de personalidades se acerca al Espíritu interno, al Absoluto que todo lo penetra. Ese el significado de la vida, el contenido de la evolución.

El universo pertenece a la mente del Absoluto. Fuera de Él no existe nada, porque está en todo. Las dimensiones de espacio y tiempo son imágenes en la mente del Absoluto como también son imágenes todas las formas y fenómenos del Universo. Según el ego se va reconociendo así mismo, incrementa su sabiduría y poder, y participa cada vez en mayor grado de su divina herencia. En la mente del Absoluto está todo cuanto existe..

Todas las cosas están en la mente infinita. La Mente del Absoluto nos mantiene y allí estamos siempre seguros. Nada puede perjudicarnos porque nuestro verdadero ser es el ser del Absoluto hasta las partículas sub atómicas estan sujeto y protegido por la ley. La ley es el Absoluto.

El Absoluto no depende de ninguna idea, no es relativo, limitado, condicionado derivados de nada no depende de nada. Es verdad en la que descansa y de la que depende de todo lo demás y como principio no depende de ningún otro y que lleva en sí mismo su razón de ser. El origen de la idea del Absoluto es, ni comprendido y aun explicado en términos positivos como la base y lo primordial no es imaginable ni representativo. El origen de toda relación a ello esta subordinado y significa la semejanza en medio de la desemejanza es decir la continuidad ordenada de lo real y la racionalidad sistemática del pensamiento. El Absoluto es lo independiente a todo ser "Solo Dios es el Absoluto.

Que piensan los Físicos Cuántico con respecto al Absoluto o Dios?

Pregúntale a un Físico Cuántico "Qué es Dios?"

La energía te responde.

Bueno describeme la energía.

La energía ni se crea ni se destruye, ha existido y existirá siempre todo lo que ha existido alguna vez, seguirá existiendo, adopta una forma, la mantiene y la disuelve.

Si la pregunta se le hace a un Teólogo. Quien creó el Universo?

Dios te responderá.

Bien describeme a Dios.

No tiene principio ni fin, no puede ser creado, ni destruido, todo lo que ha existido alguna vez seguirá existiendo, adopta una forma, la mantiene y la disuelve.

Es la misma descripción con distinta terminología.

La vida diaria que percibimos con nuestros cinco sentidos no es realidad. La Física Cuántica nos demuestra que el espacio y el tiempo son ilusiones de nuestra percepción. Por lo tanto, nuestro cuerpo no puede ser realidad ni ocupa un lugar en el espacio. Ernest Rutherford realizo un experimentó en Manchester donde revelo la forma del interior de un átomo, los cientificos se conmocionaron al descubrir que el átomo es en la mayoría un espacio vacío. Entonces nos preguntamos Cómo es posible que de este átomo vacio pueda formarse un mundo solido que nos rodea?

Nuestra verdadera conciencia no existe en nuestro cerebro o en nuestro cuerpo. La disolución de nuestros cuerpos individuales junto con la disformación de nuestros verdaderos orígenes ha manifestado la idea de que todos pensamos independientemente con este mal entendido parece imposible explicar científicamente la telepatía, clarividencia, los medius espirituales y otros fenómenos involucrados en la transferencia de información entre las fuentes, sin el uso de medios físicos de comunicación; pero cuando uno entiende hay una unión espiritual entre todas las cosas en el Universo y que todos somos parte de una inteligencia divina o Absoluto ningún fenómeno es inexplicable, esta simple compresión llena todos los agujeros en las religiones actuales y explica la reencarnación después de la muerte. La materia vacía dentro de los bloques más básicos en la construcción de existencia perceptible es maleable y moldeada a través de la intención.

El significado que la conciencia le da a la realidad es difícil de entender para la mayoría pero es entendible ya que en los tiempos modernos se nos enseña a temprana edad como pensar tangible y racionalmente.

Todo lo que existe tiene vibración natural desde lo más simple hasta lo más complejo, la rotación y órbita de todo lo que forma nuestro universo sirve de reloj para mapear cambios y transacciones, así es como los ancestrales entendian los cambios de los cuerpos celestes que reflejan cambios de toda existencia.

Nosotros mismos creamos nuestra realidad y tu realidad te afecta a ti mismo y a nadie más. La única realidad es la unicidad, una unidad de la que todos estamos compuestos entonces estamos pensando en dualidad porque esta separado de esos que piensan que es unidad nosotros somos tu y yo debe estar fuera para ser unidad y nadie puede pensar en ellos.

Esa conciencia de unión es tan impensable, sin más y menos la base fundamental del ser de la cual todo emana es una evidencia no solo espiritualmente sino desde el punto de vista de la Física Cuántica de como el Universo se vuelve existente no puede existir a través de medios mecánicos. Los físicos han intentado por todos los medios mecánicos posibles para encontrar el medio mecánico, y no ha sido posible lograrlo, hay algo no objetivo o subjetivo sobre la naturaleza, hay gran cantidad de grandes mentes que se han dado cuenta de esto uno de ellos el científico Wolfgang Pauli fue premio Nobel en Física Teórica en 1945 (1900 - 1959) murió joven comprendió que atrás de todo esto, faltaba algo, que es el entendimiento espiritual, comprendio que lo fisico era necesario para entender lo físico mientras más a fondo entre en este, mas comienza a descubrir que debe haber algo que no ve sus ecuaciones, la Física Cuántica se volvió extremadamente desconcertante para todos los físicos cuánticos Cuando descubrieron por primera vez algun modo de observacion, ver algo, los medios por lo que llegan a ver algo en realidad que afecta lo que ven algunas persona piensan que ver algo es una fuerza, no es eso porque se está lideando a este nivel de Física Cuántica de que no soy yo. El observador quien ve una cosa es llamado observador y no se tiene idea de lo que interactua con algo que aun no es una cosa, es nada pero tampoco es algo es un campo de posibilidades y este campo de posibilidades es extremadamente real porque sin el ningún átomo puede existir, entonces esto no es algo que pase cuando hay mas espacio. Cual es el espacio? Ese espacio es el campo de las probabilidades o posibilidades que representa todo lugar donde toda electrónica de su cuerpo reside.

Las Ciencias Naturales, que llevamos al moderno materialismo a un extremo lo han separado entre tanto a través de los reconocimientos de los grandes físicos del pasado: Albert Einstein, Marx Planck y Werner Heinserberg.

La nueva física nos enseña que nuestro mundo en realidad no se compone de materia, lo que percibimos más o menos como sustancia solida no es una aglomeración de una infinita de pequeñas particulas fijas, sino una red de intercambio de impulsos y vibraciones de un campo energético visible. Albert Einstein dijo: "Los átomos que no parecen materia son una concentración de energía.

Marx Planck: Toda materia se forma y se mantiene solo una fuerza que mantiene los átomos como al más diminuto sistema solar, pero como en el espacio no hay ninguna fuerza entre si, tenemos que suponer tras está forma de energía a un Espíritu consciente e inteligente. Este es el origen primario de la materia.

Hans Peter Durr. Físico y seguidor de Werner Heisenbgergl lo describe así al final la realidad en esta observación no está la materia sino un campo que no es materia sino que representa un tipo de potencial. Un potencial que tiene la facultad de materializarse. Este campo es solo un único campo del que está formado el universo entero. En el todo es espiritu.

El Fisico Hans Peter Durr objeta a los teólogos, que la física moderna se aparta completamente de este Dios externo, las nuevas ciencias naturales, En la Fisica Cuantica, prevalece el pensamiento de que todo está interrelacionado con todo pero donde no hay nada separable, se llega a otra imagen de Dios de la que yo mismo formo parte.

Dios es el gran creador, es el espíritu universal, actúa en todo, en cada átomo, en cada molécula, en cada planta, en cada animal y por supuesto en cada ser humano.

La Teoría de la Relatividad:

La Biblia habla de una luz cuando habla de Dios. Las experiencias en el umbral de la muerte hablan de ir a una luz que es acogedora inteligente y llena de amor. Pero lo más extraño es la similitud de todas estas descripciones de la naturaleza, la presencia y el comportamiento de la luz con la descripción de Dios. Podría ser que la luz y Dios son uno y lo mismo.

El Doctor Baumann dice eso mismo, basado en muchas fuentes, se ha sintetizado una imagen convincente en la cual puede verse verdadera naturaleza, de nuestro universo a todos los niveles Físicos, Mentales y Espirituales.

Aspectos sobrenaturales y espirituales

1-) La luz es omnipresente en el Big Bang y se predice que será el final del universo (Alpha y Omega)

2-) Toda materia se puede reducir, en última instancia a radiación electromagnética (entre las cuales está la luz.)

3-)El tiempo deja de existir a la velocidad de la luz.

4-)La energía de la luz es infinita.

5-)Los Fisicos revelan experimentos que muestran que las particulas de la luz se comunican.

6-)La Biblia y los demás libros sagrado, hablan de Dios como luz.

7-) La especie humana es muy especial: Es la observación humana la que transforma las ondas de luz en partículas material en nuestra experiencia de la realidad en terminos cuánticos es lo que colapsa la función de ondas.

8-) La Segunda Ley de la Termodinámica (la entropía dice que en la singularidad del Big Bang existió una cantidad infinita de organización (por tanto de diseño) Estas comparaciones con Dios no son mera casualidad.

Actualmente está reconocido mundialmente aunque sigue siendo increíble que la velocidad de la luz es constante para todos los observadores independientemente de su velocidad relativa o dirección; no se sabe como la luz realiza está hazaña pero parece que la luz es la piedra angular de la física moderna y de la ley natural.

Albert Einstein explica que a medida que aumenta la velocidad de un objeto especialmente cuando se acerca a la velocidad de la luz, su tamaño disminuye, su masa aumenta y el tiempo se ralentiza (la velocidad de la luz sigue constante. Si un objeto alcanza la velocidad de la luz, el tiempo se parara por completo. Muchos no se dan cuenta de lo que significa esto último. Imagínese que está viajando a la luz y el tiempo se para vería que puede viajar a cualquier punto del universo sin envejecer. Son sorprendente los fotones (partículas de luz) y todas las demás formas de radiación electromagnética son eterna. Los cristianos reconocen a Cristo como una luz. Los ateos identifican a la luz solo como una guía. Somos hormigas caminando por encima de un elefante sin tener idea que estamos sobre el elefante.

Nuestros cinco sentidos nos limitan a comprender verdaderamente lo que es Dios o el Absoluto:

El hombre está condicionado desde el inicio de su vida, el mundo en el que vive tiene una realidad material crece el condicionamiento en que forma una vida bajo este punto de vista toda la información que tenemos del mundo exterior nos la entregan nuestros cincos sentidos.

El mundo que conocemos consiste en lo que nuestros ojos ven, lo que nuestros oídos escuchan y lo que nuestra nariz huele, nuestras manos siente.

El hombre depende de los cinco sentidos desde el nacimiento es por eso que conocemos el mundo exterior solo de la manera que los sentidos lo representan. Algunos científicos dijeron que el hombre es una imagen de todo lo experimentado es temporal y engañoso y del universo es una sombra.

Como vemos?

Todas las imágenes que vemos y experimentamos en realidad experimentan a este pequeño lugar como lo que está viendo ahora cabe en este lugar de pocos centímetros cúbicos. Cuando decimos que vemos en realidad vemos el efecto que llega al cerebro desde nuestros ojos convertidos en señales eléctricas estamos observando las señales eléctricas en nuestro cerebro lo mismo sucede que nuestros sentido de audicion tacto,, óptica, y gusto.

Son todos percibidos por nuestro cerebro como señales eléctricas por tanto nuestro cerebro no confronta la materia original que existe fuera sino una copia eléctrica formada dentro de nuestro cerebro; nos engañamos asumiendo que estas copias son de materia real fuera de nosotros.

Todo lo que vemos, tocamos, escuchamos y que percibimos como materia, en el planeta el universo son solo señales eléctricas en nuestro cerebro ej.:

Observemos un ave en el mundo exterior en realidad no está en el mundo exterior sino en nuestro cerebro. La luz que refleja en el ave llega a nuestros ojos y allí se convierte en señales eléctricas. Estas señales son transmitidas por neuronas al centro de la visión en la parte trasera del cerebro. El ave es en realidad señales eléctrica en nuestro cerebro De la misma manera los sonidos del ave que escuchamos están también en nuestro cerebro, simplificando el ave que vemos y los sonidos que escuchamos no es otra cosa que la interpretación del cerebro de las señales eléctricas la distancia entre tú y está pantalla no es otra cosa que una sensacion creada por el cerebro. También objetos que parecen estar muy distante a la vista son en realidad imágenes colocadas en un sitio del cerebro.

Alguien que mira las estrellas asume que hay millones de años luz de distancia, sin embargo las estrellas están justamente dentro de sí mismo en el centro de visión de su cerebro, estamos hablando de un mundo exterior un mundo de percepciones formadas en nuestro cerebro basado en lo que vemos sin embargo nunca podemos realmente alcanzar el mundo exterior.

Definitamente no podemos. La única realidad con la que contamos, es el mundo de percepciones que vivimos en nuestra mente.

Es el mundo material tan solo un mundo de percepciones? Es una ilusión el mundo material?

Quien es el que percibe? Con estos hechos físicos surge la pregunta más importante si todo los eventos físicos que conocemos son solo percepciones que aparecen en nuestro cerebro y que nuestro cerebro es materia como nuestro brazo, pierna y cualquier otro objeto.

También tendría que ser una percepción igual que cualquier otro objeto.

Entonces qué es lo que ven, escuhan y perciben todos los sentidos?

Si no es el cerebro

Quien es el que ve, escucha toca y percibe el sabor y el olor?

Quien es este ser que piensa, razona tiene sentimientos y además dice yo soy yo?

Un importante pensador de nuestra era, también plantea la misma pregunta. Desde los filosofos griegos se ha estado pensando acerca del "fantasma de la maquina" el pequeño hombre dentro del pequeño hombre.

Donde está el Yo la persona que usa el cerebro? Quien se da cuenta del acto de saber? De hecho este ser es metafísico usa el cerebro que ve y siente es el Alma.

Lo que llamamos mundo material es el compuesto de percepciones vistas y sentidas por el alma al igual que el cuerpo que poseemos y el mundo material que vemos en nuestros sueños no tienen realidad física. El universo que ocupamos y el cuerpo que poseemos tampoco tiene realidad física; lo unico real es el Alma.

La Materia solo consiste de percepciones vistas percibidas por el alma_. si pensamos que la materia es real las leyes de la Física, Química y Biología demuestran que la materia es una ilusión y la contundente realidad de una materia metafísica.

Este es el secreto máximo mas allá de la materia. Este hecho es tan real que alarma algunos científicos materialista que piensan que la materia es el ser Absoluto.

Lincoln Barnett en su libro El Universo y Einstein dice:

Junto con los filósofos han reducido la percepción objetiva a un sombrío mundo del percepción, los cientificos tienen que darse cuenta de las alarmantes limitaciones de los sentidos.

Todos estos hechos nos llevan a enfrentar una pregunta muy importante

Si todo lo que conocemos como mundo material se reduce solamente A percepcion del alma?

Cuál es la fuente de todas las percepciones?

Para contestar está pregunta debemos tener en cuenta que la materia no tiene existencia gobernada por ella misma sino que es una percepción por lo tanto esa percepción debió ser causada por otro (una fuente) significa que debió ser creada y que está creación debe ser infinita si no existiese una constante y continua creación, entonces lo que llamamos materia desaparecería se perderia.

Quien hace que nuestra alma vea la tierra, personas y plantas, nuestro cuerpo y todo lo demas que vemos? Todo está interconectado.

Es evidente que existe un creador que ha creado todo el Universo Material. El Absoluto.

Somos seres espirituales viviendo una experiencia humana y no seres humanos atravesando una experiencia Espiritual.

Dado al nivel intelectual y espiritual de nosotros vamos a tener un concepto de lo que es Dios o el Absoluto todo depende del grado evolutivo o el nivel de conciencia de cada cual.

Hoy en día hay un desarrollo Tecnológico y Científico extraordinario y un futuro incalculable respecto a estos dos aspectos mencionado, sin embargo tenemos un concepto de Dios de lo más horrible, supersticioso, atrasado y ridículo.

Gran parte de los problemas de las religiones y varios movimientos filosóficos han provocado a lo largo de los siglos grandes errores porque empieza a partir de ahi con que Dios es un ser distinto y separado de nosotros, al que debemos venerar, al que debemos dedicarnos, mimar y complacer y del que esperamos obtener una recompensa al final de nuestra vida: Dios no es eso, eso es blasfemia. Dios es algo muy amplio cuyas partes estan relacionadas con las religiones organizadas, esto ha hecho mucho daño al mundo ha hecho daño a el género humano, ha hecho daño a los pueblos oprimidos.

Sin embargo tenemos el arquetipo de una gran ciencia la Fisca Cuántica la ciencia que más se ha acercado a la interpretación de Jesús y la única ciencia que puede adecuarse a esa analogía es la Física Cuántica.

La gente acepta la regla sin problema cuando se le amenaza con frases de un castigo eterno pero, Dios no es así, una vez que empiezas a cuestionar las imágenes en caricaturas tradicionales de Dios la gente cree que eres Agnóstico o Ateo. El colmo de la arrogancia es el colmo del control de los que crean a Dios a su imagen y semejanza. Este es el único planeta habitado de la "Vía Láctea" que está sumido a una gran subyugación a la religión, porque la gente ha establecido, que es la correcta y lo incorrecto, si hago esto Dios me castiga y si hago esto otro se me recompensa se trata de una descripción muy pobre que intenta planificar un camino vital que debemos seguir pero con resultado deplorable por que lo bueno y lo malo no existe así estamos juzgando las cosas demasiado superficial significa esto que estas a favor del pecado, el libertinaje y de la deprabación no, solo significa que tiene que mejorar la expresión y la comprensión a lo que te enfrentas

Sé que con algunas de las cosas que hago evolucionare y con otras no, pero no se trata del bien o del mal, no hay ningún Dios para castigarte una u otra cosa no hay ningún Dios que condene a la gente, todo el mundo es Dios, no tenemos la mayor idea de lo que es Dios.

Dios es la superposición del espíritu de todas las cosas, cada persona es un Dios en gestación y debe ir por ese camino, algun dia tendra que tenerlo como un estado de adición.

La única forma de llegar a ser bueno para uno mismo no es lo que se le hace al cuerpo, sino lo que se le hace a la mente.

Debemos luchar por el conocimiento sin que las adicciones interfieran y si podemos hacerlo pondremos de manifiesto y conocimiento la realidad y nuestro cuerpo lo experimentara de manera nueva con una química, nuevos hologramas, nuevos lugares de pensamientos mas allá de nuestro sueños más sensacionales.

Un día todos alcanzaremos el nivel de los avatares que hemos leído en la historia de los Budas y Jesuses.

"La idea de Dios es la más grande de todas las ideas"

Jose Marti

Jose Marti (1853-1895) Origen: Cubano. Filósofo, Poeta, Periodista, Escritor y el Apóstol Nacional de Cuba. Fue uno de los grandes pensadores del siglo XIX. Fue Mason con el grado 30 de la Masonería. Maestro Mason era un hombre de pensamiento profundo y Clarividente. Marti dijo: "La Muerte es una forma oculta de vida" La Tumba es vía y no termino" quiso decir que la muerte no es un fin sino una vía o camino hacia otras vidas. El 5 de diciembre de 1859 quedo constituida en Cuba la Gran Logia de Colon con su primer Maestro IH Francisco de Griñan. Fue creyente profundo demuestra en su prosa. "Cristo fue un hombre admirable "Todas las Ideas tienen un gran Nazareno". "La idea de Dios es la más grande de todas las ideas". "Un pueblo irreligioso morirá, porque nada en el alimenta su virtud". En 1892 funda el Partido Revolucionario Cubano y en marzo de ese mismo año funda el periódico Patria, órgano oficial del Partido. Marti se caso con la camagüeyana Carmen Zayas -Bazan, de ese amor nació un hijo. El 19 de Mayo de 1895 alrededor de la 2.00 pm Marti fue muerto en combate heroicamente por 3 balas que le produjeron 3 heridas mortales, con su sangre fecundo su patria. Con la muerte de Marti Cuba perdió su libertad aunque le haya ganado la guerra a España.

CITAS SOBRE DIOS

Johannes Kepler (1531-1630) Científico Alemán. Matemático, Astrónomo y Astrologo. El fundador de los principios Heliocéntricos del sistema solar

"Te doy gracias, Dios creador, porque me has concedido la felicidad de estudiar lo que Tú has hecho y me regocijo de ocuparme de Tus obras. Me ha cabido el honor de mostrar a los hombres la gloria de tu Creación o por lo menos, de aquella parte de Tu infinito reino que ha sido accesible a mis escasas luces."

Isaac Newton (1642-1727) Físico, Matemático, Astrónomo, Alquimista Ingles. Descubridor de la Ley de Gravedad, El Principio de la Difracción de la Luz y del Calculo Integral y Diferencial." El orden admirable del sol, de los planetas y cometas tienen que ser obra de un Ser Todopoderoso e Inteligente...; y si cada estrella es fija, es el centro de un sistema semejante al nuestro, es cierto que, llevando todo el sello del mismo plan, todos deben de estar sumisos a un solo y mismo Ser... Este Ser Infinito lo gobierna todo no como alma del mundo sino Señor de todas las cosas. Dios es el Ser Supremo Infinito y Eterno, absulamente Perpetuo."

Thomas Alva Edison (1847-1931) Científico Norteamericano. Descubrió la Bombilla Eléctrica.

"Mi máximo respeto y máxima admiración a todos los ingenieros, especialmente el mayor de todos ellos, que es Dios"

Max Plank (1858-1947) Físico Teórico. Alemán. Fue Premio Nobel en 1918. Padre de la Física Cuántica.

"Lo que nosotros tenemos que mirar con la mayor maravilla es el hecho de que la conveniente formulación de esta ley produce en todo hombre imparcial la impresión de que la naturaleza estuviera regida por una voluntad inteligente.

Todo esto acontece como si este universo nuestro fuera la obra de un compositor

Albert Einstein (1879-1955) Físico Teórico Alemán. Fue Premio Nobel en 1921. La Ley del Efecto Fotoeléctrico.

"A todo investigador profundo de la naturaleza no puede menos que sobrecogerle una especie de sentimiento religioso, porque le es imposible concebir que haya sido él, el primero en haber visto las relaciones delicadísimas que contempla. A través del Universo incomprensible se manifiesta una Inteligencia superior infinita"

Erwin Schrodinger (1887-1961) Científico Austriaco. Premio Nobel de Física en 1933. Fue uno de los fundadores de la Ecuación de la Mecánica Cuántica

"La obra maestra más fina es la hecha por Dios según los principios de la Mecánica Cuántica."

Robert Jastrow (1925-2008) Físico Teórico, Astrónomo Cosmólogo, Americano. Director del Goddar Institute of Studies de la NASA."Porque existe algo en vez de nada? Las fuerzas de la naturaleza, son realmente automatas o fueron preconcebidas? Como podemos justificar la existencia de un modelo previo tan elegantemente diseñado, capaz de crear un Universo tan vasto y complejo de la nada?

Cuestiones de tal enbargadura no pueden abordarse desde una perspectiva científica, sino filosófica. No tenemos porque sorprendernos ni sentirnos incómodos si los descubrimientos científicos nos conducen a preguntas de esta índole. Por otra parte, los que esperan demasiado de la ciencia no podrán evitar una cierta decepción al comprobar que esta posee limitaciones inherentes."

 Carl Edwar Sagan (1934-1996) Científico Americano. Astrónomo, Astrofísico, Cosmólogo. Editó más de 20 libros y 600 artículos científicos.

"Oculto en el cambiante esquema de la cifra, en lo mas recongnito del numero irracional, se halla un círculo perfecto, trazado mediante unidades dentro de un campo de ceros.

El Universo había sido creado, manifiesta el circulo. En cualquier galaxia que nos encontremos, tomamos la circunferencia de un círculo la dividimos por su diámetro y descubrimos un milagro: otro círculo que se remonta kilómetros y kilómetros después de la coma decimal. Mas adentro había mensajes más complejos. Ya no me importa que aspecto tenemos, de que estamos hechos ni de donde provenimos. En tanto y en cuanto habitemos este Universo y poseamos un mínimo de talentos para la matemática, tarde o temprano lo descubriremos porque ya está aquí, en el interior de todas las cosas. No es necesario salir de nuestro planeta para hallarlo. En la textura del espacio y en la naturaleza de la materia al igual que una gran obra de arte, siempre figura, en letras pequeñas, la firma del artista por encima del hombre, hay una inteligencia, hay una inteligencia que precede al Universo. El círculo se ha cerrado. Eleanos encontró por fin lo que buscaba."

Resumen

El Absoluto es la única realidad perfectamente neutral, equilibrada, perfecta, total, fuera de la cual nada puede existir, requiere que está realidad en su totalidad sea auto-regulable, no requiriendo ningún agente externo o causa para iniciar cualquier proceso, tales como el de creación o disolución. Siendo eterno, no tendrá principio ni fin, y todo movimiento en ello deberá ser un movimiento circular.

Las ideas dadas servirán tal vez para arrojar alguna luz sobre como un Estado tal, como tal auto-reguladora realidad, que incluye tanto a lo manifestado como a lo inmanifestado, puede existir y funcionar sorteando la necesidad de suponer que lo Absoluto tenga que iniciar cierto movimientos o cambios periódicos, idea que es filosóficamente insostenible.

Los movimientos rítmicos tanto en el átomo infinitesimal o como las expresiones y contracciones del Universo, son sus meros reflejos y expresiones a niveles inferiores. El arte de bailar es un esfuerzo sutil para expresar el misterio del Ritmo Cósmico en los movimientos del cuerpo físico. Aun todavía el danzar, en su elevada expresión, cuando es realmente creativo y transporta a quien danza y a los que contemplan aun estado de éxtasis es, en suma y de alguna misteriosa manera, un reflejo y pálida expresión de aquel ritmo que subyacente en el universo. Tal baile por su verdadera índole no puede ser repetido basado en la memoria y en la técnica, sino que debe depender de una relación del que danza con los movimientos rítmicos que están aconteciendo eternamente dentro del corazón del universo y por consiguiente dentro del corazón de cada ser humano.

Así pues no pueden ser producto de la mera técnica o aun de la creación ordinaria, si bien son ambos necesarios. Una interna sintonización de lo inferior con lo superior, de cualquier manera que sea alcanzada, es una condición necesaria.

El Ritmo Cósmico ha sido descripto como un movimiento alterno de la consciencia, hacia adentro y hacia afuera, desde el gran Centro y abarcando en su vasto abrazo todo el Cosmo. Mas esto es así porque nosotros no podemos concebir ningún movimiento en más de tres dimenciones, en cuanto nuestra conciencia se mantenga confinada a este mundo físico de tres dimensiones.

De hecho, el Ritmo Cósmico, por propia naturaleza, debe ser un movimiento que este mas allá de las dimensiones del espacio pero teniendo el poder potencial de producir cualquier clase de movimiento rítmico en un mundo de cualquier números de dimensiones. Y así esa forma integrada fundamental de movimiento rítmico es la que sirve de inagotable fuente de una infinita variedad de tales movimientos.

EL ABSOLUTO ES AMOR EN LA ETERNIDAD.

Capítulo V

El Macro mundo.

Saber lo que la gente sabe, no es saber, saber esta en lo que no se sabe por eso la ciencia de la ciencia está más allá del saber humano.

Confucio

El Macro mundo es todo aquello que está fuera del entorno terrestre, tenemos como ej.: nuestro sistema solar constituido por una unica estrella llamada Sol y sus planetas; Mercurio, Venus, Tierra, Marte, Júpiter, Saturno, Urano, Neptuno y Pluton asi como el conjunto de otros cuerpos menores y planetas enanos (Plutón, Ceres Haumes, Eris) asteroides, satélites naturales, cometas y polvo interplanetario.

Los planetas se dividen en los interiores o más cercanos al sol que son los más calientes y pequeños, Mercurio, Venus, Tierra y Marte y los planetas exteriores o sea, los más lejanos al sol son los fríos y mas grandes como ej.: Júpiter, Saturno, Urano y Neptuno, los más cercanos al Sol tienen una orbita que es mas pequeña por lo que le dan la vuelta al sol mucho más rápido que los grandes o exteriores ej.: Mercurio da la vuelta al Sol en 88 días mientras que Plutón lo realiza en 249 años: se calcula que nuestro sistema solar tenga aproximadamente 4,700 millones de años de existencia.

El sistema solar es muy parecido a la estructura de un atomo, constituido por un nucleo y su envoltura electrónica donde giran los electrones. Nuestro sistema solar está constituido por el sol y sus planetas girando en sus órbitas alrededor del sol. El sistema solar pertenece a una galaxia llamada Vía Láctea, además de las miles de millones de galaxias que existen en el Cosmo, dentro de esas galaxias existen miles de millones de estrellas o soles mayores que la nuestra, entre ellas tenemos (Sirus, Pollux, Acturus, Rigel, Betrigeuze, Antares, My Cephei, W Cephei) y otras más.

La galaxia más cercana a la Vía Láctea es la llamada Andromeda, una galaxia gigante. Las galaxias por su tamaño se dividen en gigantes y enanas, los científicos afirman que las galaxias gigantes se tragan a las galaxias enanas, que la distancia de nuestra galaxia a la galaxia Enana Canis Mayor está aproximadamente 25 mil años luz (La velocidad de la luz es 300 mil kilómetros por segundo) le sigue la nube de Magallanes mayor a 170,000 años luz, la Andrómeda similar a la nuestra se dirige a 120 kilometros por segundo o 435mil kilometro por hora, se calcula que dentro de la galaxia Andromeda y la Via Lactea hay un grupo formado de 27 galaxias.

La Galaxia es un sistema masivo de nubes y gases, planetas, polvo cosmico, materia oscura y energía oscura unidos gravitatoriamente. En el centro de las galaxias es donde se acumula mas cantidad de estrellas, cada cuerpo de una galaxia se mueve a causa de la atracción de otras hay un movimiento más amplio que hace que todo junto gire alrededor del centro, las primeras galaxias se empezaron a formar 1000 millones de años después de la Gran Explosión o Bing Bang, las estrellas que forman las galaxias tienen Nacimiento, desarrollo y muerte, los núcleos de las galaxias emiten fuertes radiaciones probablemente sea la presencia de agujeros negros.

Los movimientos de las galaxias provocan choques violentos pero en general las galaxias se alejan las unas de las otras. Como Galaxias vecinas tenemos:

El Dragón, La Osa Menor, El Escultor, El Fogon, El Triangulo, y otras. Las galaxias tienen diferentes formas: de globo, de lente, plana, elíptica y espirales como la nuestra, las galaxias se agrupan formando cúmulos de galaxias. Las agrupaciones de galaxias entre 50 a 100 miembros con concentraciones de gases calientes y materia oscura, estas se mantienen unidas entre sí gracias a la interacciones gravitatorias.

Los cúmulos miden decenas de megaparsec (decenas de millones años luz); tenemos algunos ejemplos de estas aglomenaciones de galaxias son el Cumulo de Virgo el de Hércules y el de Cabella de Berenite. Existen otras mayores llamadas supercumulos de galaxias y otras menores.

¿Qué es un Agujero Negro?

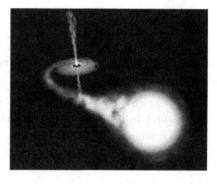

Donde una estrella enorme ha muerto dejando un hoyo sin fondo del cual no hay escapatoria, forma un agujero negro. Un Agujero Negro u hoyo negro es una región finita de espacio y tiempo provocada por una gran masa en su interior con enorme aumento de densidad, lo que genera un campo gravitatorio tal, que ninguna partícula material ni siquiera los fotones de luz pueden escapar de dicha región, los agujeros negros pueden destruir galaxias completas convirtiéndolas en nada, consumen galaxias lentamente.

Las galaxias tienen en su centro agujeros negros, es una región en el espacio de gravedad extremadamente fuerte, la gravedad ahí es tan fuerte que no hay manera que los objetos más cercanos escapen de su atracción gravitacional nada puede escapar a un centro cercano, con un agujero negro ni siquiera la luz. La masa de un Agujero Negro está concentrada en un punto de densidad casi infinito llamado singularidad

Un objeto astrofísico que contiene tanta masa en un volumen tan pequeño que la fuerza gravitacional es tan fuerte que ni siquiera la luz tiene energía suficiente para escapar, tienen una masa casi 4 millones de veces la masa de nuestro sistema solar, algunas veces los agujeros negros se tragan estrellas enteras probocando un violento estallido llamado explosión de rayos gamma. Si hubiera Agujero Negro supermasivo en el centro de nuestra galaxia pudiera ver Agujeros Negros semejante en el centro de todas las galaxia, se ha probado que la mayoria de ellas tienen Agujeros Negros; Los Agujeros Negros tragan la materia. Los Agujeros Negros son difíciles de detectar porque como su nombre lo indica son de color negro se pueden detectar cuando su gravedad afecta a otro cuerpo en el espacio, no discriminan devoran todo lo que encuentran todo lo que pasa cerca sean gases, estrellas, planetas esto lo deforma y parece agua que se va por un desague la polvoriza por completo, hay millones de Agujeros Negros en nuestra galaxia es uno de los fenómenos más extraños y destructivo en el universo. Se cree que el 1% del universo está constituido por materia observable estrellas, planetas, polvo y gases. Entonces como se explica la materia creada por el Big Bang?

Que es lo que constituye La Materia Oscura?

Se cree que es la misteriosa sustancia llamada materia oscura es algo extraordinario se sabe que existe, es algo que ejerce una fuerza gravitatoria sobre las cosas no se puede ver solo sale a la luz por la influencia sobre la materia luminada y de esta manera genera movimiento de órbita extraña; tenemos a Neptuno como un ejemplo clásico; con la mejora de los telescopio se hace mejor las visibilidad de la materia oscura.

Durante miles de años hemos observado el cielo nocturno creyendo que lo que veiamos iluminado era lo que compone nuestro Universo hoy los verdaderos secretos de nuestros hilos no es lo que vemos sino lo que se oculta en la oscuridad. Existe una misteriosa materia oscura que mantiene unida las estrellas y galaxias. Combinando la materia oscura y la energía oscura representa el 96% del universo. Miles de millones de estas partículas atraviesan cada segundo todo lo que encuentran a su paso, es tan masivo que pueden influir en las galaxias, en su formación y en su rapidez en que rotan la invisible presencia de la materia esta en todas partes. No se ha demostrado verdaderamente que exista y no es fácil algo que no se puede ver, emite luz y no se puede ver no interactúa con la luz en absoluto. Hasta los años 20 no se sabía que existían otras galaxias a parte de la nuestra.

La materia oscura o perdida es una masa invisible que ejerce una fuerza gravitatoria de atracción y podría afectar la velocidad de las galaxias enteras en un cumulo.

Hay 10 veces más materia oscura que visible, una luz puede ser desviada de su trayectoria por la materia oscura la materia oscura curva la luz, está es estable miles de millones nos atraviesan cada segundo es sustancia pesada y es lenta y no podemos verla no viajan a la velocidad de luz y no interactúa con nada por eso es tan difícil verla; hasta ahora no se ha detectado materia oscura pero el día que se detecte nos dará una respuesta sobre el espacio nos abrirá una ventana a la decima milésima parte posterior al Bing Bang, si se descubre que es la materia oscura, tambien se podra descubrir cómo se comporto el Universo en sus primeros momentos de vida, también es crucial para nuestra existencia.

El universo primitivo era un reactor atómico cuando tenía 1 minuto de edad (la materia ordinaria reacciono con otra materia ordinaria) creando el universo, la materia y la energía oscura se creó en el momento del Bing Bang y desempeño un papel crucial en la acumulación de la materia ordinaria que diera lugar a las estrellas y los planetas. Las partículas de materia oscura se fueron uniendo lentamente, actúan de manera que podían unirse a la materia ordinaria por efecto de la gravedad y una red cósmica es el eje que alrededor se agrupa la materia visible.

Nuestro universo se está acelerando está fuerza de repulsión se llama energía oscura una energía invisible que nadie espera ni es comprendida esto sugiere que en las mayores distancias del universo exista un efecto de repulsión entero que la fuerza de gravedad y la energía oscura está creando espacio haciendo que las galaxias se alejen, está energía que llena el universo y hace que se expanda más rápidamente conforme pasa el tiempo es lo que llamamos energía oscura.

La materia oscura y la energía oscura son diferentes, la energía oscura es energía del vacío, la energía de la nada incluso la nada tiene energía y su empuje aleja las galaxias. Al principio del Big Bang cuando era caliente y denso, la energía oscura era insignificante entonces no importaba si estaba presente o no, a medida que el universo fue enfriandose, se hizo menos denso, mas grande la gravedad, fue perdiendo importancia y la energía oscura se impuso, es una propiedad del espacio que no se comprendía todavia a medida que el universo se expandia, la energia oscura se impuso sobre la materia oscura dando inicio a la aceleración del Universo.

Hace 5 mil millones de años la energía oscura se imponía a la atracción de la materia del universo. Si pensamos en una grafica de fuerza tiempo la atracción gravitatoria disminuye con el tiempo la repulsión aumenta con el tiempo y hace 5 millones de años las dos curvas se cruzaron fue entonces cuando se inicio la expansión de aceleración del universo. Es crucial comprender la energía oscura, porque nos dice hacia dónde va el Universo cual es su destino. Hay algún fin en perspectiva? La energía oscura domina la expansión del universo y no parece que vaya a detenerse.

El efecto de repulsión de la energía no parece que vaya a detenerse, el efecto de repulsión de la energía oscura aumenta porque mientras más espacio halla entre las galaxias, mayor será el efecto acumulativo de la energía oscura de su efecto de repulsión. Cada galaxia parece destinada a una existencia, a ser solitaria, parece ser el fin del todo.

La sorprendente teoría de la energía oscura fue propuesta y descartada por unos de los mayores genios de la física según él fue su mayor error su nombre es Albert Einstein y podría ser el autor del mayor descubrimiento del siglo XXI, casi 80 años antes que nadie lo sospechara. Hoy se sabe que la energía oscura crea espacio y hace que se espanda, pero al principio del siglo XX los científicos pensaban que el universo se limitaba a la Vía Láctea y nunca aumentaría de tamaño.

Según los datos de nuestro satelites el 73% de la energía de la materia del universo es la energia oscura como antes se conocía por el error de Einstein, hoy sabemos que es la fuerza dominante en el Universo, sus errores son nuestros descubrimientos, los científicos no han hecho más que comprender el efecto que la energía oscura en el destino del universo, nos gustaría medir cómo se comporta la energía oscura conforme envejece el universo.

El Universo es el conjunto de todas las estrellas, soles, galaxias y todo lo que existe, o sea, es la totalidad del espacio y tiempo de todas las formas de materia y energia y el impulso de las leyes constantes fisica que las gobiernan.

¿Cómo se originó el Universo? Según las últimas teorías las mas actualizadas, es la teoría de la Gran Explosión o Big Bang, en realidad nuestro universo está en evolución y expansión, vivimos en un misterio de una única exposición cataclísmica se creó el Universo de una partícula más pequeña que un átomo surge la materia, espacio y tiempo, el calor es intenso en el primer microsegundo el Universo se expande al tamaño de una galaxia es una sopa de partículas que crecen, estan muy caliente, la energía origina materia y antimateria se aniquilan unas y a otras y el proceso vuelve a comenzar.

La Materia gana una parte por mil millones. La Materia va a dominar nuestro Universo protones, neutrones y electrones ahora el universo tiene un segundo de vida es opaco no podemos ver nada este remolino en expansión hierve con partículas subatómicas los átomos están a punto de formarse, a los 3 minutos del Big Bang se crean los primeros elementos químicos, Hidrogeno, Helio y pequeñas cantidades de Litio, durante 300 mil años, se expande la temperatura, desciende nuestro universo se vuelve transparente por primera vez la luz y otras radiaciones viajan a través del espacio.

 George Henrry Lamaitre (1894-1966) Origen: Belga. Fue un Sacerdote Catolico y Astrofisico. Fue el fundador de la Teoria Cosmologica del Bing Bang acerca del origen del Universo. En 1927 descubrio una solucion para las ecuaciones relativistas que ofrecia como resultado un universo en expasion. A partir de esto elaboro la hipotesis de que toda la materia del Universo en su origen estaba concentrada en un atomo primordial, un punto de elevadisima densidad cuya explosion habia determinado el comienzo de la expasion y la creacion de la materia. El tiempo y el espacio estaban contenido en el. Y comenzaron a desplegarse a partir del terrible estallido inicial. Desde muy joven descubrio su doble vocacion de religioso y científico. Primero estudio Ingeniería Civil, luego estudio Fisica y Matematica. Recibio el Doctorado en 1920. El 22 de septiembre de 1923 fue ordenado Sacerdote.

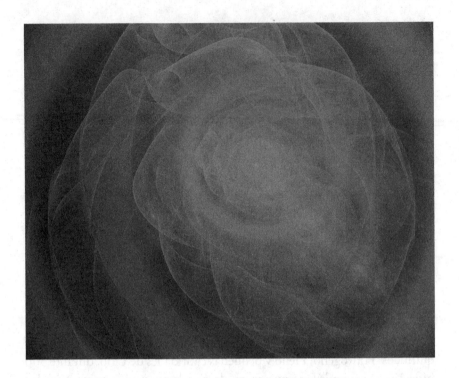

Un telescopio no nos puede demostrar un Universo primitivo, un acelerador de partículas en cambio si puede. ¿Qué edad tiene el universo? Si se está expandiendo relativamente despacio el Bing Bang surgió hace 15 mil millones de años, si se expande rápidamente entonces el universo es joven con una edad entre 10 a 13mil millones de años, mientras más viejo más despacio se expande puede pararse e ir hacia atrás quizás, pero otra teoría surgiere que la expansión del universo seguirá y seguira como un fuego pirotécnico, se extingue, el universo se extinguíra en un lugar desolador e inhospito. Otra teoría es más dramática cuando la expansión alla finalizado el universo se fluctuará y se contraera, luego dara marcha atrás. Solo pudiera suceder si hay suficiente materia en el universo, la materia crea gravedad. Solo la gravedad puede orquestar tal crisis terminal. Sin embargo debe haber materia suficiente. Se cree que el 90% del universo es invisible.

El cosmo no es de modo alguno estático está en movimiento perpetuo donde todo está conectado por una fuerza de atracción de tipo gravitatoria, una fuerza que todo lo enlaza, todo órbita alrededor de un cuerpo mayor, lo que existe es producto de una configuración especial compleja de la fuerza Universal, es un ente que se construye y se destruye para luego restaurarse incesamente así mismo.

Las propiedades fundamentales de cada parte del cosmo son unicas y no se repiten podemos decir que el espacio, tiempo y materia atómica tridimensional existe solo en el conjunto galáctico local, que otras realidades resulta imposibles por nuestros cinco sentidos físicos. Los universos simpre estan en equilibrio todo depende de algo, todo gira o vibra sobre algo. Los universos siempre están en ciclos de creación de energía y materia que despues van a reducirse o desaparecer para luego crear tras culminar un inmenso ciclos de evolución a los más sencillo que es el equilibrio de la Fuerza Universal que luego se manifiesta en el cosmo de forma continua de expansión y contracción en los Bing Bang siempre complementados.

La Ley de La Conservación de la Energía dispone que todo se transforma y cambia de estado incesantemente, constantemente hasta reconvertirse en algo distinto y por lo general lo superior que es ascendente en espiral evolutiva nada se pierde jamás. Y que parte de un sustrato que ya existía con anterioridad. Es la ley del cambio perpetuo de sus elementos y sistemas dimensionales, estos universos seden y toman entre ellos su manifestación energéticas y experimentan transformaciones internas hasta que finalmente se destruyen se autodestruyen para renacer acto seguido, como una manifestación mejorada de la fuerza universal. Los universos poseen límites y son por tanto finitos pero los multiuniverso que los integran todo son por el contrario un ente infinito compuesto por una sucesión inacabable de partes finitas porque el universo es mucho mas basto y extraño de lo que pueda uno imaginarse.

Los universos tienen un movimiento en espiral de forma ascendente de mutaciones o sea todo nace, se desarrolla, madura o se reproduce, decae y por último muere culmina esa etapa a ese nivel y reanuda su crecimiento a otro plano vibratorio más adelantado más elevado para transformarse seguidamente en un ente renovado de rango mas superior e iniciar otro ciclo más elevado aun. El Macrocosmos tiende a la autoperfeccion y está mejoría incesante es precisamente el propósito de toda evolución universal de todos los seres y de todas las cosas.

El mundo se origino por una idea visualizada de la Mente Universal de la energía que es una fuerza mental condensada en vibraciones ondulatorias el cual, es el pensamiento de Dios.

El Multiverso no tiene límite nunca ha tenido un principio ni un fin, no tiene bordes ni adentro ni afuera, siempre es.

El descubrimiento de la expansión del Universo empieza en 1912 en los trabajos del astrónomo Norteamericano Vesto M Slipher mientras estudiaba los espectros de las galaxias, observo que la mayoria de las galaxias se alejaban de la Vía Láctea en todas direcciones, esto confirma la expansión del Universo.

Vesto Melvin Slipher (1875-1969) Origen: Estados Unidos. Astrónomo. Entre sus investigaciones se destaca la de haber medido por primera vez la velocidad radical de una galaxia y de haber descubierto la existencia de gas y polvo en el medio interestelar, mientras que estudiaba, observo que la mayoría de las galaxias se alejaban de la Vía Láctea en todas las direcciones, esto confirmo la expansión del Universo. Trabajó en el Observatorio Lowell en Flagstaff, Arizona, donde llego hacer director desde 1916 a 1952. Utilizo el espectroscopio para investigar el periodo de rotación de los planetas y la composición de la atmosfera planetaria. Fue Doctor Honoris y Causa en Ciencia en la Universidad de Arizona, Doctor Honoris y Causa en Leyes de la Universidad de Indiana. Premio Lalande de la Academia de Ciencias Francesas en 1919. Medalla Henrry Draper en 1932. Medalla de Oro de la Real Sociedad Astronómica 1933. Medalla Bruce 1935. Se retiro de la Astronomía en 1954 y murió en 1969 en Flagstaff, Arizona.

El 3 de Julio del 2001 la Nasa lanzo un satélite con capacidad para despejar las dudas para hallar la verdad sobre la teoría del Bing Bang hallaron fotos de la infancia del Universo para compararla con el universo de hoy y en febrero del 2003 los científicos recibieron las primeras imágenes que el satélite tomo del universo en su infancia cuando tenía entonces 380 mil años, la claridad de los datos fue un exito extraordinario tal como se había especulado, tiempo ante, estas formas representan las semillas que después crearon las amplias extensiones de estrellas y galaxias de hoy, además de apoyar con contundencia la teoría de inflación, los datos aportaron datos concretos sobre la edad, composión, formas y evolución del universo.

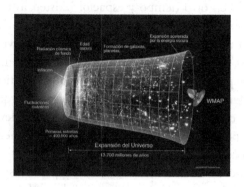

Desde nuestra galaxia la Vía Láctea hasta los confines más lejanos de nosotros a miles de millones de años luz el espacio está lleno de cosas realmente peculiares; es dificil comprender algunos de los objetos que hay en el espacio exterior porque son muy diferentes a la vida de nuestro planeta. Hay una fuente de cosas en el universo existente que siguen sin ser descubiertas, hay muchos objetos que todavía no podemos comprender, el universo es un lugar extremadamente intenso.

Existen innumerables fenomenos que son inimaginable por la mente humana, en el Universo se desencadenan fenómenos energéticos mucho mas potentes que la explosion de bombas nucleares, el universo es un lugar muy violento se origino por una violenta explosión llamada Big-Bang y en este se desencadena todo tipo de procesos violentos.

El 27 de Diciembre del 2004, los satélites registraron la mayor explosión cósmica jamás registrada antes, sucedido a 30 mil años luz pero consiguió alterar brevemente las capas más altas de la atmosfera de nuestro planeta está explosión fue causada por un magnetar la clase de estrella más densa del espacio y una de las más peligrosa.

¿Qué son los Universos Paralelos?

Es un universo similar en todo, al universo que conocemos excepto que está situado en otro tiempo y espacio. Existen infinitos Universos e infinitos planos de existencias y todos giran gravitatoriamente; tienen su origen en el universo al cual pertenecen. Unos universos brotan de otros universos quizás en ellos exista una copia fiel a nuestro sistema solar, nuestros planetas y cada uno de nosotros pudiera ser igual o ligeramente diferente. ¿Donde están estos universos? Porque no podemos verlos? Porque están en dimensiones diferentes? Las leyes de la física son diferentes por lo tanto todo es diferente cada dimensión tiene sus leyes físicas especificas no son repetibles son completamente distintas, el universo pertenece a un mar lleno de universos paralelos; imagínese otro mundo otro universo con el mismo sistema solar y planetas exactamente iguales que el nuestro, en esta tierra paralela, lleva una copia exactamente de usted que pudiera llevar exactamente la misma vida pero en otro universo. Ahora imagina un universo distinto en el que pudiera llevar una vida diferente al mismo tiempo que vive está vida puede parecer fantástica, increíble imposible, pero pudieran existir muchos otros universo, algunos físicos serios tienen pruebas que lo demuestran, en una idea alucinante que prueba que hay replicas exactamente igual a nosotros, los científicos, están tratando de probar que los universos paralelos son una realidad física. Lo que vemos no es todo lo que hay, muchos años atrás no creíamos en toda una serie de descubrimientos que se han comprobado, que existen infinitos fenómenos cosmico que eran inimaginable por el hombre hace 100 años atrás, los datos obtenidos del espacio exterior nos han aportado una nueva mirada de la cosmología y los datos obtenidos por los satelites indican que si pueden existir. Las nuevas teorias de las cuerdas nos muestran mundos con dimensiones más grandes y la Física Cuántica en escala microscópica han demostrado la existencia de los universos paralelos.

Teoría de la Inflación

Existen infinitas regiones en el espacio igual a nuestro universo, enorme es infinito no tiene fin significa que hay infinitos universos hay mundos multiuniverso o mundos invisibles que no podemos ver ni tocar si está revolucionaria teoría es correcta podían existir otras copias de sistemas solares y del planeta tierra por lo tanto hay copias de mi de usted y de todo el mundo en algún lugar.

Existen un numero infinito de universos otras tierras infinitas copias de nosotros mismo en otro lugar. En los multiuniversos vivimos las vidas pero en otros universos vivimos cosas distintas ej.: Nunca conociste a tu esposa, El Papa Juan Pablo II vive todavía. Todo lo imposible puede ser posible en algún universo paralelo. La Teoría de la Relatividad y la Física Cuántica son incompatibles, juntas explican todo lo que la humanidad sabe del cosmo, uniendo estas dos teorias tenemos la teoría del todo. Son los ingredientes que necesita el Bing Bang u origen del universo.

En los años 80 los científicos plantearon la Teoría de las Cuerdas que prometió resolver los misterios del universo incluyendo si existe o no universos paralelos. La idea es que las partículas no son puntos como se señalaba, si se pudieran ver de cerca las partículas, son pequeñas cuerdas que vibran individualmente de varias formas, una cuerda vibra para generar diversas partículas en física. Es un concepto musical es una guitarra o un bajo para generar notas con las vibraciones de las cuerdas.

Mientras los científicos estaban explorando la teoría de las cuerdas detalladamente hicieron un importante descubrimiento, descubrieron que no solo las cuerdas estaban involucradas en la física sino, tambien membranas y otros objetos que podían vibrar.

La Teoría de las Cuerdas evoluciono como la llamada Teoría M o Teoría de las Membranas Las partículas que vemos en la naturaleza el universo mismo, estan compuestos de membranas y cuerdas que vibran. El mayor logro de la teoría es para darle sentido a todo; hay 11 dimensiones en el universo. ¿Como funcionan las cosas mas pequeñas y las mas grande del cosmo? También propone que vivimos en una gigantesca membrana energetica. Nuestro universo está atado a este muro mediante dimensiones extra invisibles. La teoría M plantea que hay 6 o 7 dimensiones diminutas o curvadas que no percibimos a diario que están junto a nosotros

El principio cuántico plantea que hay muchas versiones de cada persona también puede aparecer en los universos, existen infinitas dimensiones cada una con características únicas y distintas unas de otras o sea, que no se repiten nunca; en un punto, el universo era como un electrón si es así y se describen los electrones como capaces de estar al mismo tiempo en diferentes lugares en estados paralelos también es posible que los universos sean universos paralelos.

Está teoría fue propuesta por el físico estadounidense Hugh Everett en lo que se intentaba explicar los misterios de la mecánica cuántica la teoría dice que cada vez que se exploraba una nueva posibilidad física; el universo se divide para cada alternativa, es posible que se crea un universo propio, el numero de posibilidades es infinita.

Hugh Everett (1930-1982) Origen: Estados Unidense. Fue un Físico. Propuso por primera vez la Teoría de Los Universos Paralelos, es el nombre de una Hipótesis en la que entran en juego la existencia de varios Universos o realidades relativamente independiente. El desarrollo de La Física Cuántica y la búsqueda de una Teoría Unificada(Teoría Cuántica de la Gravedad) conjuntamente con el desarrollo de la Teoría de las Cuerdas, han hecho entrever la posibilidad de la existencia de múltiples dimensiones y Universos Paralelos conformando un Multiuniverso o Múltiples de Universos. Los Universos Paralelos también son llamados Universo Alternativo, Universos Cuánticos, Dimensiones Interpenetrantes, Mundos Paralelos. Realidades Alternativas o Líneas de Tiempo Alternativas.

La Teoría de los Universos Paralelos puede resultar bastante difícil de comprender sin embargo si se puede demostrar matematicamente, es muy posible, que la teoría sea correcta. El universo es una especie de sinfonia cósmica que suena al compas que marcan estos minúsculo hilos de energía pero nos han mostrado una imagen nueva del universo una imagen extraña como bonitas y aun podemos resumirlas para todos los fenómenos existentes y no existentes por las percepciones de los humanos.

¿Qué son los Extraterrestres?

Los extraterrestres son inteligencias fuera de nuestro entorno físico o sea, inteligencias de otros mundos originarios de algun sitio del cosmos, incognoscible por el humano. Lo que es increible hoy puede ser creíble mañana, hace 200 años atrás ir el humano a la luna era una ciencia ficción sin embargo en julio de 1969 el humano piso la luna y fue una realidad absoluta. Y hay innumerables descubrimientos que antes eran imposible de aceptar o creer y luego se han llevado a cabo en la realidad.

En julio de 1947 en Roswell en el estado de Nuevo México cayó una nave u objeto no identificable donde pudieron capturar a tres extraterrestres muertos se les hizo una autopsia, los extraterrestres tenian posición bípeda, cabeza, tronco y extremidades superiores e inferiores al igual que el humano, se ha dicho mucho respecto al caso de Roswell pero a ciencia ciertas para mi es algo serio y cierto, los demás criterios los dejo a la imaginación de ustedes, han habido muchas evidencias y testimonios de personas que han tenido contacto con esas inteligencias extraterrestres.

El secretario o ayudante personal del papa ha publicado una experiencia de ellos. Una noche de julio de 1961 el papa Juan XXIII y su secretario personal, estaban caminando a través del jardín cuando observaron sobre sus cabezas un objeto muy luminoso que tenia una forma oval, luego aterrizo en el jardín, un extraño ser salio de la nave, tenia forma absolutamente humana a excepcion de su cuerpo que estaba rodeado de una luz que salia de el mismo; su santidad y yo nos arrodillamos, rezamos y cuando levantamos nuestras cabezas, el ser estaba ahí de pie, esto no era una visión sino una realidad, el santo padre se levanto y estuvieron alrededor de 20 minutos conversando uno frente a otro, se veia que estaban gesticulando como si hablaran pero no se oyo nada, luego el extraterrestre dio la vuelta se dirigió hacia su nave y enseguida se elevo, su santidad regreso y me dijo: "lo hijos de Dios están en todas partes pero algunas veces es difícil reconocer a nuestros propios hermanos", su santidad nunca quiso contarme lo que hablaron en esa experiencia, después de lo que había pasado seguimos nuestro recorrido por el jardín como si no hubiese pasado nada, el nunca dijo nada a nadie de lo que habia sucedido, nunca dijo nada de los platillo volares.

Si vemos todo lo complejo que es nuestro macrocosmos todas sus infinitas dimensiones, planetas, estrellas soles, galaxias y universos lo más seguro es que exista vida extraterrestre y no una sino muchísimas vidas, lo que sucede es que las distancias intergalácticas son extremadamente grandes se miden por años luz y acorde a nuestro desarrollo actual es todavía muy primitivo el tener contacto con otro tipo de vida, el hombre solamente ha llegado a la luna simplemente esto no es nada en comparación con toda una serie de fenómenos y cosas que existen fuera de nuestro entorno, existen civilizaciones superiores a la nuestra que si pueden tener contacto con nosotros, ya lo ha habido.

Yo precisamente lo vi un 31 de diciembre de 1998 a las 10.00 pm en el cielo arriba de mi casa eran 8 naves redondas que se movían circularmente sobre su eje y a la vez tenían movimiento de traslación, rodeada cada una de ellas por una luz blanca, luego al cabo de un tiempo desaparecieron de una forma que no lo puedo describir, fue de una forma rara fue impresionante e inolvidable pero en la mayoría de las cosas la gente cree lo que ve y no lo que dicen los demás.

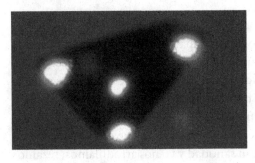

Hay otros ejemplos de personas que han visto una nave coger una vaca con una luz blanca y cargarla dentro la nave cortarles sus partes intimas y luego devolverla al lugar que estaba pero muerta, otros plantean que naves los han capturados y han sido sometidos a operaciones quirujicas y otros que han sido sacado de su casa y no han vuelto jamás, parece un cuento de muchacho pero han sido historias totalmente reales.

Los astronautas norteamericanos del Apolo 11 cuando pisaron la luna a los pocos minutos uno de ellos exclamo hay Dios mío que es esto? Eran seres extraterrestres él lo informo inmediatamente y le informaron que siguiera su mision y siguiera su trabajo y que no se ocupara de ellos.

En febrero del 2008 se dieron reuniones secretas a puertas cerradas de las Naciones Unidas (ONU) para acordar como se daría a conocer la noticia de contacto extraterrestres o seres inteligentes del universo, también se preparan los gobiernos, científicos, militares, instituciones de la fe preparan un mensaje mundial para informar a la humanidad la realidad de los fenómenos OVNIS extraterrestres una realidad que había sido oculta durante décadas y actualmente son los científicos que han publicado abiertamente que debemos prepararnos ante el acontecimiento más importante y transcendental de la historia de la humanidad. La comunicación con otras inteligencias del universo.

El Vaticano en mayo del 2008 fue el primer estado en aceptar públicamente la existencia de otros seres, después los gobiernos de Francia, Inglaterra, Holanda, Nueva Zelandia, Brasil, Chile y Argentina, liberaron los archivos secretos de los reportes oficiales sobre documentos de los fenómenos OVNIS, en la actualidad Las Naciones Unidas se preparan para designar un embajador con facultades especiales para coordinar un encuentro con seres extraterrestres, si este se llegara a presentar, todo parece indicar que sería la embajadora la astrofísica Dr. Mazlan Othman.

La Humanidad se alista ante el cambio para desarrollar una nueva disciplina y establecer comunicación con otras inteligencias del Universo en la llamada Exopolítica.

¿Qué significa Exopolítica?

Es un campo científico interdisciplinario con raíces en las ciencias políticas que se ocupa de la investigación, la educación y la política, con respecto a los autores e instituciones y procesos asociados a la vida extraterrestre, así como el amplio campo de implicaciones que todo conlleva a travez del apoyo político y los nuevos paradigmas emergentes

¿Qué es un OSNI?

Son objetos sumergibles no identificados se presenta en el ambiente acuático, si un OVNI entra al agua se convierte en un OSNI; se cree que existen bases submarinas de OSNI en nuestro planeta, como ejemplo tenemos el Triangulo de las Bermudas y la Antartida. Las cualidades principales de los OSNI es que producen presiones que cualquier submarino moderno no podia soportar, son capaces de alcanzar una velocidad y mantener una maniobrabilidad hasta ahora impensable para un objeto conocido que sea sumergido en un medio fluido. Ellos desarrollan tecnología que transciende las limitaciones de la forma física o tridimensional.

El 11 de enero de 1972 es reportado por la prensa internacional un veloz objeto en forma de submarino es detectado frente a las costa de Noruega por una zonar de la armada la cual lo persiguió por 2 semana una flota de embarcions y helicópteros caza submarino especialmente equipado se unen en la búsqueda del objeto. El 20 de enero de 1972 el OVNI fue descubierto y descrito como un enorme y silencioso objeto en forma de cigarro y un buque de la armada rápidamente disparan sus cañones y le lanzaron carga explosiva, el asunto es que no lo identificaron como un submarino después de rastrear el objeto por más de 2 semanas, este desapareció. Por lo que no era un submarino sino un objeto sumergido no identificado (OSNI).

Lo que le paso a Cristóbal Colon y su tripulación el 11de octubre de 1492 a las 10.00 de la noche a bordo de la Santa Maria se desplazaron lentamente por una de las mas profundas aguas del atlantico y a través del Triangulo de Las Bermudas debajo de ellas hay casi 2 kilómetros de profundidad, repentinamente observa destello de luces sobrenaturales que cruzaron el fondo del océano sucedió el 11 de octubre de 1492 unas pocas horas antes del descubrimiento de las Américas en el barco Santa Maria una persona llamada Gutierrez y junto con Colon vieron un objeto emergiendo del agua y un destello de luz brillante que subía y bajaba sorprendiendo a Colon y a su tripulación de 120 hombres a bordo de las 3 embarcaciones de la flota española, hubieron muchos reportes en la travesia de dos meses de viaje de sucesos inusuales en el espacio exterior. Esto está en una copia escrita del diario de Colon; es indudable que a nuestra humanidad actual le esperan acontecimientos sorprendentes en un futuro no muy lejano, viviremos fenómenos transcendentales en la historia del la humanidad.

Durante miles de años la humanidad ha registrado hechos que parecen indicar que seres de otros mundos llegaron a la tierra desde el cielo. Por ello se cree que la tierra fue visitada en tiempos remotos por culturas avanzadas de otras galaxias, también se sabe que los avistamientos son la clave para comprender los misterios que rodean nuestro pasado.

Lo más importante era la religión, los Dioses descendieron en la época de nuestros antepasados eso quedo registrado en los libros Sagrados y en la Mitología, luego la gente comprendió que era necesario encontrar una respuesta lógica a estos hechos y lo convirtió en religión, pero lo más importante es que los extraterrestres llegaron aquí, aquello fue el inicio de las grandes religiones.

Hay dos cosas que explican porque somos hoy como especie?:

1-) Alguien manipulo nuestro condición genética

2-) La Tecnología.

De repente nos pusimos a construir grandes obras que incluso hoy en día nos costaría mucho para reproducirlas. Los textos antiguos son muy explícitos porque muchos logros del pasado se produjeron debido a la participación de los extraterrestres llegados de los cielos. Los defensores de la teórica de los extraterrestres también citan las pruebas de la gran increible similitud entre las culturas aisladas en diversos rincones de nuestro planeta. Porque civilizaciones tan dispersas construyeron monumentos Megalíticos para venerar a seres de otros mundos. Por que hay tanto texto antiguos que hacen referencia a hombres que vuelan en el cielo? Por que los antiguos egipcios y otras tribus del Norte de África creen que vinieron de la que conocemos como la constelación de Sirios. Si los extraterrestres quisieran dejar constancia de donde vinimos entonces fue muy oportuno construir aquellas estructuras que llevan por implícito una referencia de su lugar de origen. El problema del extraterrestre es tan antiguo como el de la civilización.

Estas son figuras hecha hace muchos años atrás donde se ve claramente que representan extraterrestres este dibujo fue encontrado en la isla Jotuo en el lago Toengt'ing. Fue encontrado por una expedición en 1957 además de estas fotos, encontraron otros relieves donde muestran a, los humanos vestido con ropa estraña muy parecidas a los trajes de los astronautas. Esta expedición se llevo a cabo por el profesor Tjs'i Pluma Lai. Hay muchas pinturas como estas que se hicieron miles y miles de años atrás que reflejan la visita del fenomeno OVNI reflejado en estas pinturas en distintos lugares de nuestro planeta como cuevas, inclusive en pinturas religiosas y obras de arte de gente que vivieron en aquel entonces.

"Hemos sido creados por extraterrestres y el origen de la vida en la tierra viene del exterior." Francis Crick. Premio Nobel en 1955. Descubridor del ADN

Muchos de los científicos creen que el estudio de los OVNIS es poco menos una Ciencia Marginal, este temor al descredito o ridículo es lo que mantiene a muchos científicos en la sombra, es indudable un error bloquearse o reprimirse por medio de la crítica negativa, toda una serie de fenómenos que en un futuro pueden ser de gran utilidad a la humanidad.

Se puede investigar si se ha hecho contacto con otras civilizaciones o si hay vida fuera de este planeta? Porque no. Cuál sería la reaccion si los extraterrestres llegaran a la tierra y se dieran a conocer? Muchos piensan que vienen a advertinos o destruirnos según reflejan los libros y películas a traves de todos los tiempos ej.: Tenemos el libro Las Guerras de los Mundos en dicho libro reflejan que vienen a atacarnos, otros piensan que vienen a esclavizarnos serian hostiles y a destruirnos.

Cualquier civilización que domine la técnica de viajar por el espacio interestelar seria benevola con respecto a otra civilización menos avanzada en el plano tecnológico. Si hiciéramos contacto con otras civilizaciones extraterrestres seriamos nosotros los recien llegados seriamos los ultimos en cuestión de inteligencia ellos nos enseñarían, nosotros no podriamos enseñarle gran cosa.

Si aceptamos que nos están visitando otras civilizaciones en nuestra galaxia por ello podriamos pensar que tendríamos grandes ventajas, hay informes de personas que han tenido tratamiento médico que han sido muy beneficiosos hay fuentes de enegias avanzadas también se sabe que se ha obtenido nueva tecnología para usar en los aviones militares y para las comunicaciones.

Podemos recibir un impulso positivo en todos los aspectos si aceptamos que allá fuera hay otras civilizaciones que tienen informacion y conocimientos que podrían compartir con nosotros y de esta manera salir beneficiados, todo depende de cómo se produzca ese acontecimiento. Nos preguntamos: Han venido OVNIS a la Tierra? Se han dejado ver? Los hemos visto? Si.

Si los extraterrestres aterrizaran deberíamos mandar a los mejores líderes mundiales, los que tengan la mente más abierta y sentido común pero también tener la capacidad de defenderse de ellos.

Muchos piensan que el contacto extraterrestre es eminente y que nuestros líderes mundiales deben prepararse para ese acontecimiento. Un contacto extraterrestre seria de consecuencia inmensa, en caso que se produzca por eso es conveniente que haya alguien preparado para manejar la situación; sería muy emocionante se pudiera comparar cuando los conquistadores europeos, llegaron a América y descubrieron una cultura nueva y tuvieron que aprender a comunicarse con ellos espero que no se repita la mala experiencia y que sea una experiencia mucho mas positiva. En realidad un contacto extraterrestre solo se dejaría a la especulación de cada cual, lo que si hay una cosa en común es que el mundo cambiaría radicalmente en caso de un contacto con estos extraterrestres.

El Vaticano lo ha afirmado y comprobaria que Dios crea una serie de vida inteligente en una diversidad de formas y dimensiones que no podemos restringirlas el modo en que Dios crea vida inteligente.

Si se hiciera contacto extraterrestre la mayoría de los creyentes irían inmediatamente en busca de asesoramiento sean de la religión que fuesen o practiquen. La idea de que existe vida inteligente en otras partes del Universo ha sido objeto de debate entre líderes religiosos, historiadores y científicos.

La ciencia y la religión tiene mas cosas en comun de lo que parece a simple vista, por un lado la ciencia se ocupa de la razón y los hechos; por otro lado la religión se ocupa de la Fe. La ciencia esta siempre en evolución y todo lo que sabemos hoy sera modificado y cambiado de forma superior a las teorías de ayer en el futuro, con toda seguridad. Pensar que la ciencia ofrece la verdad y la religion no, es un error.

"No debemos adaptar los hechos a nuestra inteligencia, sino que debemos aspirar a elevar esa inteligencia a un grado que pueda contener los hechos. "Andrea Faber Kaiser.

Ronald Reagan (1911-2004) origen: Estadounidense Fue el presidente número 40 en los Estados Unidos desde 1981 a 1989 o sea estuvo dos periodos presidenciales, fue reelecto y fue Gobernador de California desde 1967 hasta 1975 fue también locutor de radio y actor de cine y televisión. Nació en Tampico estado de Illinois.

Reagan participo en una etapa muy importante donde entre él y Mikhail Gorbachev dieron por terminado el desarme nuclear que tanto preocupo a la humanidad entre las dos grandes superpotencias Estados Unidos y La URSS. Entre 1989 y 1994 se le desarrollo la enfermedad llamada Alzheimer cuya enfermedad le trajo la muerte 10 años mas tarde.

El 21 de septiembre de 1987 en la sede de las ONU, el presidente Ronald Reagan dijo: Nuestras diferencias en todo el mundo desaparecerían, si nos enfrentamos a una amenaza extraterrestre y yo les pregunto. No hay una fuerza extraterrestre entre nosotros?

La misión que fue al espacio STS 115 tuvo una gran evidencia, la NASA ha guardado discreción respecto a todo esto al regresar la mision uno de los tripulantes Stefany Shyn-Piper Astronauta el 22 de septiembre del 2006 dio un discurso frente a miembros de la prensa, comenzó a decir: "Que habían visto cosas que al parecer no estaban preparado dijo: era algo que como ustedes saben jamás se había visto y cuando finalmente atravesé la puerta me di cuenta de que había algo diferente y supuse que esto ante no hubiera podido suceder tomando en cuenta la preparación que tiene el equipo" y en ese mismo momento se desmayo y tuvieron que auxiliarla para que no cayera al suelo.

El 25 de febrero en California de 1942 en Los Angeles a las 2:25 am, se descubre objetos no identificados los cuales son atacados, pero ellos se mueven lentamente en la costa del pacifico de Santa Monica y desparecen al sur de Long Beach y siguen una misma direccion pero ninguno ha sido dañado esto fue transmitido por radio CBS en Byron Palmer el 26 de febrero de 1942, cesando el fuego a las 3:30 de la mañana, aproximadamente 20 minutos después del tiroteo los objetos regresaron dirigiéndose al oeste desde Long Beach a Santa Monica.

Los disparos continuaron una vez más ronda y ronda de municiones hacia los objetivos se podían escuchar los sonidos de los disparos y el parpadeo de las luces que ahí estaban después las naves simplemente desaparecieron por segunda vez en el Océano. Esto luego fue publicado en el periódico. Fuego Anti-Aereo contra invasores misteriosos en Los Angeles.

Fue la primera vez que el ejército disparo contra un OVNI dispararon aproximadamente 15 mil municiones y tiro directo.

"Las Naciones del mundo tendrán que unirse porque la próxima guerra será interplanetaria, Las Naciones de la tierra algún día deberán de hacer un frente común contra ataques de gente de otros planetas"

General Douglas MacArthur 8 de octubre de 1955

 Douglas McArthur (1880-1964) origen: Estadounidense. Fue un Militar condecorado con la Medalla de Honor. Actuó como comandante en jefe de las Fuerzas Aliadas y en el Frente del Pacifico Sur durante la Segunda Guerra Mundial. Fue nombrado representante de los Alliados en la ceremonia de rendición el 2 de septiembre de l945.

Superviso la ocupación en Japón desde 1945 hasta 1951y se le atribuye el merito de los grandes cambios realizados en el país durante esas fechas.

Es el militar mas condecorados en la historia de los Estados Unidos de Norte América.

Algunos de los tantos científicos que aceptan la vida extraterrestre

Albert Einstein (1879-1955) Origen: Aléman. Premio Nobel de Fisca en 1921, estuvo siempre interesado en la vida extraterrestre

Francis Crick (1916-2004) Origen: Ingles. Premio Novel en Medicina en 1962, por "sus descubrimientos concernientes a la estructura molecular del ADN y su importancia para la transferencia de información en la materia viva" El era un fiel creyente de la vida extraterrestre cuando decía:"Hemos sido creados por extraterrestres y el origen de la vida en la tierra viene del exterior"

Stephen Hawking (1942-) Origen Ingles. Físico, Cosmólogo es una de las figuras más importante en el ámbito científico en los tiempos actuales. Cree en la vida extraterrestre pero piensa que no son muy buenos y debemos estar preparados para un ataque de gente de otros mundos.

Paul Davies (1946-) Origen: Ingles, Físico, Escritor y Locutor. Reconocido en la escala mundial. Actualmente es Profesor de la Universidad de Arizona y dirige un Instituto Científico. Sus investigaciones se centran, en el campo de la Cosmología, Teoría Cuántica de los Campos y Astrobiología. Ha escrito varios libros muy valiosos entre ellos "La Mente de Dios "," Dios y la Nueva Física "Les recomiendo que lo lean tienen un gran valor científico, es creyente en la vida extraterrestre.

Michio Kaku (1947-) Origen: Estadounidense de padres Japoneses. Físico Teórico y Profesor de la Universidad de Harvard. Es uno de los grandes científicos en Los Estados Unidos y a nivel mundial. Ha escrito varios libros entre ellos. "La Física del Futuro" y es un fiel creyente de la vida extraterrestre.

Frank Wilczek (1951-) Origen: Estadosunidense Físico Premio Nobel de Física en el 2004. Cree totalmente en la vida en otros mundos fuera del planeta tierra o sea en los extraterrestres.

¿Qué es la Teoría de la Relatividad?

La Teoría de la Relatividad incluye dos teorías (la de relatividad especial y la de relatividad general) formulada por el genial físico Albert Einstein a principio del siglo XX que pretendía resolver la incompatibilidad existente entre la Mecánica Newtoniana y el Electromagnetismo.

La primera teoría fue publicada en 1905, trata de la física del movimiento de los cuerpos en ausencia de la fuerza gravitatoria, en lo que se hacían compatibles con las ecuaciones de Maxwell del electromagnetismo con una reformulación de las leyes del movimiento.

La segunda teoría fue en 1915 es una teoría de la gravedad que reemplaza a la gravedad newtoniana pero coincide numéricamente con ella en el campo gravitatorio. La Teoría General se reduce a la Teoría Especial en ausencia de los campos gravitarios. La Teoría de la Relatividad Especial también llamada La Teoría de la Relatividad Restringida surge de la observación de que la velocidad de la luz en el vacio es igual en todos los sistemas de referencia inerciales y de obtener todas las consecuencias del principio de la relatividad de Galileo.

$$E = mc^2$$

La Teoría de la Relatividad Especial postula una ecuación para la energía la cual inexplicablemente llego a ser la ecuación más famosa del planeta E=MC se le conoce como la equivalencia entre masa y energía; Einstein demostró que excepto la velocidad de luz (que siempre es constante) lo demás como el paso del tiempo o la longitud de los objetos puede ser relativos.

Aquí tenemos un ejemplo de la teoría de la relatividad

Si la nave de Beltrán, estuviese extremadamente equipada podría ver este misterioso efecto de nosotros mismos. Este aparato es un relojtero dos espejos situados uno frente al otro con una partícula de luz o fotón botando entre ellos cada bote es un ti del reloj y en las manos adecuadas un reloj así demuestra claramente que la velocidad cambia, el tiempo normalmente se producirían millones de fotones por segundo pero lo hemos frenado para demostrar este reloj y como altera su movimiento al ritmo de los botes observados, que lo botes son más lentos si los muevo. A qué se debe? A que el botón se mueve en zigzag para llegar a un espejo y luego al otro es un recorrido mayor que tiene que hacer el foton lo que significa que tarda más el recorrido, ese trayecto por lo que el reloj va más lento aquí es donde colisiona la física y la ficción para el reloj en el movimiento el tiempo va más lento aunque uno viaja como él: como Beltrán no se da cuenta del cambio todo lo que ocurre abordo incluido el ritmo del corazón y el funcionamiento del cerebro se reduce en el mismo porcentaje mientras más rápido viaja Beltrán mas tardara el fotón de bote en bote y más lento pasara el tiempo para él, lo que para Beltran puede ser 1 hora puede ser un siglo para el resto de nosotros de hecho se adelantaría 100 años en el futuro, en dicha teoría la velocidad de la luz es constante el tiempo se vuelve elástico el tiempo se hace más lento o más rápido según a la velocidad que uno viaja

Tenemos otro ejemplo sencillo dos amigos Box y Ali deciden irse de vacaciones y Ali sube a su avión y va una velocidad de 99.9% a la velocidad de la luz va hacia un hotel de 5 estrellas en una galaxia ubicada a 50 años luz mientras que Box se mueve a la velocidad normal de la tierra y va envejeciendo poco a poco hasta que lo llevan a un lugar de anciano, Ali regresa, en el espacio, el tiempo pasa muy muy lento porque ella viaja a una velocidad muy muy rápido así para ella pasan 6 meses y cuando finalmente llega por desgracia se entera que Box su amigo que la estaba esperando había muerto. Esa es la Teoría de Relatividad de Albert Einstein. Einstein No solo desentraño la naturaleza del tiempo sino que nos llevo mucho más cerca de describir el universo entero, inauguró la cosmología moderna.

La relatividad muestra una nueva conclusión el tamaño del universo está cambiando con el tiempo la vieja idea de un universo inmutable e infinito fue sustituido por una concepción de un universo dinámico y en expansión con un principio y un fin. En 1929 un científico americano Ewill Havel el universo no solo se expandia sino cuanto más lejos estaba una galaxia con mayor velocidad se alejaba. Sin embargo Albert Einstein estaba convencido que el universo era estable y lo explico en su teoría introduciendo en su ecuación un factor llamado la constante cosmológica algo que más tarde calificó el mayor error de su vida.

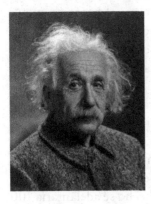

Después de quince años desde que se propusiera por primera vez la teoría de la relatividad, Einstein reputa más de 2 siglos de ciencia y se alza victorioso con el apoyo de los demás. El jurado de los premio Nobel, desestimo la candidatura porque nadie aceptaba la teoría de la relatividad. En 1919 se demostró su teoría de la relatividad con un eclipse solar total, se tomaron fotografía de gran valor las mediciones de las placas obtenidas a través del eclipse verifica la desviacion de 1.75 seg de la disminución de la cobertura del sol, dicha por la Teoría de la Relatividad de Albert Einstein.

También hizo otros descubrimientos como algo sorprendente en el Universo la existencia de objetos con una masa tan enorme concentrada en una región tan minúscula de espacio que curvaría infinitamente en espacio y tiempo hasta el extremo de que ningún objeto incluyendo la luz podría escapar de su atracción gravitatoria son los Agujeros Negros y su campo gravitatorio es tan fuerte que el tiempo se detendrá en su interior, la imagen del universo se basa en la teoría de la relatividad, concuerda con lo observado hasta ahora sin embargo, la teoría deja de ser válida cuando la realidad se hace infinitamente pequeña, este es el terreno de la Física Cuántica una forma de ver el mundo donde todo es impredecible algo por lo que Albert Einstein nunca estuvo de acuerdo estaba convencido de que la existencia de una pauta global tanto por las estrellas y planetas como para los átomos todo se podían preveer con certeza Einstein dedico los ultimos años de su vida a la creación de una teoría unificada que englobara todo el Universo, pero le sorprendió la muerte y no pudo conseguir la Ecuación de la Teoría del Todo. Murió el 18 de abril de 1955 por problemas cardiacos.

Fue un científico solitario que cambio al mundo, fue increíble, solo en su estudio con lápiz y su mente realizo descubrimientos extraordinarios. La Teoría General de la Relatividad es uno de los grandes logros de la mente humana: Einstein podía ver las cosas que nadie veía: fluctuo elementos del universo que nadie podia imaginar, es una teoría hermosa, simple y profunda son las mejores teorías del universo hasta ahora, más de medio siglos después, el y sus teorías continúan fascinando e inspirando la imaginacion popular, Albert Einstein fue el pensador y científico más importante del siglo XX.

¿Qué es la Física Cuántica?

Es la rama de la Física que estudia el movimiento de las partículas sub-atómicas, el comportamiento de la materia a escala muy pequeña, también se conoce como mecánica cuántica o mecánica ondulatoria, es una ciencia de probabilidades, nuestra compresión del mundo atómico procede de la teoría cuántica. El hombre actual tendrá muy pronto el control exclusivo del mundo físico.

En el mundo real no se puede aparecer y desaparecer en otro sitio eso sería absurdo, pero en el mundo cuántico eso sucede todo el tiempo, la teoría suena descabellada pero hay un pequeño detalle que si funciona, en el siglo XXI`nos permitirá transformar radicalmente nuestro mundo.

Tenemos como Ejemplo, los trenes se desplazan sobre el aire manteniendose suspendidos juntos por encima de los rieles gracias al magnetismo, viajan a grandes velocidades y emplean menos energías que los trenes normales, gracias al fenómeno cuántico, tenemos también los súper-conductores hay elementos que pierden toda su resistencia eléctrica y se vuelven superconductores, también tenemos los nanotubos de carbono, el acero muchos años impacto, no es nada en comparación con los nuevos materiales que estamos creando en el futuro, sería posible reemplazar el acero de estos cables en fibras tan finas como un cabello humano.

Los Nano-tubos de carbono un milagro de la naturaleza están hecho de átomos de carbono individuales formando como cilindro hueco, sus átomos están unidos como la fuerza del diamante, pero al mismo tiempo son tan flexibles como la fibra, es difícil creer pero es uno de los materiales mas duros que hayamos conocido, nos sirve para crear miles de autos indestructibles, edificios y aviones con materiales que duren y pesen mucho menos de lo que pesan actualmente.

Somos tan primitivos que todavía no controlamos los recursos energéticos de nuestro propio planeta todavía dependemos del petróleo y carbon, por lo que tenemos que trabajar en la Fusión Nuclear.

Antiguamente la materia era materia y nada mas pero a través del desarrollo humano en 1925 llego la mecánica cuántica que plantea que las partículas subatómicas no son del todo punto, en algún sentido son ondas, ondas de vibración las cosas están ondulando., lo que podemos decir que nuestro cuerpo vibra también. Esta es la base de la mecánica de ondas. Las partículas tienen propiedades de ondas. Qué es lo que está ondulando?. Lo que está ondulando es la probabilidad de encontrar esas particulas en un punto dado.

De acuerdo a la teoría cuántica la materia está hecha de puntos pero la probabilidad de encontrar los puntos en cualquier punto dado por el espacio y el tiempo es dado por una onda. Qué pasa si la onda cambia? La vibracion de la onda puede dirigirse a otro universo o puede dirigirse a otros planos de existencia en la escala atómica la respuesta es sí.

Las ondas se pueden dividir en ciertos momentos, clave como una ola de océano que puede chocar una barrera y luego tenemos dos olas de océano, así que es posible que los eventos cuánticos en realidad pueden dividirse en universos aparte separados por la probabilidad, hay un 50% de probabilidad que eso ocurra tenemos el hecho porque todo vibra, dos universos se han separado y un universo no tiene 2da guerra mundial, mientra otro universo es nuestro universo esto parece con una ciencia ficción: la diferencia entre esto y la ciencia ficción es que el escenario que hemos hablado proviene de La Física Moderna esto es la base de nuestra revolución industrial de hoy en día pensemos en los Transitores, Internet, Televisores, Radios todas las maravillas de la tecnología moderna todos estan basados en los electrones, son ondas y estas son a la vez ondas de probabilidades y las probabilidades se pueden bifurcar y se pueden fusionar universos,. pueden emerger entonces de otros universos por lo que podemos decir:

A-) Todo está vibrando

B-) Estas vibraciones son vibraciones de posibilidades

C-) Los universos se separan en todo tipo de cosas principalmente en promedio.

Con la Física Cuántica tenemos una nueva forma original de intentar de entender el mundo en el cual vivimos, cada vez que intentamos observar las partículas a cierto nivel el acto mismo de observacion cambia las cosas mientras más observamos las partículas individualmente mas te percatas que no existe tal cosa, como un electrón o cualquier partícula elemental o solo existe en relación a cosas como en relación a otras partículas o al universo mismo cuando se navega en la naturaleza misma de la materia que todo lo que sabemos del mundo cotidiano se disuelve ya no existen objetos solo relaciones ya no existe localidad ya no existe el tiempo mientras más observamos las cosas con detalles aquello que pensamos como materia solida empieza aparecer menos y menos solida, la materia es solo energía condensada en una vibración lenta.

Millones y millones de vatios de energía y luz fotones y electrones crean este mundo solido tridimensional imaginario el cual en realidad no existe de acuerdo a la teoría de la relatividad y la mecánica cuántica; las únicas realidades de las cuales sabemos son aquellas que nuestro cerebro fabrica, nuestro cerebro recibe millones de señales, cada minuto nosotros lo organizamos en el holograma que luego lo proyectamos fuera de nosotros mismo y llamamos realidad.

El último nivel de realidad lo hacemos a través de cualquier método ej: con la nueva tecnología, energía atómica etc sin embargo no podemos percibir el último nivel de la realidad usando esos mecanismos el último nivel de la realidad está fundamentalmente en el vacío y no es observable a partir de este método científico.

Cada uno está creando su propio túnel de la realidad eso no significa que está creando la realidad a partir de la realidad a partir del inmenso flujo de energía cada uno está creando su propio túnel de la realidad la mayor parte de la gente es inconsciente de esto. Einstein dijo: Los átomos que no parecen materia son una concentración de energía.

La nueva física en realidad nos enseña que nuestro mundo en realidad no se compone de materia lo que percibimos más o menos sustancia solida es una red de intercambio de impulsos y vibraciones de un campo magnético invisible, toda materia se forma y se mantiene solo gracias a la fuerza que mantienen los átomos como al más diminuto sistema solar.

El estudio de la Física Cuántica cambia todo nuestro entendimiento sobre los fenómenos básicos, del universo conocido, con ello la ciencia ingreso sin proponérselo a este campo que tradicionalmente había sido terreno religioso llamado mundo espiritual. La Física Cuántica ha demostrado en su intento por comprender las leyes que rigen el mundo de las partículas sub- atómicas que el observador de lo material, la conciencia altera el mundo sub-atómico cuando este es observado ej: si vemos un árbol en vez de ver un cumulo de moléculas en acción es porque la conciencia humana concede a la realidad estas caracteristicas particulares. La Física Cuántica ve la realidad como un continuo de lo que nuestra conciencia no está separada, así en el momento que te pone a observar esa realidad sub-atómica las estas modificando.

Hay que tener presente como vemos la realidad y como es verdaderamente. El materialismo moderno priva a la gente de la necesidad de sentirse responsable, pero si uno se toma la mecánica cuántica en serio no puede reuir de la responsabilidad y obtiene respuesta que no son clara y resconfortable. La Física Cuántica te dice sí: que el mundo es algo muy grande y misterioso.

Estamos condicionado a creer que el mundo exterior es más real que el interior y este nuevo modelo de ciencia dice todo lo contrario, afirma que todo lo que pasa adentro crea lo que pasa afuera, construimos modelos de como vemos el mundo exterior y a medida que acumulamos información vamos puliendo el modelo de una forma u otra en última instancia lo que hacemos es contarnos a nosotros mismo una historia que es el mundo exterior cualquier información que procesamos cualquier cosas que tomamos del entorno está siempre empañada por las experiencias que hemos vividos y por las reacciones emocionales que tenemos ante lo que estamos introduciendo.

Nuestra compresión más profunda del mundo atómico viene de la Física Cuántica pensemos en el Internet, Rayos Lase, Radio, Televisores, Los Microondas incluso la estructura de ADN y la Biotecnología todo nace a última instancia de la Física Cuántica, la Física Cuántica es tan extraña que ni siquiera Albert Einstein la comprendió de un todo.

Max Plank (1858-1947) Origen Aleman Es considerado el padre de la Fisica Cuantica. Premio Nobel en Fisica en 1918. Albert Einsten dijo:" Era un hombre a quien le fue dado aportar al mundo una gran idea creadora ". De esta gran idea nacio la Fisica Moderna. Estudio en la Universidad de Munich y Berlin. Fue nombrado profesor de Fisica, en la Universidad de Kiel en 1885 y desde 1889 hasta 1928 ocupo el mismo cargo en la Universidad de Berlin. Plank formulo que la energia se irradia en unidades pequeñas separadas denominadas cuantos. Hizo descubrimientos brillantes en la fisica que revolucionaron la manera de pensar de los procesos atomicos y subatomico. Su trabajo teorico fue respetado extensamente por sus colegas. Entre sus obras mas importantes se encuentran. Introduccion a la Fisica Teorica (5 volumenes 1932- 1933) y la Filosofia de la Fisica (1936).

Física cuántica, Como mejorar nuestra Calidad de Vida:

El principio de la Física Cuántica plantea que nuestra realidad no está en el exterior sino en el interior de cada cual, por lo que tenemos que tener esto muy presente.

Todos vamos hacia un viaje aunque lo ignoramos, un viaje para aprender a desarrollar al máximo nuestro potencial en este mundo.

Casi todos hemos visto que nuestros pensamiento son un reflejo de nuestro mundo exterior un reflejo de lo que nos sucede, pero nos preguntamos. Si el Universo no funciona así y si con cada unos de tus pensamientos estas creando tu presente y tu futuro. Si estuviéramos dispuestos a cambiar nuestra forma de pensar se abriría ante nosotros un mundo maravilloso de nuevas posibilidades y nuestras vidas tomarían un rumbo totalmente distinto. Todo empieza con un primer paso. Cada uno de nuestros pensamientos y palabras determinan nuestro futuro es como si enviáramos nuestros pensamientos al Universo y este lo acepta y no los devolviera en forma de experiencias. Te conviertes en lo que piensas quiera o no.

Los pensamientos son de origen atomico y su naturaleza es vibratoria y por lo tanto atractiva de modo que cuando te importa lo suficiente o para hacer el esfuerzo por cambiarlo de lo negativo a lo positivo cambia tu punto de atracción. Nada es más importante que entender esto, esto lo llevaría a donde quieres llegar. Que distinto fuera si en nuestras vidas eliminamos toda una serie de interferencias que tenemos y eligiéramos simplemente lo que queremos en cada momento con relación a nuestra prosperidad o calidad de vida. Estamos muy distraído con el mundo exterior con la Internet, viendo programas de TV, estamos muy pendiente del mundo exterior, la gente no está consciente de su potencial porque cree que es la fuente exterior, cuando en realidad Dios lo ha implantado en el interior de cada cual.

El Universo te da todo su apoyo cuando sigue el camino de tus sueños tus pasiones y tu vez en tu interior a ti mismo como una persona capaz de atraer a tu vida lo que desea, establecer las relaciones que te interesa de crear abundancia donde siempre ha habido escasez y para iniciar ese proceso debe estar dispuesto a imaginar la presencia de todo ellos en tu vida. Hoy se sabe que se puede cambiar los modelos mentales por medio de la Terapia Conductual se cambia las conexiones del cerebro y las diferentes zonas funcionan de manera distinta no se trata de cosas de neurociencias es algo que tiene efecto Bioquímico, Neuroquímico y Neurofarmacologicas reales.

Es maravilloso cuando topas con algún inconveniente, es la oportunidad para experimentar malestar y canalizándolo hacia un mayor bienestar así es como se supera esos obstáculos así la vida fluye de la manera que tu quiere. El Universo no responde a tus palabras pero tu palabras son un reflejo de lo que tú sientes y lo que tú sientes es un reflejo de las vibraciones que transmites y estas vibraciones que transmites equivalen a tu punto de atraccion prestar atención a lo que dices es un medio muy eficaz para descubrir cuál es tu punto de atracción.

Estar consciente que cada vez que tienes un pensamiento o dices una palabra estas pintando tu futuro estas creando tu propia vida. Una de las ventajas es crear afirmaciones mentales a lo largo del tiempo permite vivir en un estado de abundancia deseas lo que necesita vendrá cuando haga falta, estas consciente que lo único que importa es el Amor. Siempre es bueno hacer afirmaciones todos los dias y se ve el cambio tal vez en escala pequeña tener siempre mente positiva, me siento bien estoy lleno de energía todos los días logro mis propósitos pero es necesario la emoción el grado de la emoción es como plantar una semilla en la tierra y con el tiempo nace la planta. Cuando pronuncias una afirmacion aunque al principio no lo creas con el tiempo lo haces posible desde luego muchas personas pronuncian afirmaciones no obtienen aquellos que afirman porque esperan que las palabras por si solas lo hagan realidad, pero el Universo responde a tus vibraciones y tus emociones revelan cuáles son esas vibraciones. La mente puede programarse mediante afirmaciones positivas. Nuestros sueños nos sirven para resolver el conflicto entre el consciente y el inconsciente así como regula nuestro estado de ánimo.

La forma de pensar cambia tu vida, si quieres lograr las cosas positivamente lo consigue y si quieres lograr pensando negativamente conseguirás también resultados negativos todo depende de ti mismo el grado de conocimiento que tengas de ti mismo por lo que es necesario que descubras lo que tú quieres y logres el éxito y la prosperidad en la vida.

Todo aquello sobre lo que te quejas repetidamente es algo que tiene la intensión inconsciente de producir todo empieza cuando te das cuenta de que no tiene autoestima al igual que mucha gente. La mayoria piensa que no es lo bastante buena, no he hecho las cosas bien, que nunca dan la talla en las cosas, que no son dignos de cariño. Cuando partimos de esa base resulta muy difícil crear condiciones favorables para nosotros.

Hay una ecuación que sus componentes son: Afirmación más Acción es igual a Milagros. Existe una fuerza en el interior del cuerpo los antiguos la consideraban la fuerza más poderosa del Universo. Hay una fuerza en el ser humano que ninguna otra fuerza puede competir con ella. El Filosofo Nebil a principio del siglo XX lo dijo. Hay personas que han tenido cáncer y han cambiado su forma de pensar de una forma positiva y se han curado radicalmente. Para algunos el origen del cáncer es mental.

Cuando tomamos conciencia ocurren cosas interesante adoptas una forma de pensar mas positiva y se alcanza el equilibrio hormonal, sabemos que cuando se piensa con el corazón aumenta el nivel de DHEA lo que equilibra las hormonas pero ocurre algo mas importante la variabilidad de la frecuencia cardiaca se normaliza y genera una forma de ondas que se pueden apreciar en un monitor de ritmo cardiaco y de hecho equilibra todo el organismo, el corazón es un gran electroimán que influye en el resto del cuerpo, son los sentimientos centrados en el corazon los que producen un efecto que alteran los campos eléctricos y magnéticos del corazón, estos campos cambian literalmente la materia que compone el mundo en torno a nuestro cuerpo, ahora la ciencia nos enseña que cuando cambia el campo en el que se encuentra el átomo cambia el átomo en sí y estamos hechos de atomos, asi que los sentimientos de nuestro corazon, inciden en el campo que interconecta la materia que lo forma todos y alteramos nuestra realidad Física de la manera que parece milagrosa.

La conciencia obedece a las leyes de la Física. La conciencia crea la realidad, cuando te amas a ti mismo amas a los demás todo lo que hay en el mundo exterior lo tenemos dentro de nuestras moleculas de la emoción no solo está en nuestro interior al mando de nuestro organismo sino que emite una vibracion que nos une a todos

El perdón es una cosa que tenemos que tener muy presente en nuestras vidas. La lección más importante es el perdón. Cuando una persona experimenta el perdón después de asumir la responsabilidad de todos sus sentimientos, por fin conecta con ello se siente herido pero eso esta en su interior, no es algo que tú me hagas a mí, esta es la base del perdón. Cuando una persona se responsabiliza de lo que tiene en su interior es una señal de que está en contacto con su propia naturaleza vibratoria en contacto con la fuerza de la creación.

Quien vive un estado de conciencia superior esta dispuesto a solucionar todo los conflictos por medio del amor, aprender aceptarse y amarse a uno mismo es la base de todo. Si reconoces que eres un ser valioso puedes empezar a tratarte a ti mismo de otra manera ese es el propósito de amarte a ti mismo dejar de fustigarte de recrearte en tus errores, hablar de lo nefasto que eres y empezar a tratarte con cierto respecto esto supone una diferencia enorme en lo que haces en esta vida es lo que recibe a cambio.

El camino mas rápido hacia la autoestima consiste donde vayas a encontrar cosas positivas, en el momento que encuentras algo positivo como el paisaje de un campo o cualquier cosa estas en perfecta armonía con la vibración del amor.

El camino hacia el cambio es un proceso que dura toda una vida a medida que avanzas por el se produce un milagro atrás de otro. Aprender a mantener la mente abierta y aceptar esos milagros es una de las fases de desarrollo personal más importante.

El Universo ama a todas las personas agradecidas mientras mas gratitud demuestres mas motivo para estar agradecido tendrás, es muy sencillo. La realidad es muy sencilla somos nosotros los que la complicamos terriblemente pero no debería ser así. Es necesario un compromiso con la conciencia y con la acción para que se manifiesten las cosas que afirmamos o que deseamos.

Cuando tu deseo avanza y si avanza en la misma direccion notas que todo fluye solo cuando te opones al flujo percibes la resistencia al movimiento.

La Iluminación consiste en renunciar a las cosas que creemos que no nos benefician en la vida o que constituyen obstáculos para las cosas buenas de la vida y prescindir de ellas una por una.

Somos mas poderosos de lo que nos han hecho creer en el pasado. El éxito empieza allí en la comprensión y aceptación de esa fuerza en nuestra vida, todo en el Universo refleja lo que tu irradias. Lo que piensas y lo que crees conforman tu realidad, tus pensamientos determinan tu vida. Cuando lo comprendemos podemos lograr cambios enormes. Somos nuestros peores enemigos y nuestros mejores amigos todo depende de nuestra sabiduría.

"La sabiduría es el resultado de esforzarse por conocer y saber, discernir entre lo bueno y lo malo".

Anónimo

¿Qué es la partícula de Dios?

No es una nueva teoría está teoría está planteada desde los años 60 juega un papel importante en cada predicción exitosa de nuestros experimentos parece que funciona excepto que no la hemos visto a pesar de que pensemos que está ahí y esto es preocupante porque si no encontramos la partícula de Dios no entenderemos el origen de la masa y entonces nuestra teoría sería errónea y nuestra comprensión del universo sería errónea, también esto significaría que estamos en la línea equivocada de cómo ha evolucionado nuestro universo y que hace que este, este interconectado en los niveles más pequeño por eso es necesario encontrarlo.

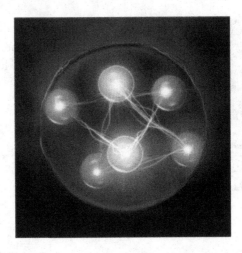

En la frontera entre Francia y Suiza se ha construido el acelerador de partícula que tiene 27 kilómetros de largo y 100 metros de profundidad, es un magneto muy potente que es el más grande del mundo jamás construido que va a poner 2 partículas en movimiento a la velocidad de la luz para hacerlo colisionar a está velocidad para intentar recrear un segundo después aun poco ante lo que el Big Bang o el origen del Universo.

Este acelerador de partícula al cual le llaman Catedral de la Ciencia del siglo XX es el nacimiento de una nueva religión, en todo este siglo y en la historia de la física, la comprensión de partículas y lo que hacen, han llevado al dominio del mundo Ej: La fuerza eléctrica, la fuerza magnética, la fuerza nuclear. Hay partículas llamadas electrones que fueron encontradas en un acelerador y fueron demostradas en experimentos parecidos aunque menores en toda la familia de partículas la más complicada es la partícula llamada Bosson de Higgs hipotética partícula elemental perteneciente al modelo estándar de la física de partículas que se pretende hallar a través del gran colisionador de handrones.

Bosson de Higgs o partícula de Dios es complicada porque dentro de su estructura encierra la respuesta, de la masa de todas las demás partículas es la llave que cierra como está estructurado nuestro universo. Se abre una nueva física en toda la historia de la fisica en este siglo se ha ido poco a poco luchando con las partículas sub-atomicas, desentrañando los secretos, la electricidad, el magnetismo de la radiación de la fuerza nuclear son cosas que son cotidianas que las tenemos ahi pero cada una de ellas responde a la accion de una o varias partículas pero esas partículas del Bosson de Higgs pasan hacer como el Busson que no ha sido detectado.

El Campo de Higgs

Para los Físicos, un campo es una zona en el espacio cuyas cualidades han sido alteradas por la presencia de un objeto material. Los campos pueden ser infinitos con el desarrollo de la mecánica cuántica, los físicos le dieron la vuelta completa al concepto de campo, al principio lo importante por ej: cómo funciona la gravedad, entre los años 1920 a 1930 surge la física moderna con esta nueva era de la física lo importante para entender un campo gravitatorio es entender la naturaleza del objeto que estaba en el centro, la tierra por ej: los objetos materiales son los que conforman la estructura de un campo; pero los físicos empezaron a darse cuenta que los objetos materiales están hechos por una cosa rara.

Los físicos se dieron cuenta que era más importante describir las cualidades de un campo que describir las cualidades de las partículas que estan en medio de ellos, el electrón es un campo, es una zona del espacio con ciertas propiedades, si yo meto una maquina de medición en ese campo existe cierta probabilidad que aparezca un puntito llamado electrón cuando yo pongo un censor dentro de ese campo, el electron, existe la probabilidad que exista en cualquier zona de ese campo.

La idea que los objetos materiales ocupan un lugar definido en el espacio un lugar inamovible al menos se le aplique que alguna fuerza es falsa.

Los objetos materiales son inmateriales, el electrón es una piedrecita diminuta que flota en el espacio.

El electrón es un zona del espacio en donde exista la probabilidad que aparezca una cosa llamada electrón es un campo.

Que es el campo de Higgs?

Para tratar de darle sentido a lo que se sabe de la mecánica cuántica en la actualidad Peter Higgs establecio hace varias decadas la posibilidad que exista el campo de Higgs.

Es una cualidad que hay en el espacio que interactúa con los objetos materiales esas cualidades hacen que los objetos materiales tengan inercia, es gracia a la forma en que interactuan los electrones, protones y demás partículas de su cuerpo con el espacio vacío que usted siente inercia cuando acelera o cuando frena su carro. Es por eso de la forma en que interactuan los atomos de un automóvil con el campo de Higgs que hay en el Universo que cuando un automóvil choca y se arruga los átomos quieren seguir moviendose en la misma dirección y al no poder hacerlo se apilan uno contra otro.

La propiedad llamada inercia de la que depende el peso de un objeto depende de la interacción de está cosa descriptible solo con matemática que se llama el campo de Higgs, en cualquier campo si usted aplica suficiente energía aparece una partícula, si usted tiene un campo eléctrico y aplica algo de luz aparecen electrones de la nada la energía de la luz se convierte en electrones.

Si usted aplica suficiente energía en el espacio vacío que se supone que está lleno del campo de Higgs debería aparecer una partícula llamada el Busson de Higgs. Con esto tenemos una perspectiva un poco más completa de lo que es está partícula la llamada partícula de Dios.

Este nombre de la partícula de Dios la puso Leo Lederman ganador de Premio Nobel de Física y autor de un libro con el mismo nombre la Partícula de Dios y ha sido un libro de muy buena divulgación.

El Bosson de Higgs ha sido visible o se manifestó en el primer instante del Big Bang cuando una tempestad de miles de millones de grados, en una condición que el universo no ha vuelto a conocer en los últimos 13,700 millones de años, ahora LHC va a recrear está condición esperamos que podamos ver el Bosson de Higgs en plena acción. También llamada Célula Madre del Universo casi todo lo fundamental está desconocido.

Le llaman también Célula Madre del Universo a partir de la creación Busson Higgs nacería la materia del universo y la materia y energía oscura el 80% por lo menos que nos rodea y todo saldría de ahí.

Verdaderamente el objetivo de esta investigación no es un proyecto altruista para conocer si existe o no Dios, no es eso si se llega a descubrir la caracteristica de la particula de la celula madre del universo de donde ha salido todo materia y energía que conocemos podemos rastrear como consecuencia de esa partícula y cogiendo partículas de aquí o aquella podemos generar energía infinita o cualquier tipo de material Ej: mandar una nave espacial a un planeta de nuestro sistema solar no crea un conflicto energético no tenemos una verdadera nave espacial con un gran dispositivo de carburante lo suficiente grande para llevar una nave tripulada a esos planetas. Esta teoria se formulo en 1964 por el físico británico Peter Ware Higgs en 1964 y que establece que existe una partícula desconocida que explica el funcionamiento en el que se basa la física actual, encontrar evidencia de dicha partícula sería un éxito maravilloso para los científicos.

Es bueno destacar que se sabe con seguridad que no se va a generar agujeros negros peligrosos, la energía que se utiliza es mucho mas pequeña que la que nos rodea en el universo todo el tiempo. Partículas de alta energía que en el espacio coliciona a diario con nuestro planeta generando pequeños agujeros negros, si el LHC generara agujeros negros serian lo mismo que se han creado a lo largo de la historia del planeta.

Se está creando una nueva religión como la llamada física de partículas con este experimento del acelerador de partículas, nuevamente los límites del conocimiento científico se ampliaron con la aparición de las partículas de Dios de lo contrario la física de partículas retrocederá unas cuantas décadas.

También paralelo a este experimento se está creando otro; que es el arma mas destructiva jamás conocida por el hombre "La Anti-Materia"

¿Qué es la Cuarta Dimensión?

La cuarta dimensión resulta muy difícil tratar de explicar, fenómenos o hechos correspondientes a un mundo de cuatro o mas dimensiones con el lenguaje corriente estructurado en un mundo que solo se conocen 3 dimensiones.

El genio investigador y algunos sabios modernos como Albert Einstein entre otros, ya han desmostrado de su existencia, pero la principal dificultad está en los métodos y cálculos matemáticos, que se basan en las leyes y comprobaciones correspondientes a la física de un determinado plano de la naturaleza, el plano o la materia concreta de la física en tres dimensiones y los planos superiores de la materia, estas rigen otras leyes, existen nuevas fuerzas y la misma materia se nos presenta en otras formas que en ciertos niveles pueden confundirse con la energía.

El concepto de la constitución atómica y molecular de la materia que rige hasta ahora nuestra ciencia no es un concepto absoluto sino relativo, como todo en el universo, la teoría clásica del atomo ha tenido que ser modificada paulatinamente a medida que se puede ir descubriendo la existencia dentro del mismo de partículas aun más pequeñas ya se deslumbra la presencia en la materia de crepusculas partículas tan infinitamente microscópicas como para ser menores aun que los protones, electrones, neutrones, esto podrá ser para nuestros fisicos más o menos pronto los linderos de la cuarta dimensión, pero no podrá solucionarse el problema hasta que no se encuentren los medios adecuados para su estudio y se pueda comprender primero y trabajar después en los planos de la naturaleza que transciende el dominio al más inferior de ellos el de la materia física y concreta conocido por una humanidad que solo cuenta con cinco sentidos físicos en un mundo de tres dimensiones.

Esos otros planos o dimensiones fueron conocidos estudiados y comprobados desde los mas remotos tiempos de la antiguedad por determinadas escuelas, centros de enseñanzas exoterica que en diferente épocas y lugares impartieron sus instrucciones dentro de normas y disciplinas muy severas a grupos muy seleccionados por las ordenes especiales de conocimientos y la necesidad imperiosa de entregarlos solamente a quienes llegaron a capacitarse y probaron su idoneidad a ellos, porque el conocimiento de tales verdades implica el desarrollo de nuevos poderes y facultades que están en manos de inexpertos o inmmorales que podian ocasionar un verdadero cataclismo.

El dominio absoluto de la materia y sus relaciones intima con la energía dentro de los infinitos límites del cosmos solo pueden ser obtenido por quienes a través de una larga evolución hayan alcanzado los más altos niveles morales, intelectuales y mentales para no hacer mal uso ni en ninguna parte ni en ninguna forma de los mencionado poderes que están implícitos en cada una de las verdades oculta en los diferentes niveles, las 12 dimensiones en que se divide el universo físico y su contraparte el cosmos, sin integrar cualquier persona con cierta cultura tendrá por lo menos alguna nocion elemental del conocimiento de tales escuelas, fraternidades y ordenes algunas mejor conocida tan verdadera y tan secreta que su existencia ha transcurrido desde siglos entre los herméticos límites de sus disciplinados miembros ej: La Sociedad Teosófica, Rosa Cruces, Los Misteriosos Monasterio del Tibet. Mucho ha avanzado nuestra cultura en estos últimos siglos, es realmente impresionante el rápido y sorprendente, desenvolvimiento de la tecnología, la ciencia y en especial lo que hemos avanzado en el presente siglo, hemos avanzado en los límites del campo de la mente y el espíritu es precisamente en este terreno en lo que el hombre necesita de la tierra cultivar muchos laureles subir muchos peldanos en la escala de la vida para poder obtener la superación integral requerida para su ingreso voluntario a planos y a reinos dimensionales o mundos superiores al de la materia

En el Universo nada se hace por capricho lo dijo: Albert Einstein no puede creer que "Dios juegue a los dados "en el mundo nada es fruto del azar y menos coincidencia en el cosmos no decimos en el universo sino el cosmos porque el cosmos como forma integral del Universo, Universo físico, material, tangible, visible, audible y computable con los medios y los sentidos en un tipo del mundo como el nuestro y el otro universo suprafico, eterico y extrasensorial, psíquico, inmaterial para el concepto que nosotros tenemos de la materia también desde el punto de vista de las diferentes variaciones en que se desarrolla la materia y desde los niveles más bajos y pesados hasta aquellos que llegan a confundirse con la energía en esos escalones de la vida que representan los reinos o mundos del espíritu y en esos reinos, planos o dimensiones se generan las causas de muchos efectos que en los planos inferiores tienen lugar sin haber una causa lógica aparente.

La lógica y la razón estan subordinadas al conocimiento determinado por los hechos y fenomenos en un mundo determinado ante de suceder dentro de los límites de fuerzas o leyes que rigen de ese mundo que pueden ser afectados por la inteligencia o conciencia común, de la gente de ese mundo. Sin embargo en nuestro planeta abundan los hechos o fenómenos realizados en todos los tiempos y lugares que siendo innegables escapan a toda lógica y razonamiento a toda comprobación de los métodos científicos a toda forma de análisis comunes y corrientes. ¿Como explicarlo? ahí está la problemática.

Cuando la existencia resulta comprobada seriamente a veces por pueblos enteros no se atreven a negarlo, a todo el mundo en esta tierra le han pasado hechos inexplicables pese al desarrollo de la técnica y la ciencia actual sin que la técnica y la ciencia pueda dar una verdadera respuesta satisfactoria al enigma, planteado por unos de aquellos casos. ¿Donde hallar la solucion? Tiene que aceptarse la presencia de esas causas que generan esos hechos y si tales causas producen tal magnitud, las causas no tienen explicación dentro del conocimiento de nuestra humanidad.

Es preciso reconocer que existen fuerzas o entidades generadora que nuestro conocimiento no ha llegado, estamos a las puertas o en la frontera a esos mundos superiores a que nos venimos refiriendo, planos y dimensiones o sea donde se genera, tienen su expresion los múltiples aspecto de la vida interna incomprensible por nosotros y uno de esos planos, es la cuarta dimensión viene a ser como un puente entre nuestro mundo físico y los mundos superiores suprafísicos o planos de energía o materia superiores conocidos por la humanidad.

Según los estudios ocultos saben de la existencia de otras civilizaciones que poseen dos sentidos más que nosotros o sea tienen siete sentidos, los medios e instrumentos para actuar simultáneamente en los planos inferiores y el inmediato superior. El sexto sentido la clarividencia o claraudiencia permite recibir organizar y controlar consiente y voluntariamente la amplisima gama de fenomenos que se originan y alteran su expresión en las nuevas formas que asumen la materia en esos planos y las diferentes clases de ondas y frecuencias vibratorias que se manifiestan en el mismo.

La materia y la energía ofrece un nuevo campo de trabajo, aquellos que poseen tal sentido en el tercer ojo de que nos han hablado las antiguas escuelas exotericas orientales. Los hombres de otras civilizaciones por su naturaleza tienen un sentido de órgano fisiológico propio y de nacimiento que resulta difícil de explicar; el lenguaje de otros mundos, realidades o fenómenos de un mundo o realidades diferentes.

El tercer ojo está denominado de origen oriental no es propiamente exacto, no se trata de un ojo nuevo sino de la facultad de percibir claramente los fenómenos y fuerzas y entidades dentro de un plano en que la materia se encuentra en los planos mas sutiles que se han conocido, el otro campo de la materia como el nuestro.

Los descubrimientos cada vez mas notables en el campo de la electrónica de las ondas electromagnéticas y otros, en el curso del último siglo nos demuestran la realidad de tales fenómenos a cada plano de naturaleza en la escala de la vida corresponde cierto grado de sutileza frecuencia ondas o manifestaciones de tipo eterica de la sustancia cósmica universal que intervienen en distintas formas como se manifiesta la vida en cada uno de los planos que integran el cosmos.

El sexto sentido es una facultad nueva que se manifiesta a la vez en todo el cuerpo, especialmente en el cerebro permite conocer, los seres que vivían dentro de aquellos límites a lo que no alcanzan las posibilidades materiales sensoriales de un plano inferior así que quien lo posee puede ver todas las formas de materia solida, las paredes las más compacta, rocas, metales y cuanto conocemos en este mundo como cristales transparentes para ese tercer ojo. El interior de nuestro cuerpo, todos los cuerpos, todas las sustancias, todo los seres perfectamente visibles comprensible y audible nada puede permanecer oculto a tal poderosa visión ni siquiera el pensamiento, el sexto sentido puede ver y alcanzar a percibir no solo estas nuevas formas de materia sino hasta fuerza que lo mueve en el desarrollo y trayectoria que este sigue.

El tercer ojo no es una glándula endocrina aunque está relacionada con la glándula pineal y pituitaria. Se trata en realidad de un órgano que surge con el desarrollo espiritual de la personalidad integrada y se deriva de la superposición e interrelación de los tres chakras superiores. Para que el tercer ojo funcione y produzca la clarividencia, los tres chakras superiores deben estar energetizados con una energía espiritual de naturaleza triple que fluya al aura desde el alma humana y estas energías vienen de tres planos espirituales denominados Atma, Buddi, Manas y energetizan las glándulas Pineal, Pituitaria y Mana.

En el transcurso del tiempo el ser humano común y corriente está empezando a despertar estas grandes verdades.

La cuarta dimensión es una forma también experimental en el que el poder de representación no está limitado por el poder de la vista nadie puede probar que es imposible imaginar o dibujar un cuerpo de cuatro dimensiones, si siguiéramos el método analógico podemos visualizar la premisa de que el futuro, presente y pasado son 3 cosas simultáneamente de un solo evento cuadrimencional. La imperfección de nuestros ojos, hacen que el espacio se distorsione en perspertiva aplomada la 4ta dimensión tal como un pintor traslada sin perder la ilusión de profundidad un paraíso tridimensional a un lienzo plano.

Todas las caras de un cubo son visibles desde la 4ta dimensión, el cubo tridimensional es la sombra de un hipercubo, un cubo dentro de otro cuya rotación es intercambiar adentro y afuera sin despejar sus vértices y aristas.

Existen no solo la 4ta dimensión sino existen infinitas dimensiones que no podemos comprender, cada dimension tiene sus caracteristicas propias y sus leyes físicas determinadas son irrepetibles y distintas unas de otras, con características totalmente diferentes.

Resumen

Hablamos de lo que es nuestro Macromundo, es todo aquello que esta fuera de nuestro entorno terrestre. Nuestro sistema solar está constituido por la única estrella solar el sol y sus planetas: Mercurio, Venus, Tierra, Marte, Júpiter, Saturno, Urano y Plutón y el conjunto de otros cuerpos menores planetas enanos, asteroides, satelites naturales, cometas, polvos interplanetarios.

El sistema solar es muy parecido a la estructura de un átomo, está constituido por su núcleo y su envoltura electrónica donde giran los electrones. Nuestro sistema solar está constituido por el sol y sus planetas girando en sus orbitas alrededor del sol. Nuestro sistema solar pertenece a una galaxia llamada Vía Láctea dentro de esa galaxia hay miles de millones de Estrellas Solares más grandes que la nuestra hasta un millón de veces. Existen también millones de galaxias y millones de millones de universos, es incalculable para la imaginación humana lo grande, complejo y misterioso que es nuestro cosmo que se pierde en el infinito y las infinidades de dimensiones que no podemos ver ni saber que existen.

Estudiamos lo que son los agujeros negros un hoyo sin fondo donde no hay escapatoria es una región finita de espacio y tiempo provocada con una gran masa en su interior con enorme aumento de densidad lo que genera un campo gravitatorio, tal que ninguna partícula material, ni siquiera los fotones de luz, pueden escapar de dicha región; los agujeros negros pueden destruir galaxias completas convirtiéndolas en nada, consumen galaxias lentamente.

¿Cómo se originó el Universo? A través de la teoría mas actualizada que fue la Gran Explosión o Big Bang, en realidad nuestro Universo esta en expansión y evolución, vivimos un misterio de una única explosión cataclismica se creó el Universo, de una partícula más pequeña que un átomo surge la materia, espacio y tiempo, en el primer segundo tiene el espacio de una galaxia, luego se crea materia y antimateria se aniquilan unas a otras y luego vuelven a comenzar. En los primeros minutos del Big Bang crea el Hidrogeno, Helio y las primeras partículas de Litio. Y así hasta los primeros 300 mil años se expande la temperatura, desciende nuestro Universo se vuelve transparente por primera vez la luz y otras radiaciones viajan a través del espacio.

Hablamos de Los Universos Paralelos, planteamos, que existe otros universos con una vida semejante a la nuestra que son una copia fiel, unos de otros, pero que tambien pudieran existir con una ligera diferencia. También explicamos lo que es la Materia Oscura y la Energía Oscura.

Platicamos también de la vida Extraterrestre y de algunos testimonios de personas que los han visto, el viaje a la luna del Apollo 11, el discurso en Las Naciones Unidas donde hablo el presidente Ronald Reagan, lo que paso en Santa Monica California en Febrero de 1945, la misión que fue al espacio STS-116 por la Astronauta Stephany Shyn Piper, citamos algunos de los tantos científicos que creen en los estraterrestres.

Hicimos un breve estudio de la Teoría de la Relatividad de Albert Einstein y citamos algunos ejemplos de su teoría. Einstein inauguro la Cosmología Moderna y fue el pensador más grande que dio el siglo XX.

Que es la Física Cuántica? Es la ciencia que se encarga de estudiar las partículas sub-atómicas, el comportamiento de la materia a escala muy pequeña, es una ciencia de posibilidades con esta ciencia tenemos una comprensión mejor del Mundo Atómico y nuestra realidad.

Que es la partícula de Dios? Dentro de su estructura cierra la respuesta, la masa de todas las demás partículas, es la llave de cómo está estructurado nuestro Universo.

Podemos decir que la primera dificultad que tenemos, somos nosotros mismo, somos seres limitados por nuestras características biológicas tenemos solamente cinco sentidos y vivimos en tres dimensiones. Ej: nuestros cinco sentidos no comprenden los innumerables fenómenos existenciales, como El Macromundo las innumerables galaxias y universos que existen. El Micromundo como las partículas atómicas: protones, electrones, neutrones y partículas sub atómicas como los neutrinos y bosones y partículas cuánticas vinculadas más allá de espacio y tiempo que hay, que lo demuestra La Física Cuántica. Las infinitas dimensiones que existen y solo percibimos la tercera dimensión. Necesitamos de los microscopios y telescopios de alta tecnología y el desarrollo de ella, nos llevará a seguir en el futuro, descubriendo los fenómenos que son misteriosos e inexplicables para los cincos sentidos del hombre. Según lo descrito y explicado en este capítulo, existen infinidades de cosas incomprensibles e inimaginables que suceden, las cuales nuestro cerebro no es capaz de comprender todavía.

Llegamos a la conclusión que hemos vivido estamos viviendo y que viveremos siempre, mirando hacia el infinito de todo lo que es existente y lo que no es existente para nuestro entendimiento, la vida como tal es para siempre por los misteriosos e innumerables planos y dimensiones de existencia en las cuales nosotros estamos evolucionando, según La Ley de La Conservación de la Energía plantea que todo se transforma y cambia de estado, incesantemente y constantemente hasta reconvertirse en algo distinto y por lo general en algo superior en forma de espiral evolutiva nada se pierde todo tiene una razón de existir.

Todo es dialectico en el cosmos, en el se aplica todas las Leyes de la Dialéctica trayendo como resultado que todo es lucha, los cambios cuantitativos y cualitativos, la transformacion o la negacion de la negacion y vuelve a ser lo que era pero en un estado muy mejorado y superior en forma de espiral este proceso es constante y continuo.

La muerte en nosotros es algo inaceptable y no se puede evitar nosotros somos parte de un todo y pertenecemos a este Cosmo por lo que tenemos que seguir las leyes universales y comprender que todo lo que tiene comienzo tiene fin y todo lo que tiene fin tiene un nuevo comienzo mejor y más evolucionado que el anterior, en eso consiste la dinámica de nuestro cosmos. La muerte es algo que es ilusorio aunque no lo aceptemos es simplemente una fase de nuestro proceso evolutivo en el cosmo que surge un ser nuevo y mejor que el anterior.

Debemos comprender que no estamos solo en este mundo sino que existen innumerables civilizaciones superiores ya han pasado por procesos evolutivos semejantes a los nuestros y superiores y siguen en evolucion infinita, también hay civilizaciones inferiores y similares a las nuestras que también están en procesos evolutivos.

Debemos recordar que nada es para siempre sino que todo es relativo y transitorio vivimos en un mundo finito, pero a la vez estamos navegando en lo infinito, lo finito es un complemento de lo infinito, la esencia de todas las cosas se encuentra en la Mente Universal o el Absoluto.

Recordemos que estamos en proceso constante y continuo de evolución que viajaremos a otros mundos, otras galaxias y otros universos, porque todo lo que existe no es al azar, sino tiene un propósito bien estructurado que es la evolución de cada cosa, siempre para lo mejor y lo superior porque atrás de todo esto está la mano de el creador "Dios no juega a los dados". "El hombre encuentra a Dios detrás de cada puerta que la ciencia logra abrir", como dijera nuestro gran físico Albert Einstein.

El azar no existe; Dios no juega a los dados.

Albert Einstein (Alemania, 1879 - USA, 1955)

RESUMEN
DEL
LIBRO

En la mente finita todo se basa en causa y efecto donde todo tiene un comienzo y un fin o sea todo nace, se desarrolla, reproduce y muere todo tiene un fin, y todo se acaba, lo infinito tiene diferentes grados a lo finito y a la vez esta complementado con el infinito ya que son los pares opuestos.

La vida es una sucesión de escalones finitos que tiene principio y fin que siempre vamos en cada ciclo hacia lo mejor y superior que el escalón que hemos dejado atrás, lo limitado no puede entender lo que es ilimitado.

Las leyes del movimiento son infinita, pero nuestra mente tridimensional y limitada la ve de una forma parcial, relativa y finita, esta es una de las causas por la cual el hombre no acepta el espíritu ni la vida después de la muerte, desde que nacemos hasta que morimos estamos constantemente limitados pensando en espacio y tiempo y de una dependencia al mundo material tridimensional.

> "Todo es dual; todo tiene polo, todo tiene su par de opuestos, semejante y desemejante son los mismo; los opuestos son idénticos en naturaleza, pero diferente en grados, los extremos se encuentran, todas las verdades no son sino medias verdades, todas las paradojas pueden ser reconciliadas"

El Kybalion

Si nos preguntan porque estamos aquí la mayoría no sabrían contestar, simplemente no saben, o no le interesa ni pierden el tiempo según ellos en esas cosas que en definitiva no le van a resolver sus caprichos, deseos, vanidades y demás cosas que le pueden dar "felicidad".

El hombre mediocre no ve más alla de sus narices y se caracteriza por la envidia, solo lo que le interesa es el máximo disfrute de la vida, en eso gira su escala de valores y su nivel de conciencia. Cada persona refleja lo que es, en base a su nivel de conciencia, y esto es debido al grado evolutivo de cada cual.

Cada ser humano es producto de su evolución material y espiritual, en cada reencarnación traemos una nueva vida de aprendizaje y un Karma que cumplir, donde reflejamos nuestras inquietudes, motivaciones, anhelos etc. Venimos con nuevo cuerpo físico, una nueva personalidad mucho mas evolucionada y superior que la anterior y a la vez, cumplir y crear un nuevo Karma para la vida que le sigue.

Viajaremos hacia el Infinito como lo han hecho centenares de miles de otras civilizaciones hacia la evolución que no tiene fin, en las infinidades de dimensiones que existen y que no sabemos nada de ellas, viajaremos en todo este Cosmo tan incomprendido y misterioso para el hombre.

Lo único verdadero que hay en este mundo es Amar a Dios sobre todas las cosas y hacer el bien al prójimo a través de las buenas obras o acciones y no con palabras, nunca pensar en recibir sino dar.

"Los labios de la sabiduría permanecen cerrados excepto para el oído capaz de comprender."

El Kybalion

Printed in the United States
by Baker & Taylor Publisher Services